杨慧青 主编

3~6岁幼儿思维游戏的设计与实施

3~6 sui youer siwei youxi
de sheji yu shishi

丛书编委会名单

主　编　徐　晖
副主编　沈志清　黄旭霞
　　　　　费　蔚　许海明
编　委　余黎明　陆茂洪　蒋春霞
　　　　　顾颖颖　周明荣　赵　坤

本册编委会名单

主　编　杨慧青
副主编　钱　岚　周　燕
编　委　谢　璐　陈芝园　陈鸿霞　沈梦如　许　佳
　　　　　杨楚楚　童冬琴　洪　玲　陈　敏　王利利
　　　　　汪继英　李　妍　丁丽娅　王　琴　许　滢
　　　　　孙希红　杨少波　蔡　丹　吴佩青

总 序

改革开放以来，伴随着经济社会的巨大进步，我国的教育事业快速发展，无论是学前教育、基础教育，还是职业教育、高等教育，都出现了崭新的面貌。杭州市江干区和全国各地一样，在经济社会快速发展的同时，教育也取得了令人瞩目的成绩。这些年来，我曾几次去江干区，和一些学校有所接触，目睹了江干区教育发生的变化，突出的表现在三个方面：

一是以坚持科学规划为核心，合理配置学校教育资源。坚持"科学规划，统筹兼顾；注重规模，集中办学；立足实际，分步实施；均衡发展，提高质量"的发展原则，以扩充教育资源总量，扩大教育品牌覆盖为目标，科学合理地调整学校布局结构，优化教育资源配置，全面提高教育质量和办学水平，推动江干教育的改革与发展，成效明显。这些年来，新建、改扩建学校、幼儿园40余所，新增班级600余个，使全区教育资源总量得到提升，教育资源配置得到优化，校园面貌焕然一新。

二是以办学模式创新为抓手，推进区域教育品牌建设。近年来，江干区的教育坚持"改革创新、联动调整、合作共享"，创新名校集团化战略模式，通过优质教育资源的扩张、培育、引进、合作，形成了"高校＋新校"的杭州师范大学东城教育集团、"科研机构＋新校"的浙江省教育科学研究院附属实验学校，以及"名校＋新校"、"名校＋民校"、"名人＋新校"和"教育共同体"等多种办学模式，整体打造了区域优质教育品牌。

三是以深化内涵发展为重点，切实抓好教师队伍培养。以"需求导向、高端引领、分层拓展、全员参与"为思路，以"铸造师魂、培育师德、强化师能"为重点，有效开展各类别、各层次的教师专业发展培训工作，打造江干教育师资培训新格局。目前，已经逐步形成了新教师、骨干教师和全体教师的三级培养梯队，建立了区级集中培养、基地多元培养、校本自主培养的教师专业发展三大平台。新教师培训以"双导师、双基地、双平台、双课程"为主要特征，首创三年208课时涵盖四大模块的课程系统；骨干教师培训以"导师引领、集中研训、小组研讨、自主修炼"为路径，加快提升专业水平。2012年，与华东师范大学合作，首次推出为期半个月的骨干教师高端培训，取得了极大的成效；教师全员培训则以"开设足够的课程，提供足够的选择，确保足够的服务"为宗旨，全面开展五年一轮的360课时培训。同时，优化教师引进机制，继续搭建好教育高层次人才引进的平台，加大优秀新教师招聘力度。特别是开通幼儿教师进编绿色通道，提升学前教育的师资水平。

党的十八大以后，江干区的教育发展又有了新举措，其中之一就是从不同层面对这些年来江干区教育改革与发展的成果进行科学总结和提升，摆在大家面前的这套丛书便是一个较好的展示。这些源自实践第一线的成功经验和做法，有效地促进了少年儿童身心的全面发展和教师专业能力的提升，从而在江干区、杭州市都产生了积极的影响。

承蒙江干区教育局的领导热情相邀为这套丛书作序，使我有幸得以先睹书稿。我深深地钦佩江干区的学校校长、教师锲而不舍的科学探究精神，在繁忙的教育教学工作之余，坚持在实践中学习、研究，通过研究不断改进实践，在这样一个循环往复的过程中，自身也得到了很好的发展。

我相信，随着这套丛书的出版，在江干区教育局领导的带领下，会有更多的学校、教师总结自己的成功经验，并在区域范围内推广、辐射，使江干区的教育铸就新的辉煌，成为钱塘江畔一道靓丽的风景线。

是为序。

仲夏于北京

让幼儿教育回归本源（代序）

（一）

2014年4月，我接到杭州市江干区钱江苑幼儿园杨慧青园长的邮件邀约，让我为即将出版的《3~6岁幼儿思维游戏的设计与实施》一书作序，从小就有作文恐惧征的我却一口答应了。

说和杨园长素昧平生不够准确，但说比较熟悉也有夸大之嫌。准确来说，应该算有一面之交。2012年暑假，我应杭州市江干区教师进修学校黄小波副校长之邀，赴杭州为江干区中小学校长以及幼儿园园长作了题为"思维训练——提升21世纪的竞争力"的讲座，而按杨园长自身的说法，她正是下面的听众之一。

2006年博士毕业以来，我一直从事着校长和骨干教师培训工作，思维训练正是我培训的核心主题之一。或许如很多其他培训一样，我的培训也可以归入"听起来激动，想起来感动，做起来被动和不久后无动"的培训之列。每次培训都在当场获得了不错的反响，但八年来我所知晓的在学校层面开展系统思维训练课的学校并不多。

所以，获知钱江苑幼儿园在思维教育有多年实践并将有著作出版，我很兴奋，在没有看到书稿之前就一口答应为其作序了。

（二）

众所周知，中国教育广受诟病，在"不能让孩子输在起跑线上"的蛊惑下，相当多的家长和教师都丧失了对教育本真的追求，而是代之以一场大跃进似的"拔苗助长"。幼儿园的孩子被迫提前学小学的知识，小学生又开始学中学的知识，中学生又开始学大学的知识。可悲的是，大学生毕业后才发现需要从头去补幼儿园的知识，如如何遵守规则，如何团结合作，如何与人友好共处等。幼儿园和小学本是孩子思维能力成长的关键时期，但这一关键期却往往因为家长和教师的急功近利而错失，取而代之的是给孩子们灌输越来越浓缩的知识垃圾。知识是越学越多了，但思维却越来越僵化了。最后的情形是到大学的时候，离开了教师的灌输，许多高考高分学生的学习能力也瞬间被打回原形。

正因为此，才有了我对本书的如视珍宝。因为这是一个基层幼儿园在以行动阐释着自己独特的育人观，这正是让幼儿教育回归本源的努力！

（三）

在我的预期中，这很有可能是一本类似案例集的书。但打开书稿一看，我确实有些惊讶了！皮亚杰、马修斯、吉尔福特、思维结构、认知冲突等一系列人名和术语扑面而来，进一步阅读，可以看到丰富的案例，精致的排版和如水的行文……这让我不敢相信本书出自幼儿园教师之手。因此，我没敢轻易下笔，而是打算找个相对集中的时间好好拜读后再写这个读后感。

本书在梳理国内外幼儿思维教育理论体系的基础上，提出以思维游戏为核心载体的3~6岁幼儿思维训练方法。书中阐述了幼儿思维游戏设计的价值导向，提出了尊重童心、洋溢童趣、快乐探究和促进发展的幼儿思维教育理念和生活化、体验性、发展型、相互作用和渗透性结合的思维教育基本原则，具有积极的导向作用。然后，分享了思维游戏环境创设的经验，具有较强的参考意义。

在此基础上，本书将思维游戏细分为基于幼儿生活的、基于幼儿经验的和基于幼儿活动的三大类，让思维游戏的设计有了更强的可操作性。最后，以近似实证的方式给出了钱江苑幼儿园开设思维游戏的成效数据，让说服力进一步提高。

总之，这是一本来源于实践但又高于实践的好书，书中凝聚了钱江苑幼儿园教师们为幼儿终身发展着想的浓浓爱心，体现了钱江苑幼儿园在推行思维教育上很强的行动力，同时还凝练了教师们通过反思实践形成的经验和智慧。

本书值得同行、家长以及相关领域研究者品读。

2014年5月3日于北京师范大学

CONTENTS 目录

第一章 绪论

第一节 国内外幼儿思维教育的发展 〉2
第二节 幼儿园开展幼儿思维教育的必要性 〉12
第三节 我园对促进幼儿思维教育所做的探索 〉25

第二章 3~6岁幼儿思维游戏的理论阐释

第一节 幼儿思维游戏的价值定位 〉32
第二节 幼儿思维游戏设计的理念与原则 〉40

第三章 基于隐性价值的幼儿思维游戏的环境创设

第一节 幼儿思维游戏的公共环境创设 〉52
第二节 幼儿思维游戏的区域环境创设 〉57
第三节 幼儿思维游戏专用室的环境创设 〉64

第四章 基于幼儿生活的思维游戏

第一节 幼儿园一日生活中的思维游戏 〉86
第二节 节日生活中的幼儿思维游戏 〉100
第三节 家庭生活中的幼儿思维游戏 〉106

第五章　基于幼儿经验的思维游戏

第一节　基于幼儿经验的思维游戏的设计　　　〉122
第二节　基于幼儿经验的思维游戏的实施　　　〉141

第六章　基于幼儿活动的思维游戏

第一节　基于主题活动的幼儿思维游戏　　　〉152
第二节　基于区域活动的幼儿思维游戏　　　〉182

第七章　幼儿思维游戏的实践成效

第一节　思维游戏的研究有效促进了幼儿思维能力的发展　　　〉214
第二节　思维游戏的研究有效促进了教师的专业发展　　　〉219
第三节　思维游戏的研究有效促进了幼儿园办园特色的形成　　　〉225

参考文献　　　〉235

第一章　绪　　论

　　思维是智力的核心，是考察一个人智力高低的主要标志。恩格斯把思维誉为"地球上最美丽的花朵"，人的一切创造性活动都与思维有关。人的进步从根本上来说，就是思维的进步。一个人能否成才，关键在于能否进行有效的思维。

　　因此，发展幼儿的思维，乃是教育的一项重要任务。纵观世界各国的教育，尤其是西方发达国家，无一不重视发展幼儿的思维。随着社会的发展和进步，在我国，人们也已经越来越认识到思维教育的重要性。

第一节　国内外幼儿思维教育的发展

幼儿思维教育，是指以思维训练为主要载体，以发展思维为目标，促进幼儿智力、情意、品德等方面协调发展的教育。

一、国外幼儿思维教育的发展

国外关于幼儿思维教育的研究（包含在儿童思维研究中），有多种流派，其中影响较大的有两种观点，一是皮亚杰对儿童智力发展规律的研究，二是来自马修斯对儿童哲学的研究。

（一）皮亚杰的认知发展理论

皮亚杰，著名心理学家，日内瓦学派（又称皮亚杰学派）的创始人，认知发展理论的先驱。皮亚杰早期研究儿童语言和思维的发展，并以此入手，最后创立了发生认识论，给后人留下许多珍贵的文献。

从20世纪50年代前后起，皮亚杰对儿童思维或智力的发展进行了规模庞大和系统完整的研究。他以数理逻辑作为刻画儿童思维发展的工具，在儿童思维研究领域开辟了新的研究途径。他的《智力心理学》和《儿童心理学》是两本比较系统的儿童心理学的理论著作。他在《儿童智力的起源》《儿童的心理意象》《儿童逻辑的早期形成》《从儿童到青年逻辑思维的发展》等书中分别就不同年龄段儿童思维发展作了深入阐述。他的晚年代表作是《结构主义》和《发生认识论》，标志着他的发生认识论体系的确立。

1. 皮亚杰认知发展理论的主要内容

皮亚杰认为他的认知发展理论属于内因、外因相互作用的发展理论。在心理学史上，他还列举过和他观点不同的一些理论，在这就不赘述。他认为儿童心理的发展不是简单的刺激到反应，而是刺激与反应间的可逆关系；发展不是完全由外部刺激所控制，主体的组织活动和外界刺激中的联系同样重要。皮亚杰的学说中有一个很重要的概念——图式。这是指主体已有的结构（结构一词，皮亚杰是指心理的机能结构，而不是指组织结构，即图式是儿童对事件基本要素和相互关系的抽象表征）。儿童心理发展的最初阶段（出生后两年内），皮亚杰称为感觉运动图式。心理的发展就是通过外部刺激和图式的相互作用，即通过同化、顺应和平衡的机制而实现的。当外部刺激作用于主体时，外部刺激或现实的材料就被处理和改变，结合到主体的结构中去，或是说与现有的图式整合成为一体，这种对外部刺激输入的过滤或改变叫作同化。主体对外部刺激中的联系的意识程度，也取决于它当时存在的结构所能同化的程度。当主体的行为从各个方面去适应外界要求时，图式就得到丰富和改变。内部图式改变以适应现实，叫作顺应。经过同化、顺应而达到暂时平衡，心理就得到发展。这样通过外部刺激和主体的不断相互作用，不断通过同化、顺应而达到平衡，心理就得到不断发展。

皮亚杰认为，分析内外因相互作用，即通过达到平衡而不断发展，这一过程可以看到影响儿童心理发展的四个基本因素。一是机体的成长，特别是神经系统和内分泌系统的成熟。成熟是发展的必要条件，但不是充分条件，因为还需要一定的机能练习和最低限度的经验。成熟在发展中起着不可缺少的作用，但不能说明所有的发展，它只是许多因素中的一个因素。而且，随着儿童年龄的增长，客观社会环境的影响也越发显著。二是个体对物体做出动作中的练习和获得经验的作用。皮亚杰认为经验有两种：首先是物理经验，即个体作用于客体，概括出它们的属性；其次是逻辑数学经验，即个体作用于客体，从而辨明动作间相互协调的结果。在这种情况下，知识来源于动作，而非客体；逻辑数理来自动作的协调，而非不可避免地来自客观物体。三是社会上的相互作用和社会传递。但是，如果没有儿童主动的同化作用，这种社会作用将无法生效。四是主体内部存在的机制——平衡过程。前三个因素不是简单凑起来就能促进心理定向性的发展的，而是要通过第四个因素，即主体内部的机制来实现。

2. 皮亚杰关于认知发展理论的主要贡献

从上述皮亚杰关于认知发展理论的主要内容中可以看出，皮亚杰的主要贡献在于总结归纳了儿童认知发展的阶段，或者说在于揭示了儿童认知发展的顺序。

（1）感觉运动阶段（2岁前）：这一阶段的幼儿只有动作活动，开始协调感觉、知觉和动作间的活动，还没有表象和思维，智力活动还处在感知运动水平。

（2）前运算阶段（2~7岁）：这个阶段的幼儿开始具有信号功能，产生了表象。在模仿性游戏中，幼儿以一物代替另一物，或当人或物不在时以语言来称呼。这都说明幼儿具有了信号功能，产生了表象。幼儿能模仿早些时候看见过的动作，也说明表象的产生。因此，这一阶段幼儿的智力活动处于表象水平，还不能进行可逆运算。

（3）具体运算阶段（7~11岁）：这一阶段儿童的主要特征和成就为理解质量、长度、重量和体积守恒，其有可逆性、去自我中心化和获取他人角色的能力，利用分类和序列（使物体成为有序排列）进行具体运算的逻辑思维。

（4）形式运算阶段（11~15岁）：这个阶段是达到成人思维水平的准备阶段，思维活动已超出具体的、感知的事物，使形式从内容中解放出来，凭借演绎推理、规律的归纳和因素的分解来解决抽象的问题。

3. 对皮亚杰认知发展理论的评价

如何评价皮亚杰认知发展理论，心理学家中还存在一些不同看法，认为其既有好的方面，也有局限的地方。过去的几十年中，他一直是认知发展领域最杰出代表人物之一。大家比较一致地认为在皮亚杰内外因相互作用促进心理发展的思想中贯彻了辩证法。有的心理学家认为皮亚杰"图式"这一概念来源于康德，因而认为他的学说是唯心主义的先验论。要了解或评价皮亚杰这方面的观点，关键是要弄清楚他所说的图式究竟指什么，是怎样形成的。

皮亚杰认为，幼儿没有直接感知到物体却相信其依旧存在的学习是一个渐进的过程，是感觉运动阶段发展的必然结果。上述皮亚杰关于图式的起源、形成和发展的思想，应该说是符合唯物论思想的。他强调动作在幼儿心理发展中的作用，与我们从实践观点来看幼儿心理的发展，也有一致之处。

但皮亚杰不同意知识是现实的复写，智力只是由知觉派生的观点。他认为：表象、概念不是从知觉产生的，知觉不足以说明表象概念的来源，也不足以说明智力的发展。强调知觉是唯一的来源，是忘记了动作。唯物主义的经验论者认为：概念内容来自知觉，概念的形式也是经验的抽象和概括，没有任何建成的结构，除知觉所提供的关系外，没有其他联结的来源。皮亚杰不同意这样的观点，他认为这样的结构是存在的，来源于动作或运算；概念不是单纯从知觉中经抽象概括而形成，除了知觉材料以外，它还和一个多少有点复杂的结构结合在一起。数学逻辑概念就是以一套从动作中抽象出来而不是从知觉的对象中抽象出来的运算为前提的。皮亚杰还认为运算是可逆的，严格相加的，知觉是不可逆的，包括非相加的组成。因此，智力不是来源于知觉，而是来源于动作。

在这里，皮亚杰强调动作在心理发展中的作用，指出人的概念、思维反映超出了知觉的内容。这有正确的一面，人确实不是像镜子那样消极地反映现实，而是在积极地以各种活动、动作作用于现实的过程中，掌握客观事物的各种联系。同时，人的概念、思维确实反映了知觉所不能反映的许多复杂、抽象的关系。但从这两点出发，皮亚杰却得出了一些错误的结论。他把从动作中得出的联系和从客体中得来的知觉对立起来，把表象、概念和知觉割裂开，认为表象、概念不是从知觉产生的，从而认为知识不是来源于知觉，不是现实的复写。我们认为，从动作中得出的事物间的联系，从最初的反映形式来说，也是要通过感觉、知觉的，而且归根到底还是对客体和客体间联系的反映，如某物的数量与它的排列无关，这一逻辑数学经验，皮亚杰认为来自对该物作各种排列的动作之间的协调，而不是来自该物本身。确实，幼儿是通过对某物（例如六块积木）不断地进行各种排列，来发现不管它们是排成一列或多列，排得紧密或松散，它们总是六块。于是，在感知基础上经过概括，得出积木的数量与排列无关这一经验。但我们认为这一经验虽不是直接反映积木本身的物理属性，却也是反映排列方式和数量之间的客观联系，因而还是对现实的复写或反映。因此，不能把从动作中得出的联系与从客体得来的知觉对立起来。表象、概念，从抽象概括程度来说确实比知觉高，反映了知觉所不能反映的抽象关系，但不管它们多么抽象，从它们最初的根源来说，还是来源于知觉，是在知觉的基础上产生的。所以不能把表象、概念和知觉割裂开来，否认表象、概念来自客观现实。皮亚杰的观点在这些方面就违反了唯物论的基本原则。

对皮亚杰理论的认知发展的阶段论，近年来有一些儿童发展心理学家提出了一些不同意见。有些人对皮亚杰以守恒等数理逻辑的公式来划分思维发展阶段有异议。有些人认为划分明显的认知阶段是不可能的，因为改变测验的方法或实验的某些条件,前运算阶段的幼儿可以掌握守恒,同一个幼儿也可以属于不同的阶段。有一些人以信息加工的观点来看幼儿认知的发展。认为幼儿思维的发展是知识的逐渐增多或技巧的逐步获得,这一过程只有量的增加,没有质的变化,因此不可能划分阶段。另外一些人则认为,不可能有普遍的认知发展的规律和阶段。

皮亚杰的守恒等指标,当然不是必须采取的划分思维发展阶段的唯一标准。但是,它确是一个比较明确的划分阶段的标准。从我国心理学工作者近年来在这方面所作的一些研究来看,皮亚杰的实验是可以重复的,他所揭示的现象是有规律地产生的。幼儿思维从不守恒到守恒这样一个发展过程是存在的。这个发展过程,实际上就是幼儿逐渐学会排除外部变化的干扰而认识事物属性的过程。也是从具体到抽象、从现象到本质、从量变到质变的发展过程,因而显示出一定的阶段性。这实际上也反映了发展中阶段性和连续性、个别和一般的关系,但是,皮亚杰对量变到质变的发展揭示不够。

总的来说,皮亚杰在儿童心理发展,特别是思维发展方面作了大量研究,得到了大量材料,并进行了理论概括,提出了自己的观点。他与过去西方国家心理学家不同的一点,也是他最突出的一点,是关于图式和外部影响相互作用的思想。这包含了内因和外因、主体和客观现实相互作用的辩证法思想,因而是十分可贵的。皮亚杰强调动作在心理发展中的作用,也是十分重要的。他关于因式的起源、发展的具体论述,也是符合唯物论思想的。但在动作、知觉、知觉相关概念的关系上,他的有些观点违反了唯物论的基本原则,在年龄阶段的划分上,皮亚杰对各个阶段的质的特点阐述比较清楚,但对量变到质变的过程注意不够,阶段划分略显绝对。

4. 皮亚杰认知发展理论的影响

皮亚杰的认知发展理论,在全球产生了十分重要的影响。20世纪中期以后出现的许多关于儿童思维发展的理论,追根溯源,都与皮亚杰的认知发展理论有关。

(1) 20世纪50年代中期出现的信息加工理论

信息加工理论认为,幼儿思维的发展是形形色色的个别的思维发展的集合,各种个别思维的发展并不一定遵循相同的规律。信息加工论者主张从信息的获得、储存、加工和提取等几个环节来分析和解释幼儿的思维能力，重点强调不同年龄阶段幼儿的思维的具体加工模式。不同于皮亚杰的理论，信息加工理论认为幼儿思维发展的缺陷在于幼儿的知识经验、幼儿的记忆能力以及幼儿掌握的策略都有限。这种信息加工能力的有限性使幼儿的思维表现出一定的局限性。另一方面，信息加工理论认为幼儿思维的发展是一个连续而渐进的过程，而并不像皮亚杰认为的那样，幼儿思维的发展是质的非连续性的变化。

（2）20世纪80年代出现的先天模块论

福多的先天模块论假定幼儿存在先天模块、结构或制约，并且每个模块专门负责某一特定的思维。例如，存在专门的语言模块支持语言的发展。一个模块只需要少量的刺激就可以激发，幼儿在某些领域的思维可以是先进的，如幼儿早期就具有大量关于物体运动的知识等。每个模块之间是相对独立的，因此某个思维领域的进步通常不能使其他思维领域进步。先天模块论得到了对有脑损伤或脑障碍幼儿的研究的支持。

（3）20世纪90年代出现的理论论

理论论者认为幼儿思维的发展类似于科学的发现。在理论论者看来，幼儿是一个小小的科学家。幼儿最初存在一些朴素的理论，用来预测、理解、解释周围的世界。当幼儿发现已有的理论不能解释和预测新的情境时，幼儿就会修订自己的理论，就像科学家所做的一样。当然，这种理论只是幼儿对日常概念形成的框架，并不是真正的理论。因此，幼儿思维的发展过程是一个不断检验和修订幼儿在不同思维领域或思维方面的理论的过程。

（二）马修斯的儿童哲学观

加雷斯·皮·马修斯，美国当代著名哲学家、麻省理工学院哲学教授，1972年载入《世界名录》，出版有两部儿童哲学专著，《哲学与幼童》和《与儿童的对话》。这两部书收录了大量富有哲学意趣的儿童言论。难能可贵的是，马修斯不只是满足于收集这些富有哲学意趣的儿童言论，而且还对这些言论中所可能蕴含着的儿童思维发展方面的问题进行了深入探讨。

1. 马修斯儿童哲学观的主要内容

马修斯与雅斯贝尔斯认为，儿童的某些言论具有真正意义上的哲学性质。他们二人都意识到，儿童具有哲学思想这一看法肯定会遭到许多人的反对。与雅斯贝尔斯重在宣讲的方式不同，马修斯则搜集了大量具有哲学性质的儿童言论和轶事并加以分析。由于马修斯是一位在大学讲坛上长年讲授哲学史的教授，所以他在研究儿童的言论时，不时地旁征博引历史上著名的哲学命题以及哲学巨擘的思想，将之与儿童的观点加以比照。例如，"宇宙是什么？它是否有开端？"等。马修斯将儿童思想与著名哲学家的言论作比照，其目的是为了向人们昭示，儿童的观点并非全是浅薄无知的黄口之言，儿童的头脑中甚至常常会思考那些公认的伟大哲学家所困惑的问题。马修斯在其《哲学与幼童》一书中大量收集的儿童言论，便充分证明了这种观点。

需要强调的是，马修斯在对儿童与哲学的关系进行探讨时，实际上已经涉及对儿童思维发展的研究，并由此而得出了他的推论：首先，人们（包括教师、父母、儿童教育工作者）必须学会更好地理解和欣赏儿童的认知特点和认知能力，必须学会发现儿童极具智慧的思维。其次，敏感的、富有想象力的儿童文学作品能够在挖掘儿童的哲学潜能与思维智慧方面作出可贵的贡献。再次，儿童可能没有成人那样的丰富信息和语言能力，但是他们的想象，他们的困惑和发现意识，他们对不和谐、不恰当的敏感，他们认识事物的急切热望，都特别有利于思维培养。

马修斯的这些推论实际上也是他对教师、父母、儿童教育工作者、儿童文学作家等成人的建议。这些建议对于成人深入认识儿童的思维特点，寻求发展儿童哲学思维的途径，树立新的儿童观，形成新的儿童教育观，正确调整教育过程中成人与儿童的关系等都具有重要的价值。

2. 对马修斯儿童哲学观的评价

研究儿童哲学发展的特点和规律有助于找到发展和锻炼哲学思维的新方法。在没有认识到儿童哲学思维发展特点和规律之前，对于促进儿童哲学思维的发展除了使用学习艰深难懂的哲学史这一方法之外，我们是无能为力的。我们一旦认识了儿童哲学思维发展的特点和规律，就可以运用这种规律，自觉地积极促进哲学思维的发展。因此，马修斯为我们进行儿童哲学研究提供了一个好的开端。更重要的是，马修斯在儿童哲学研究方面的研究，从另一个视角揭示出了儿童思维发展特点和规律，这对于儿童思维教育具有重要的意义。

二、国内幼儿思维教育的现状

长期以来,我国学前教育领域十分强调对幼儿的保育和一些基础知识的启蒙教育,而对幼儿的思维教育却并没有引起足够的重视。改革开放以后,尤其是 20 世纪 90 年代以后,幼儿思维教育开始引起人们的关注,一些幼儿园在幼儿思维教育的内容、方法等方面进行了有益的探索。

(一)对思维教育(课程)内容的研究

国内的思维教育较国外起步晚。现在社会上流行的主要思维教育方式有两种,一是直接引进国外思维教育教材,在国内推广;二是模仿国外的思维教育模式,开设有关幼儿思维教育的游戏课程。

从 20 世纪 90 年代中期开始,一些幼儿园以美国心理学家吉尔福特"智力结构理论"为基础,对幼儿思维教育进行研发和实验,并采取个性化的课程设计和实施方式。据有关统计数据,目前全国已有近 20 万幼儿接受了思维教育,平均思维能力提高 15%,其中 1/4 的幼儿提高 20% 以上。

进入 21 世纪后,越来越多的幼儿园开展了思维教育方面的探索,形成了较为完整的幼儿思维游戏课程。课程内容以游戏活动为主要形式,小、中、大班上、下学期共 36 个单元;每个单元一般都包含 4~5 个游戏活动,并由一个主题情境贯穿始终,幼儿在前一个活动所获得的经验是后一个游戏活动的基础,后一个游戏活动又有助于幼儿建构前一个活动所获得的经验。

课程在内容的选择和结构安排上考虑幼儿思维的阶段性特点,关注幼儿兴趣,贴近幼儿生活和经验,课程内容具有形象性、情境性和活动性,使幼儿通过以游戏材料为中介的操作活动,在愉快的游戏中逐步建构自己的经验;游戏所制造的挑战性激发了幼儿的好奇心和探索欲望,使幼儿通过克服困难,体验成功的快乐。幼儿思维游戏课程主要具有以下三个特点:

1. 操作性学习

游戏材料被赋予了特定的内容和目标,动手操作材料便成为幼儿学习的过程。这一形式符合幼儿思维的直觉行动和具体形象的特点,满足幼儿以直接经验为奠基的发展要求。针对每个游戏单元,为幼儿提供了人手一份的材料,材料丰富、精美,内容表现得直观、明确,使幼儿手的操作与心智的操作融为一体，积极、主动、富有创新地构建知识、形成概念、学会学习。

2. 探究性学习

探究性学习是以问题为依托的学习，是幼儿通过主动探究解决问题的过程。在思维游戏中，每个单元都带有不同的问题或任务，幼儿则通过操作材料完成解决问题、形成概念的过程。

3. 家园共育

幼儿思维游戏课程从设计之初就非常重视家园共育。共育不只是停留在观念和表面上，而是从教育的实施和操作上引导家长的参与和反馈。每个单元都由幼儿园教育活动和家庭亲子活动组成，并提供了亲子活动所需的材料和详细的说明指导。亲子活动是幼儿园教育活动的延伸，从而形成了家园在教育目标、内容、材料和过程上的深层次的同步操作，使幼儿在与教师、同伴和家长的充分互动中，形成更为丰富和深刻的经验。

（二）对思维教育方法的研究

幼儿园科学教育强调对幼儿的启蒙性，帮助幼儿建立独立思考、发现问题、解决问题的科学习惯。这些科学习惯的培养和建立恰恰正是思维教育所倡导和擅长的。思维教育注重的不仅仅是知识的学习，更注重在学习过程中对学习方法的培养，是让幼儿通过思考与建构而得的完整的知识体系。国内的思维教育通常与科学教育相结合，其方式主要有以下五种。

1. 利用多感官观察，发展幼儿多角度认知事物的能力

观察是科学思维的基础，人们在观察的过程中发现可供研究的现象、事物变化的方向及原因，对结果进行归纳和总结。因此，首先要发展幼儿的观察能力，以便幼儿能准确、全面地认识事物，尤其使他们能够发现生活中不常见到的现象。观察在思维教育中属于图形认知方面的能力。图形是通过视觉、嗅觉、听觉、味觉、触觉等感官能够感知到的事物，因此这里的观察所指的就是通过多种感官感知事物的特征。

2. 对事物多层次分类，发展幼儿的发散能力和创新能力

分类是贯穿整个科学活动的基本能力，幼儿在对事物的现象进行观察、假设、验证和总结时都会用到这方面的能力。在幼儿园的科学活动中也经常会用到分类的方法。

在思维教育中，根据不同条件进行分类属于发散能力，我们常用的有语义发散和图形发散能力，分别指的是人们在处理语言信息和具体形象时的创造性思维能力。我们可以在科学分类的活动中以多层次、多角度分类的方法更深入地了解物质的特性，同时发展幼儿的发散能力和创新能力。在这个过程中，没有正确或错误的答案，请幼儿说出自己答案背后的原因远比评判他们的答案正确与否更有意义。

3. 运用图形、符号类信息，发展幼儿多途径与人交流的能力

不同的人对同一问题会有不同的探索方法，而通过交流分享可以发现每个人思考方式上的优势与不足。在幼儿的科学活动中，应该包含大量不同类型的交流活动，如做手势、画画、表演等，以便幼儿有更多的机会以别人能够理解的方式表达自己的思想。在思维教育中，这种非语言的交流方式常用到图形认知和符号认知两方面的能力。

4. 重视并利用测量活动，发展幼儿多途径解决问题的能力

在思维教育中，测量属于图形聚敛和符号聚敛方面的能力。图形聚敛能力是人们解决图形类问题的能力，如拼图。符号聚敛能力是解决有关数字、字母等符号问题的能力，如以符号替代某种事物。在科学活动中，教师引导幼儿用非标准测量的方法进行测量，即以幼儿熟悉的实物为单位长度的测量，以发展幼儿运用多种途径解决问题的能力。

5. 整合多种信息，发展幼儿发现问题、解决问题的聚敛能力

推断是人们根据一系列条件对某事发生的原因所做的最佳猜测。在科学活动中，我们能直接观察到的现象不需要用到推断。如，向气球内吹气，气球就鼓了起来。但是大部分情况下，我们不能直接观察到现象，这时候就需要根据已知信息来进行推断。在思维教育中，根据已知信息推断结果属于聚敛方面的能力。将聚敛的目标融入科学活动中，培养幼儿主动发现问题、解决问题的思维习惯，对发展幼儿以探究的方式"做科学"有着推动的作用。

第二节　幼儿园开展幼儿思维教育的必要性

人的思维虽然有先天的决定因素，但是后天的训练对思维的影响更大，更重要。研究表明：后天环境能在很大程度上造就一个人。幼儿园开展思维教育的主要目的是改善幼儿的思维品质，提高其思维能力。只要在实际训练中把握住思维品质，进行有的放矢的努力，就能顺利地有成效地坚持下去。思维虽然看不见，摸不着，来无影，去无踪，但是，它却是实实在在，有特点，有品质的心理特征。

一、幼儿终生发展的基础是幼儿思维的发展

国内外无数研究成果都已经证明，发展幼儿的思维具有极其重要的意义。从一定意义上说，幼儿期的思维发展将奠定他们终身发展的基础。

幼儿思维发展的一般趋势表现为：

从概括的性质的演变来看，一般认为是从动作的概括向表象的概括，再向概念的概括发展。

从反映的内容的演变来看，是从反映事物的外部联系、现象到反映事物的内在联系、本质；从反映当前事物到反映未来事物的发展。

从思维发展的方式看，幼儿的思维最初是直观行动的，然后出现具体形象的，最后发展起来的是抽象逻辑思维。

（一）幼儿教育中存在的问题

当前，我国幼儿教育领域呈现出一派蓬勃发展的良好态势，2010年底，国务院召开了常务会议，明确指出了发展学前教育的重要性和紧迫性，并且把发展学前教育作为保障和改善民生的重要内容，专题研究部署了当前发展学前教育的政策措施，发布了《关于当前发展学前教育的若干意见》，提出了实施学前教育三年行动计划；一批新的幼儿园已经建立或正在建立；对幼儿园园长和骨

干教师的国家级培训也有计划地在全国逐步展开；幼儿园的教育教学改革正在深入进行；全社会对幼儿教育的关注度空前提高；广大人民群众要求享有优质幼儿教育的愿望正在得到有效落实。这一切可喜现象的出现，说明人们对幼儿教育的重要性已经有了越来越明确的认识。

但是，在重视幼儿教育发展的同时，我们也应该清醒地看到，在幼儿教育中，仍然存在着不少问题。例如，不少幼儿园仍然以看护好幼儿，不出现安全事故为最主要的任务，而忽视了对幼儿的智力开发和社会性发展，教育教学质量低下。又如，一些幼儿园以幼儿能够认字2000~3000个，数数能够到1000，唐诗能够背100首等为幼儿园教育教学中所追求的核心目标，甚至把某些小学阶段才学习的知识内容前移到学前阶段，还美其名曰："不要让孩子输在起跑线上。"这实际是一种知识中心论支配下为适应应试教育需要而采取的幼儿园教育。再如一些幼儿园以培养幼儿的某一种专长，例如舞蹈、绘画、钢琴、英语等为核心目标，追求所谓的"一招鲜"。这实际是一种忽略了幼儿的全面发展和幼儿教育的启蒙性和奠基性的学前教育。

显然，我们的学前教育中还存在着不少问题，从幼儿园的培养目标到教育教学内容，都有待我们去深入思考，在此基础上，不断改革，使学前教育真正发挥启蒙作用，真正为幼儿的发展奠定良好的基础。

（二）思维教育符合学前教育改革趋势

随着时代的发展，人们越来越重视早期教育，幼儿的发展不仅仅是身体的发展，更重要的是智力的发展。智力的发展核心便是幼儿思维的发展，所以思维教育及思维游戏的研究是符合学前教育改革发展趋势的。

在幼儿教育阶段，智育的核心任务就是大力培养和训练幼儿的思维能力，特别是培养训练幼儿的逻辑思维能力这一提法，可能就出乎很多幼教工作者的意料。在很多家长看来，智育不就是要让幼儿学认字、学数数、学计算、学科学知识吗？怎么培养训练幼儿的思维能力倒成为智育的核心任务了呢？我们还要不要让幼儿识字？当然需要。我们还要不要让幼儿学习数数、计算？当然需要。我们还要不要让幼儿学习科学知识？当然需要。但是，在幼儿阶段，这些都不是智育的核心任务。幼儿阶段智育的核心任务或者说主要任务，应该是思维能力的训练，特别是逻辑思维能力的训练。然而，关于智育的这种定位，对于我国的多数幼儿园和幼教工作者来说，很可能还缺乏足够清晰的认识。

为什么在幼儿阶段，智育的核心任务不是学认字、数数、计算、英语等，而是培养训练幼儿的思维能力，特别是逻辑思维能力呢？可以从以下四个方面来说明：

第一，我们现在所处的时代，是一个知识爆炸性增长和知识更新速度空前加快的时代。从知识呈现爆炸式增长这方面看，据一些科学家预测，今后50年内的知识总量，将是现在的100倍。这就意味着今天人类拥有的全部知识，在2050年人类全部知识总量中，大约只占1%。面对如此浩瀚的知识海洋，今天一位科学家，即使他夜以继日地阅读，也只能读完有关他本专业全部出版物的5%。有人计算，现在世界上一年内发表的有关化学方面的论文和著作，如果一位化学家每周用40小时来读，而且还只是粗线条地读，他就要耗费48年的时间。从知识的急剧更新方面看，据一些科学家的研究，由于知识更新的速度加快，使得一个大学毕业生在他走上工作岗位的十几年甚至几年后，他在学校所学的知识多半都要过时了。这样，一方面，人们面对着知识的爆炸性增长和知识的快速更新；另一方面，一个人能够用来学习知识的时间却是十分有限。这就构成一对尖锐的矛盾。怎样才能解决这一尖锐的矛盾？根本的途径在于改造我们的学习，具体说就是"授人以鱼，不如授人以渔"。所谓"授人以渔"，就是引导人们去学习发现知识、获取知识、运用知识的方法，去培养和提高发现知识、获取知识、运用知识的能力。这种方法和能力，本质上都可归结为人的思维能力。所以，从幼儿阶段就培养训练他们的思维能力，就使他们获得了一个将来能够应对知识大爆炸和知识快速更新的重要法宝。

第二，幼儿阶段是一个人思维发展的关键飞跃期。我国著名的心理学家朱智贤和林崇德在《思维发展心理学》中提到，我们的一些研究表明，幼儿、青少年在思维的发展中，表现出几个明显的质变：出生后八九个月，是思维发展的第一个飞跃期；2~3岁（主要是2.5~3岁），是思维发展的第二个飞跃期；5.5~6岁，是思维发展的第三个飞跃期；9~10岁，是思维发展的第四个飞跃期；14岁，是思维发展的第五个飞跃期；16~17岁，是思维活动的初步成熟期。所以，机不可失，时不再来。如果我们不能从幼儿阶段就开始抓住这个关键飞跃期，有意识地加强对幼儿和青少年思维能力的培养训练，他们的思维发展就会错过一个最佳的发展时期。这将会影响到幼儿未来的一生，造成他们的终身遗憾。

第三，学习知识本身不是目的，我们不是为学习知识而去学习知识。学习知识的根本目的是要运用知识来改变世界，为人类创造出更美好的生存环境和更幸福的生活。为此，我们就需要学会把知识转变为智慧。集知识之大成，得智慧之精髓。我们不要让幼儿成为书呆子，而要让他们成为有智慧的人。智慧作为一种能力，其核心就是思维能力。没有思维能力，就根本谈不上智慧。然而如果不能形成智慧，就达不到学习知识的根本目的。我们在引导幼儿学习知识的时候，千万不要忘了培养他们的思维能力，使他们成为有智慧的人这个根本任务。

第四，语言是思维的外壳，思维是语言的内核。语言表达的过程实际上就是把思维的结果表述出来的过程，因此，一个人的思维品质和水平，很大程度上制约着语言交际的质量。一个人如果思维能力低下，特别是逻辑思维能力低下，他在语言表达方面必然会出现条理不清、颠三倒四、答非所问、离题万里、自相矛盾等现象。这就要求我们，在训练幼儿的语言表达能力的时候，必须同时甚至是首先去训练他们的思维能力，特别是训练他们的逻辑思维能力。

综上所述，在幼儿教育阶段，引导幼儿学习一点知识，认识一些字，进行一点计算，固然是必要的，但是，培养和训练他们的思维能力，特别是培养和训练他们的逻辑思维能力，则具有更加重要的意义。这是一个教育观念上的根本性转变。然而，让我们感到遗憾的是，目前有相当数量的幼教工作者还没有完成这个教育观念上的根本转变，知识中心论的观念还比较根深蒂固，对思维能力的培养训练，特别是逻辑思维能力的培养训练在幼儿智育教育中的重要地位，还缺乏应有的认识。而且，还有一些幼教工作者根本就没有学习过逻辑学，不知逻辑思维为何物，他们自然也就不可能去培养和训练幼儿的逻辑思维能力了。这一情况显然应该引起有关部门的高度重视。

二、幼儿教育的重要任务之一是让幼儿思维得到发展

既然思维发展对于一个人具有十分重要的作用,那么,促进幼儿的思维发展理所应当就应该成为学前教育的重要任务之一。

(一)幼儿思维发展的重要性

幼儿认识事物的能力,包括观察力、注意力、记忆力、想象力和思维能力等,目前认为还应包括操作能力。平时,人们常把会发现问题、注意力集中、记性好、爱思考问题和提问题的幼儿,称为聪明的幼儿或智力发展好的幼儿。智力发展的核心是思维的发展,智力是先天素质、社会环境和个人努力几方面因素相互作用的产物。

学前期是人的思维迅速发展的重要时期。在这一时期,如果成人注意进行教育,使幼儿的智力得到充分发展,那么尽管在学前期,幼儿所学的知识相对来说是极有限的、粗浅的,但是智力水平提高了,他们将来不仅能学得多、学得好,而且对他们一生的发展、学习和实践都大有益处。因此,成人应注意培养幼儿观察、思考、解决问题等能力,切忌单纯地填塞大量的或过深的知识。把幼儿束缚在死记硬背上,不仅不能促进智力发展,反而会使幼儿思维的发展受到阻碍。

幼儿在认识世界、掌握知识、学习技能的活动中,都需要智力。智力同最终表现为人的行为和智力活动密切相关,幼儿总是通过观察、注意、记忆、思维、想象等多种心理成分和智力活动来表现自己各种各样的行为。这5种心理成分的作用可以概括为:观察力是智力活动的门户和源泉;记忆力是智力活动的仓库和基础;想象力是智力活动的翅膀和富有创造性的重要条件;思维力是智力活动的方法和核心;注意力是智力活动的警卫、组织者和维持者。当这5种心理成分处在幼儿智力结构的关系中时,并非独立发挥其作用,而是作为一个系统,一个有机体,彼此协调统一地在幼儿的智力活动中以各种各样的行为表现来体现他们的智力水平。

幼儿在学会说话后,时常自言自语,同周围事物对话。由于智力的发展,逐步转化为内部语言。这一转化就意味着幼儿智力水平的提高。再从记忆方面看,幼儿开始比较完整的记忆,大约在3岁左右,18岁时发展到高峰,由不

随意记忆的发展到随意记忆、动作记忆、机械记忆、理解记忆交互发展，这也表现了幼儿智力水平的不同。从幼儿语言、记忆等方面的转化上，就可以进一步了解他们的智力发展水平，从而认识智力活动的实质就是人借助于内部言语在头脑中进行的认识活动，人们只有通过智力活动才有可能获得对客观现实的本质的认识。因此，智力活动只有在作为偏于认识方面的一般能力和偏于认识方面的个性心理特征的一定的智力基础上才能进行。

（二）幼儿园思维游戏对幼儿思维发展的价值

幼儿园的思维游戏，不同于幼儿园开展的其他游戏，它是以操作材料为依托的探索性、操作性智力游戏。幼儿按照游戏中不断提出的问题和任务，通过操作材料，不断探索和尝试解决问题，进行游戏。游戏的整个过程是幼儿不断解决问题的过程，通过这个过程，幼儿主动建构自己的经验和知识，逐渐形成自己的认知结构和思维系统。课程的每套操作材料，不仅色彩艳丽而且操作性极强。这些材料既能很快吸引幼儿的注意力，幼儿在动手操作的过程中，认知水平也在不断调整、提高，通过各阶段的游戏课程，幼儿能体会成就感，学习积极性得到充分调动，从而产生浓厚的学习兴趣和探索欲望。《幼儿园教育指导纲要（试行）》（以下简称《纲要》）指出，游戏是幼儿的基本活动，幼儿园教育应寓教育于游戏之中。以游戏为基本活动，符合幼儿"玩中学，学中玩"的学习特点。教育学家指出：幼儿生来是好动的，是以游戏为生命的，对幼儿来说，游戏、生活就是学习。幼儿在进行思维游戏课程学习时，每人都有一套自己的操作卡片，并在游戏中进行学习活动，幼儿学习的兴趣高，学习的主动性强。在游戏中，幼儿主动建构自己的经验和知识，逐渐形成自己的思维系统。

《3~6岁儿童学习与发展指南》（以下简称《指南》）为幼儿园教育绘制了一幅美好蓝图。《指南》指出，幼儿科学学习的核心是激发探究兴趣，体验探究过程，发展初步的探究能力。成人要善于发现和保护幼儿的好奇心，充分利用自然和实际生活机会，引导幼儿通过观察、比较、操作、实验等方法，学习发现问题、分析问题和解决问题；帮助幼儿不断积累经验，并运用于新的学习活动，形成受益终身的学习态度和能力。幼儿的思维特点是以具体形象思维为主，应注重引导幼儿通过直接感知、亲身体验和实际操作进行科学学习，不应为追求知识和技能的掌握，而对幼儿进行灌输和强化训练。在幼儿园阶段接受过思维教育的幼儿,上小学后的学习能力更强,而游戏就是思维教育最好的方式之一。比如玩抛球的游戏,幼儿能在皮球的"一来一去"中培养起识别顺序的能力,而他们的阅读能力也会得到锻炼,如果没有识别顺序的能力,他们很难把一个句子顺利地从左读到右。这说明了思维教育在学前教育阶段的重要性,幼儿园教育最重要的是让幼儿获得幸福的童年、该年龄应有的发展和终身发展的基础。

想要让幼儿在游戏中获得有益的体验和成长,游戏背后就不能有来自外部的奖惩压力,一旦幼儿参与游戏的动机发生变化,游戏的作用也会受到限制。让幼儿玩,就要引导他们参与到游戏中去,确确实实地去玩,而不能因为外在的评价或奖惩影响了游戏作用的发挥。思维教育的魅力绝不仅仅在于幼儿会做几道题,会拼多少图,会多种分类等这些看得见的现实发展,更重要的是培养幼儿乐学、会学的意识、能力与习惯,在我们进行思维游戏课程的教学时,不仅让幼儿学会,还要让幼儿会学,使幼儿终身受益。

从国内外关于幼儿思维教育的各自理论和实践中,我们可以从中受到不少启发,为我们开展幼儿思维教育提供有益的借鉴。

(三)幼儿园开展幼儿思维教育的要点

1. 幼儿园必须重视幼儿的思维教育

人们常说:"授之以鱼,不如授之以渔",给幼儿现成的知识和技能,不如让幼儿学会自己获取这些的能力。思维教育就是要交给幼儿正确的思维方法,发展幼儿的思维能力。通过适当的思维教育,借助适合幼儿年龄特点的一些材料,可以帮助幼儿学会如何思考、如何学习,例如:如何进行分析、分类,如何进行比较、判断,如何解决问题等。掌握了正确的思维方法,就如插上了一双翅膀,使幼儿的抽象思维能力得到迅速的发展和提高,从而大大提高幼儿的知识水平和智力水平。

很多国家把思维教育作为一门课程引入从幼儿园直至大学的整个学习生涯,认为开设这样一门课程可以充分发展幼儿的思维能力,提高幼儿的学习能力,会使幼儿在很多领域的学习到达事半功倍的作用。有了这种"渔",幼儿就可以游刃有余地去打各种"鱼",又何须教师再去拼命灌输。应该充分认识到,每个幼儿在思维发展上都有巨大的潜力,特别是处于发展关键期的3~6岁的幼儿。同时,每个幼儿在思维的结构上都会存在着强项和弱项,结构上的差异是偏科的原因之一。所以,提高思维水平和全面发展思维能力对每一个幼儿都很重要。

童年是很短暂的,在让孩子自由享受童年的快乐和有目的地安排孩子发展的天平上,平衡点到底在哪里?相信如果我们认真考虑一下这个问题,就会更多地去关注孩子思维能力培养。

2. 在幼儿的思维教育中必须遵循的基本原则

幼儿的思维教育对于幼儿的发展是十分重要的。幼儿思维教育的活动设计应遵循以下5个基本的原则:

(1)了解幼儿的心理需要和发展水平

幼儿的思维在主动参与活动时是活跃的,教师应了解幼儿的心理需要,引发幼儿的学习兴趣,满足他们的好奇心,培养他们主动思考的习惯。此外,幼儿的思维发展水平存在一定的差异,教师在设计思维活动时应充分考虑幼儿的差异性。

(2)在活动、操作中培养幼儿的思维

动作思维是幼儿思维的最初表现,幼儿渴望用直接的行动解决面临的问题。教师可利用这一特点在教幼儿使用工具并利用工具解决问题的同时了解周围许多东西的不同性能。

(3)充分利用语言和非语言方式培养幼儿的思维

幼儿的思维与语言的发展具有密切关系。因此,在幼儿完成任务之后,可以要求幼儿说一说他是如何解决遇到的问题并完成任务的。语言可以帮助幼儿表达、总结他的思维方式,使幼儿能够举一反三地将之运用到许多类似情境中。

采用图形等非语言方式也能促进幼儿思维的发展。教师可利用物体形象的两个基本特征,帮助幼儿认识同一物体的不同形象以及物体结构的整体性,即要求幼儿知道同一物体有不同形象并能分离和联系物体的重要特征。

(4)尊重幼儿的求知欲

学前阶段的幼儿通常表现出强烈的求知欲。随着思维的发展,幼儿的问题也随之变化,最初的问题围绕新鲜事物、现象及特点的名称展开。接着,从某些事物的名称、特点转移到各种现象的关系和联系上,即从"是什么"变成

"为什么"。随后，幼儿开始对周围物体的综合性能发生兴趣。教师可以从幼儿熟悉的领域入手，提醒幼儿关注他们还不熟悉的现象，帮助幼儿熟悉不同的实际领域，满足幼儿的求知欲，促进他们的思维发展。

（5）尊重幼儿的探索和创造

在幼儿探索和创造的过程中，教师不应过分强调标准答案。幼儿的经验多是自己的生活体验，每个幼儿的体验不同，经验不同，因而幼儿的探索活动和创造活动会不同。过分强调单一的标准会抑制和束缚幼儿思维的发展。因此，可设计一些具有多种答案或方案的问题，让幼儿自己进行探索和创造，在"与众不同"的体验中，发展思维。

3. 在幼儿园开展幼儿思维教育要注意的问题

幼儿思维教育的重要性已经毋庸置疑，但是，当我们关注幼儿思维教育的同时，也有一些问题必须引起我们的重视和注意。

首先，一个人的智力水平取决于遗传和后天的教育与实践。而后天的教育与实践是幼儿智力发展中的主导性条件。幼儿智力发展的潜力很大，关键是要教育得法。

其次，思维教育是提升幼儿智力的关键因素。激发幼儿的兴趣和爱好是思维教育是否有效的重要因素。因此，我们要更多地以幼儿感兴趣的方式来进行有效的思维教育。

第三，在发展幼儿思维的教育过程中，思维游戏起着至关重要的作用。一方面，游戏是幼儿最喜欢的活动，通过游戏，可以使幼儿在愉悦中得到思维的发展。因此，游戏是发展幼儿思维能力的有效载体，它有利于锻炼幼儿的大脑，开启智慧，它在开发人的潜在智力与提高思维的灵活性等方面扮演着非常重要的角色。另一方面，思维游戏通过游戏的形式，把大量有关思维品质的训练蕴含其中。因此，通过思维游戏，可以在激发幼儿思考兴趣的基础上，培养和提升幼儿的注意力、想象力、记忆力、理解力、计算力、判断力、推理力、应变力及创造力等。

三、思维游戏是幼儿思维教育的有效载体

游戏通常能激发幼儿的兴趣，能够为幼儿的探索、想象和创造提供适当的

空间。可以说,幼儿的想象力是在游戏中产生的,离开游戏的场合,幼儿的想象力会极端的贫乏,游戏也是幼儿创造力的源泉。丹斯凯发现,那些在测验前进行自由游戏的幼儿比那些没有进行游戏的幼儿表现出更多的发散性思维的特点。因此,在幼儿园的思维教育中,思维游戏无疑是一个十分重要的领域。

(一)对思维教育载体的研究

俗话说,兴趣是最好的老师,而游戏恰恰是幼儿最感兴趣的事,在游戏中,幼儿不会感受"学"的概念,只有"玩"的快乐。对于学前期幼儿来说,幼儿注意力集中的时间较短,让一名幼儿长时间地主动学习,不符合幼儿这个客体本身的特点。而思维游戏就很好地解决了这一矛盾,是进行思维教育的有效载体,能让幼儿在相对较长的一段时间里轻轻松松地就保持注意力集中。在整个操作过程中,幼儿不必被动地接受知识的灌输,而是积极主动地参与其中。在游戏中,幼儿的思维习惯、思维能力得到潜移默化的提升,达到事半功倍的效果。

从思维游戏的智力品质来看,它表现为思维的独立性、敏捷性、灵活性、批判性和逻辑性等。在学前阶段,则应注重前三种智力品质的培养。游戏,是幼儿独特的实践活动,游戏发展本身反映了幼儿思维的发展。幼儿游戏的内容、形式、时间和参加成员的变化、发展,说明了游戏所反映的现实关系在不断深化,社会生活中的实质性问题一步步地在游戏中获得体现,因此游戏的发展变化正是反映了幼儿思维水平的变化。在游戏中,创设解决问题的情境,提出思维的课题,能促进幼儿思维积极地发展,提高幼儿独立地解决问题的能力,而不盲目地接受别人的暗示和影响。

(二)对幼儿思维游戏设计的研究

南京特殊教育职业技术学院杨枫老师在关于幼儿思维游戏设计的文章中指出,一个好的思维游戏应该是训练目的、任务明确,玩法新颖,内容多变并且逐渐复杂化,规则简单易行,能够激起幼儿积极的心理活动。思维游戏可分为听觉游戏、触觉游戏、嗅味觉游戏等。

1. 听觉游戏

幼儿观察力训练的主要途径是感官训练,发展观察力的思维游戏以幼儿的感知觉训练为基本内容,包括听觉、视觉、嗅味觉和触觉等多个感官的训练。

观察游戏一般以"寻找""发现""比较"等为主要玩法，通过听听、看看、摸摸、尝尝等外感受器的反复活动，对事物典型的、细微的特征进行观察，从而帮助幼儿加强观察的目的性、计划性，扩大观察的范围、广度和深度。

听觉游戏有两个方面的训练任务，一是分辨声音特征，二是判定声源方向。

（1）分辨声音特征的游戏

分辨声音特征的游戏主要是训练幼儿分辨各种声音，区别声音的性质（音高、音强、音长、音色等）以及从物体的声音特征来识别物体的能力。例如，让幼儿闭上眼睛静坐室内，仔细倾听和分辨发生在周围的各种声音（说话声、咳嗽声、交通工具声等），看谁说得又对又快。这种类型的游戏一方面要求幼儿去最大限度地使用他们的听觉器官，一方面还能促使幼儿为了要听清楚那些微弱的声音，而高度集中他们的注意力。游戏时，教师应注意在声音内容上有所变化。如可找一些钥匙、硬币等幼儿熟悉的东西，先让幼儿看过，然后蒙住眼睛，请幼儿分辨是什么物品的声音。

设计分辨声音特征的游戏可以采用蒙上游戏者眼睛的游戏方式，也可以采用遮住分辨物的方式。例如可以用一条大毛巾搭成"幕布"，教师躲在后面制造一些声音，如拍球、剪纸、翻书、削铅笔等，请幼儿猜猜老师在干什么。

有的听觉游戏要求幼儿对日常物品与其声音特征能建立一定的联系，设计或选择游戏必须在幼儿具备足够的听觉经验基础上进行。当然，由浅入深的系列游戏必然能丰富幼儿的听觉经验，提高听觉识别物体的能力。

（2）判定声源方位的游戏

判定声源方位的游戏有两种设计思路。

第一种游戏设计中的声源是固定的。如把一只发条玩具藏在室内，让幼儿蒙上眼睛，根据玩具发出的声音将玩具找出。这种游戏还可结合分辨声音特征的游戏思路进行设计。如设计数个发声源，每个发声源发出的声音各有其特征。让数名幼儿根据各自指定的声音特征进行寻找声源的比赛。

第二种游戏设计中的声源是移动的。如蒙上幼儿的眼睛，并将他们排成一路纵队，教师手持一只小铃，在幼儿的前、后、左、右各方向摇动，要求幼儿根据铃声的方位改变行走的方向，或跟着铃声走。又如，蒙上幼儿的眼睛，将一只响铃球从幼儿面前向某一方向滚去,请幼儿根据球滚动时所发出的声音去向,迅速准确地找回球。

2. 触觉游戏

触觉是我们感知事物的一大途径。蒙台梭利认为幼儿常以触觉代替视觉或听觉,即常以触觉来认识周围事物,因此更应该重视触觉。感官教育就是以触觉练习为主的。

(1)触摸辨物游戏

触摸辨物游戏以"摸一摸"为主要构思,通过游戏丰富幼儿的触觉经验,加深幼儿对物体性质的认识,提高其识别物体的能力。这类游戏常用的道具有两种,一种是内装触摸物两边开有取物洞口的纸箱,一种是内装触摸物能收紧袋口的布口袋,我们称之为"百宝箱"和"百宝袋"。设计触摸辨物游戏应把握三个难度层次:第一个难度层次是从物体的相对特性入手的。例如,在百宝箱里放两个大小不等的球,两根长短不一的尺子,两个软硬不同的娃娃等,要求幼儿两手到箱中摸取具有相对特性的物品,如左手摸塑胶娃娃,右手摸木制娃娃,两手同时摸出即为正确。第二个难度层次是围绕物体的相同特征进行设计的。例如,在两只百宝袋中,分别装上同样的物品,如棉花球、鞋带、尼龙布等,请幼儿两手分别从两只袋中摸出相同的东西。第三个难度层次以分辨物体的相似特征为主,有时还可以结合语言训练一起进行。例如,在百宝箱中放入一些十分相似的物品,如纽扣、棋子、瓶盖等。要求幼儿依次去摸一件,取出箱之前要描述所摸物品的特征,并说出该物品的名称,比比谁说得好,说得对。另外,将各种触摸辨物的游戏构思引入到对几何形体的认知教学中,也会起到非常好的教学效果。

(2)触摸分类游戏

触摸分类游戏是建立在触摸辨物游戏基础上的,要求游戏者首先对物体的差别与近似之处进行触摸辨别,然后再进行分类的游戏。游戏的难度主要受物品差异的影响。分类游戏有两种:一种是给出分类依据,按要求进行分类;一种是没有分类依据,要求自定分类依据并进行分类。后者难度大于前者。如"看谁摸得对"就是一个分类游戏:

收集一些纸盒子,在盒子上贴一个特定的形状(如△、□、○)或物品

（如纽扣、砂纸、丝绸等）作为类别样品标志，需要多少种类就贴多少盒子。再准备一个大纸盒，里面装满各类数量相等的物品，这些物品的种类与每一个盒子上贴的标志相对应。游戏时发给每个幼儿一个贴有类别标志的小纸盒，蒙上幼儿的眼睛，让他们轮流从装满各类物品的大盒子中拿一件属于自己一类的东西，放进自己的小盒子中。这样一直做下去，最后以全部拿对的幼儿为优胜者。

（3）触摸造型游戏

触摸造型游戏的重点是分辨各种造型的特征，发展幼儿的图形认知能力。游戏设计有两种思路，第一种设计思路是通过触摸辨别图形及图形边框的特征进行镶嵌的游戏。游戏所用的嵌板用硬纸板或薄木板做成，板上设计一些几何图形，挖下这些形状成为嵌卡，并使之与嵌板上的孔相吻合。为了使幼儿能选择不同难度的嵌板进行游戏，还可以多设计制作几块不同图形不同难度的嵌板备用。如果嵌板上设计的是美术图形，则会大大增加触摸镶嵌游戏的难度。游戏前可以先让幼儿熟悉嵌板，然后蒙上眼睛，将嵌卡和嵌板分离，要求幼儿通过触摸完成镶嵌，同时，还要让幼儿边镶嵌，边说出图形的名称。第二种设计思路是通过触摸图形及其相互的关系特征进行排列的游戏。游戏方法是在百宝箱里用双面胶固定排列一些用硬纸板、塑料等制成的形状物，让幼儿把手伸进箱子里，用触摸去发现箱子里东西的形状和排列次序。然后要求他从另一些形状物中选择与箱内相同的形状物，并在箱子上用同样的次序排列出来。

（4）触摸动作游戏

触摸动作是盲人感知他人身体姿态和动作的主要方法，普通人一般不需要如此来获知动作。但通过触摸动作的游戏，幼儿却能获得一种特别的体验。如游戏"盲人塑像师"，3个幼儿一组，1人担任塑像师，1人为模特，1人为塑材。蒙上塑像师的眼睛，由模特任意摆一个动作并保持不动，然后请塑像师触摸模特的动作，再将塑材摆成与模特同样的动作。游戏时还可对塑像师的"作品"进行评比，看谁摆得像。

3. 嗅味觉游戏

"尝一尝"和"闻一闻"这类构思的智力游戏着重发展幼儿的嗅味觉。通过尝尝，可使幼儿区别物质的味道（甜、酸、咸、苦等）；通过闻闻，可使幼儿从各种不同的物体所发出的特殊气味中来识别物体。

嗅味觉游戏所使用的分辨物可以是食物，也可以是非食物；可以是固态物质，也可以是液态物质。游戏设计可以单就一种感觉进行训练，也可以把两种感觉综合起来进行游戏。例如，在同样的瓶子里装上酒、醋、橘汁、水、汽油等液体，请幼儿通过闻闻来区分和识别这些液体，游戏训练的是幼儿的嗅觉；而在同样的杯子里装上不同浓度的糖水，请幼儿通过尝尝排出糖水甜度的次序，则是训练幼儿味觉的灵敏度；如果将苹果、梨、香蕉等水果切成同样大小的块，让幼儿先闻闻，再尝尝进行辨别，就是一种嗅、味觉综合训练游戏。

第三节　我园对促进幼儿思维教育所做的探索

长期以来，我园一直以"思维游戏"为办园特色，以下是幼儿园在思维教育上的一些主要举措。

一、打造一支素质优良的思维型教师队伍

教师是教育的实施者，教师的素质高低将直接决定思维教育的成败。建设一支素质优良的思维型教师队伍是实施思维教育的根本。那么，什么是思维型教师呢？我们认为，思维型教师，是指以发展幼儿思维的特色教育理念为精神内核和价值取向，懂得基本思维心理学知识，能将思维训练法上升为教育智慧的教育人、培养人、发展人的教育工作者。他具有四大基本特征，即思维型教师专业行为的理性支点——幼儿园特色教育理念，思维型教师专业行为的知识储备——多层复合知识结构，思维型教师专业行为的能力核心——学习力、反思力、创新力，思维型教师专业行为的保障实施系统——独特的人格与行为。幼儿园可以从多方面着手，搭建教师成长平台，形成需求式学习、行动式研究、互助式交流的"思维型教师"立体培训网络。

这方面，幼儿园作了很好的尝试。首先，采取自我培训。实施思维教育对教师有较高的要求，除了一般学科教师必须具备的学科专业知识外，还必须掌握一定的思维训练方法和知识，而这一点正是很多教师较薄弱的地方。教师结合自身实际情况，通过自我培训，弥补知识上的缺失。其次，幼儿园专业引领。幼儿园定期聘请对思维教育教学有独到见解的专家为全体教师作专题报告、开讲座、办研讨会。并且幼儿园定期向教师发放幼儿思维教学资料，上面收集了最新、最前沿的教育动态、教育教学理念和思维教学及训练的知识。再次，教师自我行动研究。幼儿园鼓励教师把课堂作为自己行动研究的"实验田"，让教师在教学中摸索训练方式、提炼训练模块。许多教师便通过课前计划、课中实施、课后反思，总结出效果明显、易于推广的思维训练模块。在行动研究中，幼儿园可以组织教研活动，开展互助与交流。"挖掘教材中思维因子""思维20分"等都是具有代表性的思维型教师培训活动，这些活动都是由骨干教师轮流作思维报告，或讲述自己教学中的心得体会，或把刚学到的思维知识与大家共享，或解读自己的思维训练模块、思维个案，或说出自己思维教学中的困惑。通过交流与分享，思维教育的理念得以根植，教学行为得以深化，教师的专业素质得以提高。

二、挖掘学科课程中的思维因子，开设思维教育的校本课程

课堂是实施幼儿教育的主渠道，理应成为思维教育的主要阵地。做好幼儿园课程的设置和内涵挖掘工作，对落实思维教育具有重要的意义。幼儿园在课程实施中，可以"两项并举，融会贯通"，这里的"两项"是指学科课程和校本课程，它们各有侧重，互为补充。

在学科课程中，注重引导教师挖掘课堂教学中的思维因子，包括教材中的思维因子和组织教学中的思维因子，它可以是一个教学内容、一个教学环节，甚至可以是一个教学情境。充分挖掘学科教材中的思维因子，充分利用教材中的资源，在课堂教学这样一个主渠道中对幼儿进行思维训练，这不仅促进思维教育与幼儿园的常规教学工作的有机整合，也进一步提高了教师的教材研究和处理能力。

另一方面，以专门训练幼儿思维方式、提升幼儿思维品质的校本课程开设也是一个非常重要的途径。在实施校本课程中，一定要做到定时间、定计划、定目标、定教师、定教材，以典型的思维策略为教学重点，引导幼儿探究现代的思维方式，培养多元的思维能力，形成良好的思维品质。思维校本课程在内容的选择上，除了思维方式、方法、技巧的训练外，还可以增加动手操作、情感培养、审美视角、交往能力等内容，要贴近幼儿生活实际，遵循幼儿认知规律，尊重思维科学，力求生活化、情趣化、幼儿化。

三、开展寓思于乐的思维教育活动

活动是幼儿的天性，开展丰富的思维训练活动是思维课程的延伸，也是思维课程的有益补充。幼儿园开展的"快乐思维节"等特色思维活动是很好的做法，旨在"让每个幼儿的思维和谐发展，让每个幼儿有自己喜爱的思维活动，让每个幼儿在思维活动中享受公平"，固化而不僵化，紧跟幼儿需求是活动类课程生命线。

我园实施思维游戏活动主要有三种途径，分别是开展基于幼儿生活的思维游戏、基于幼儿经验的思维游戏和基于幼儿活动的思维游戏。

1. 基于幼儿生活的思维游戏

在日常生活中幼儿经常要作出一些选择和判断，从相似的可能中找出最符合的选择，这就要求幼儿有细致的观察、辨别、分析比较、推理判断等思维能力。因此，思维游戏为幼儿提供了与生活相匹配的游戏材料。如中班"送礼物"游戏活动中，为幼儿提供了多种日常生活用品卡片，以"兔妈妈的礼物、兔爸爸的礼物、找朋友、礼物接龙"四个游戏为情境，让幼儿充分了解卡片上的名称、用途及特征，并独立探索，感知理解物品的多重属性。比如相同的原材料、相同的功能、相同的形状、相同的特征等，幼儿根据物品的共同点灵活进行分类，从而培养幼儿思维的灵活性和创造性。

幼儿对实物的操作摆弄，正是其发现问题、探究问题和解决问题的过程。因此，设置生活中的问题情境尤为重要。特别是每个游戏活动的开始，如果利用故事、谜语、童谣、生活中遇到的事等问题情境，不仅能激发幼儿积极参与活动的兴趣，而且能将幼儿的思维带入问题情境中。如在"甜点小人"游戏中，教师开始引出一个生活情境问题："甜点小人要参加舞会，想请小朋友为她设计几款漂亮的服装。"就这样简短的生活问题情境却激发了幼儿参与活动的兴趣，萌发了幼儿愿意并主动为他人服务的意识。如果在活动中经常提出一些非常规或具有挑战性的问题，能更好地促进幼儿思维的灵活性、敏捷性。如利用图形拼摆组合各种物体的活动中，先启发幼儿观察所摆的图形像什么，再引导幼儿从不同角度观察图形像什么，并挑战"看谁能用同等数量、同样形状的图形拼出更多的物体或同等数量、同样形状的图形拼一个物体"。还可延伸挑战利用同等数量、同样形状的图形拼出具有一定情节的画面，并讲给同伴听。这就强化了幼儿的求异思维及逻辑思维的发展，这正是思维不断构建和发展的过程，是动态的思维过程。

2. 基于幼儿经验的思维游戏

幼儿生活经验是指幼儿在生活中习得的一般知识。在设计基于幼儿经验的思维游戏活动时，我们要进一步探索如何更好地把思维游戏的起点建立在幼儿已有的生活经验基础上，同时又尽可能地满足幼儿思维发展的需要，即依托幼儿已有的生活常识，让他们在与材料和游戏情境的互动中，不知不觉地接受和掌握新的知识。

筷子变成了幼儿拼数字、搭图形的好帮手；电线变成了幼儿变化造型、创意添画的好伙伴；扑克牌变成了幼儿认识数字、了解花色、锻炼记忆的好工具……教师基于幼儿生活经验，以生活材料为基石，广开思路，巧手智变，形成了一系列具有思维特色且利于幼儿操作的活动材料。幼儿在生活经验的基础上开展活动，能够更好、更快地进入游戏的情境，提高了生活材料在游戏活动中的使用效率。

3. 基于幼儿活动的思维游戏

幼儿园的思维游戏丰富多彩，游戏的主要形式除了有主题活动、区域活动、专用室活动等，还有定期组织的"思维节"，让幼儿"乐动思维，乐中生活"。例如以"缤纷百果香，六一乐分享"为主题的思维游戏节，让家长与幼儿一起动脑动手，设计制作最别出心裁的水果大餐。

思维游戏在区域活动中的渗透与运用是指在某个课程主题结束后开展与

该主题相关的活动，以拓展该主题的内容，发展幼儿多方面的基础思维能力。短时间的集体活动中，幼儿掌握的仅仅是提纲挈领的知识。这些所学的知识只有应用拓展才能真正达到"受益终身"的目的。比如，"俯瞰小城"是图形认知类游戏，我们安排了4个对照地图册找建筑物的活动，引导幼儿反复理解地图上各建筑物之间的关系。在区域活动中，我们结合"亮眼看杭州"的主题活动，安排了主题背景下的学习性区域活动"美丽的西湖地图"，然后从思维游戏的小城地图拓展到自己根据周围环境设计西湖地图，以提高幼儿的空间知觉。

四、切实做好对幼儿的思维发展评价

在评价主体互动化、评价内容多元化、评价过程动态化的指导思想下，评价应该作为发展幼儿思维的一个有机构成环节，通过有效的、积极的评价促进幼儿思维的发展。可以从以下几个方面进行：

第一，对幼儿进行思维水平的前测和后测，并进行对比、统计与分析；

第二，在常规教学中可以注重对幼儿的思维水平进行评价，如幼儿考虑问题的快、准、高，提出问题的奇、特、新及幼儿作业中的独到见解；

第三，建立幼儿思维发展记录袋，收集幼儿的作业、成果、教师及家长的评语、幼儿之间的相互评价等资料，反映幼儿的思维发展轨迹；

第四，开展对幼儿思维发展的跟踪调查。幼儿园对每一个幼儿在小学阶段的思维发展水平给予关注、记录；当幼儿升入中学后，进行跟踪调查，从而保证思维教育的严肃性和思维评价的科学性。

思维教育作为实施素质教育的一个新领域、新尝试，需要更多的教育工作者深入研究，如果在实施中做到"四结合"，即幼儿园教育与社会体验相结合，课堂教学与课外活动相结合，主动发展与适时引导相结合，校内资源与校外资源相结合，全力构建促进幼儿全面发展的素质教育实施体系，其意义和作用也就不言而喻了。

第二章　3~6岁幼儿思维游戏的
理论阐释

　　3~6岁幼儿正处于人一生发展的关键期，无论是身体的发展，还是智力的发展，都是如此。思维是智力的核心要素，从一定意义上说，一个人的思维品质决定了这个人的智力水平。因此，家长、幼儿园都应该高度关注3~6岁幼儿的思维发展。正是基于这种认识，我园开展了幼儿思维游戏的研究与实践，探索促进幼儿思维发展的有效途径和载体，为幼儿奠定思维发展的基础。

第一节　幼儿思维游戏的价值定位

游戏是幼儿园的基本活动形式，通过游戏，满足幼儿好玩、好动的天性；通过游戏，使幼儿学习知识、技能以及相应的社会规则。思维游戏正是借助游戏的形式，对幼儿举行思维教育，促进幼儿思维的发展。

一、奠基：幼儿思维游戏的目标指向

美国全国教育协会在《美国教育的中心目的》一文中强调："贯穿于所有各种教育的中心目的——教育的基本思路——就是要培养思维能力。"而素有儿童心理发展的泰斗之称的皮亚杰也认为教育的最高目标是培养具有逻辑思维能力和掌握抽象复杂概念能力的人。

（一）幼儿的思维发展需要多感官、多领域综合影响

在幼儿的认知活动过程中，较多地使用视觉感官，各类图片、书本、视频等丰富多彩，但是这些都不能充分调动幼儿持续的、深入的探究欲望，往往是被动地接受和记忆。主要由三种原因造成。一是活动材料的数量虽多，但类型单一。都是刺激幼儿的单一感官——视官，或偶有声音的加入，也往往是动漫类的，和实际声音有差异，不真实。二是图片、书本、视频等视官类活动材料都是二维的视觉感受，如苹果的球形感受，软硬、酸甜、香味等实际体验缺失，对于幼儿了解物体的真实特性产生了极大的阻碍。三是生活中有大量的、现成的物品可以为学习所用，这些物品多元，富有真实感和探究性。

1. 调动幼儿多种感官，获得认知和经验提升

在思维游戏过程中，教师科学调动幼儿多种感官，通过手、眼、耳、鼻、皮肤等多重感知，在综合体验中获得对事物具体的、完整的认知和经验提升，更有助于幼儿对所学知识、经验的巩固和灵活调取。捷克教育家夸美纽斯说过，一切知识都是从感官开始的，在可能的范围内，一切事物应尽量地运用感官去

触及,一切看得见的东西应尽量放在幼儿眼前,一切听得见的东西应尽量放到幼儿耳边……假如有一个东西能够同时在几个感官上留下印象,它便应当用几个感官去接触。因此,我们运用丰富的操作材料、适宜的环境创设,采用多种教学方式和多元的生活材料,全方位刺激幼儿多重感官。

2. 教师充分运用语言在思维发展中的积极作用

在思维游戏过程中,教师充分运用语言在思维发展中的积极作用。语言是思维的工具。幼儿认识事物是通过看、听、摸、尝等直接感知的,同时又必须以相应的语言来说明事物的现象和意义,才能真正认识它,形成正确的概念。没有语言就不可能进行抽象思维。在由感知、表象进入分析、综合、判断、概括等抽象思维的过程中,语言起着特别重要的作用。教师在带领幼儿认识周围事物时,在传授知识技能时,在解释行为规则时,在引导幼儿观察、比较、抽象、概括形成概念时,都必须伴以语言。幼儿理解了这些语言,同时也就掌握了这些知识和道理,锻炼和发展了思维的能力。

3. 教师充分运用艺术对思维发展中的积极作用

在思维游戏过程中,教师充分运用艺术对思维发展中的积极作用。

(1)在表达方面的作用

《纲要》反复指出艺术是幼儿"表达自己的认识和情感的重要方式",艺术活动促使幼儿"大胆地表达自己的情感、理解和想象。"并指出这种艺术表达是"自由表达",是"创造性表达"等。

(2)在兴趣培养方面的作用

自然主义美学大师桑塔耶纳认为:美是一种价值。对于人类,美是一种愉快,一种满足,美是人类不可缺少的。艺术类游戏活动提倡"愉悦性":艺术活动在大量充满情趣的个人或集体的创造、表演、欣赏、交流、评价等活动中,为幼儿提供丰富的感性材料和信息,使幼儿尽情、自由地参与多种形式的艺术表现过程,体验具体艺术(音乐、美术等)学习的快乐和满足,获得身心的和谐发展。艺术与思维游戏有着内在的联系,想象和自由创造是艺术和思维游戏的共同本性,通过预设或生成的思维游戏活动,增进学习的趣味性,提高幼儿参与活动的兴趣,激发幼儿积极参与、快乐体验。

（二）思维发展的目标指向从单一关注逻辑思维转向综合培养逻辑思维与创新思维能力

显然，教育的目的不仅是传授知识，更重要的是让幼儿学会如何思维。幼儿的思维发展是成人思维发展的重要基础，是人整体思维发展中不可分割的一个阶段。以幼小衔接为例，不少小学老师反映：有些学生思维跟不上，对小学的较抽象的学习方式不能顺利适应，不能很好理解老师的语言要求和学习要求，对于正规学习所需要的主动探究、自主学习、自我检查等良好的思维习惯和学习习惯没有很好地建立起来。其实，如果我们强调和重视幼儿阶段的思维训练，完全可以使幼儿较早地具备良好的思维能力和思维习惯。

根据皮亚杰的认知心理学理论，儿童思维的发展可以分为三个阶段：动作思维阶段、具体形象思维阶段和抽象逻辑思维阶段。幼儿的抽象逻辑思维能力是在动作思维和形象思维的基础上逐步发展起来的。教师往往偏向于对幼儿抽象逻辑思维能力的培养而忽略了创新思维对幼儿发展的重要意义。究其原因，一是抽象逻辑思维能力的培养更具规律性，更便于指导和显现效果；二是创新思维能力的培养对教师自身的思维素养有更高的要求，且效果显现不宜控制，常出于偶然；三是目前社会对孩子的评价仍然以成绩为衡量标杆，影响着成人对思维类型的主观价值偏好。显然，这是一种错误的价值指向，思维发展的目标应该从单一关注逻辑思维转向综合培养逻辑思维与创新思维能力。

我们可从下表所揭示的逻辑思维与创新思维的区别中了解两种思维各自的特点和优势。

表 2-1　逻辑思维与创新思维的区别

思维类别 区别	逻辑思维	创新思维
表现形式	从概念出发，通过分析、比较、判断、推理等形式而得出合乎逻辑的结论	一般没有固定的程序，其思维方式大多都是直观、联想和灵感等
思维方法	主要是逻辑中的比较和分类、分析和综合、抽象和概括、归纳和演绎	主要是一种猜测、想象和顿悟
思维方向	一般是单向的思维，总是从概念到判断再到推理，最后得出结论	多向的思维，结果也是多样性的

（续表）

思维类别 区别	逻辑思维	创新思维
思维基础	逻辑思维是建立在现有知识和经验基础上的，离开已有的知识和经验，逻辑思维便无法进行	是从猜测、想象出发，没有固定的思维方式，虽然也需要知识和经验作为基础，但不完全依赖知识和经验
思维结果	严格按照逻辑进行，思维的结果是合理的，但可能没有创新性	思维活动不是按照常规的逻辑进行，其结果往往不合常理，但其中却有新颖的结果

如上表所示，逻辑思维与创新思维对于帮助幼儿解决问题方面都具有重要的价值，因此，需要从单一关注逻辑思维转向综合培养逻辑思维与创新思维能力。

皮亚杰的认知发展理论提出，有序的信息有利于儿童吸收、加工、贮存与提取，通过同化、顺应，促进认知结构的更新和发展。儿童学习的知识内容是以层次联系为体系，组块的形式、形象的画面、规则的排列都要反映出事物和现象的规律性联系，对知识的学习和智力训练须在同一个教育活动中完成，才能真正达到"学知识，练思维"的目的。简言之，思维训练的意义是幼儿通过对事物的观察，经过分析、判断、推理、概括、比较等一系列的心理活动，对问题的解决找出的正确答案，培养思维能力和解决问题的能力。

开展思维游戏，正是希望通过丰富多样的游戏活动，在促进现阶段幼儿的思维发展的同时，为幼儿今后的思维发展奠定良好的基础。

（三）解决不同类型的问题需要运用适宜的思维方式

在开展思维游戏活动的实践中，我们注意到幼儿对事物的认知、判断、结论经常会缺乏自信，基本依赖成人的"标准答案"。答案被肯定的幼儿出现短暂的兴奋和自我满足，甚至是"押对宝"的窃喜；答案被否定的幼儿只会失望地接受，久而久之会逐渐降低学习的兴趣。出现这种状况的原因首先是由于幼儿的年龄特点、认知结构和知识量决定了他们的不成熟，不全面，但是这不应影响幼儿自信心的培养和对事物探究欲望的激发。其次，成人的"标准答案"也是实践中产生出来的结果。在新一轮国家基础教育改革中，对幼儿的学习方式的研究，已经越来越关注幼儿学习过程的本身。我们需要从固化地追求"标准答案"转移到让更多的幼儿在实际探究过程中得出的结果。再次，培养幼儿的自信心和探究欲，需要增强幼儿亲身体验、亲历探究的学习品质，不依赖于成人简单的评判，更不盲目追求即得结果，学会充分享受活动过程中的真实体验和快乐情感。显然，解决不同类型的问题需要运用适宜的思维方式。

1. 逻辑性思维方式收获具体问题的规律和便捷解答

幼儿的抽象逻辑思维发展较晚，在成人的引导下，随着知识经验的不断丰富，语言能力的进一步发展，六七岁的幼儿在他们经验所及的范围内，能够根据事物内部的共同特点来概括事物，出现了高级思维形式——抽象逻辑思维——的萌芽。发展逻辑性思维需要引导幼儿运用已知的信息和经验，找到事物间的科学联系，把握规律，解决问题。逻辑性思维在生活和学习中的运用，往往有助于幼儿理顺思路，找到事物间的顺序性、规律性，让他们的生活和学习变得更轻松、更便捷。

2. 发散性思维方式收获生活中的多解答案

发散性思维是指在解决问题时，思维活动能不拘一格地从仅有的信息中尽可能地扩展开去，朝着各种方向去探寻各种不同的解决办法和答案，它是培养幼儿创新能力的有效途径。"多解"是指在思考问题、解决问题时，善于变换思维的角度，进行全方位、多层次的思考，灵活、变通地寻求多种解决问题方法的一种发散型的思维方式。培养幼儿多解的思维方式，有利于发展幼儿思维的灵活性、变通性，培养幼儿的创造能力。然而，成人的思维往往因自身的经验和思维习惯而形成定式，如何避免将成人的思维定式习惯影响幼儿的发散性思维，这不仅需要成人自身有意识地锻炼发散性思维，而且还要有意识地引导幼儿从非常态的角度进行多解。

3. 艺术性思维方式收获轻松、快乐的情感体验

艺术思维方式包括形象思维、抽象思维、灵感思维。心理学研究表明，创造性思维是智力活动的重要部分。它是一种摆脱了习惯定式解决问题的思维方式。它鼓励在发散性思维的基础上进行聚合思维，创造性解决问题。其核心是创造性思维。同时，创新意识和创造能力也须以创造性思维作为基础。创造性思维是智能发展的高级形式，艺术性的思维通常渗透在多元的艺术形式中，在人们的逻辑思维（左脑理性）以外呈现出另一面感性的、艺术性的思维（右

脑感性)方式。由此可见，幼儿的全面发展，促进幼儿健全人格的形成，激发幼儿潜能的开发，需要重视左右脑的协调发展。

4. 创造性思维方式收获改变客观事物的能力

创造性思维能力是培养一代新人素质的核心内容，人们满足需要的方式是改变客观事物能力的实践活动。而这种实践活动本质上就是一种创建活动，它是逻辑思维能力、发散性思维能力与艺术性思维能力的最终发展结果。在思维游戏过程中，幼儿的创造性思维主要表现为独特的见解、新颖的思维、丰富的想象力，善于灵活运用，善于搞一些小发明、小制作等。这些创造性无不与幼儿的学习活动有关系，而思维区域活动不仅向幼儿提供了丰富的生活内容，更重要的是创造了一个自由宽松的心理环境，因此，在区域活动中，幼儿自主的活动能使每个幼儿有机会以自己的兴趣、爱好、需要和发展水平，主动地去选择，以适应他本身特点的方式和速度，按自己的理解、自己的探索思考来活动，如美工区的活动中，幼儿把小河画成黑色，因为他认为污染的小河就是黑色的；科学角的活动中，幼儿玩得满桌都是纸，他们说在想办法怎样用纸制造更结实的桥；还有一个幼儿自己想办法，把由于用力过大而按进去的彩笔头用铅笔从后面捅出来，等等。幼儿是一个能独立思考的人，他们的想象力是丰富的，对自己所做的事情有自己独特的见解，并能通过努力实现一些想法，在不断的探索实践中获得经验。在活动中，幼儿经常要遇到一些困难，他们会向教师、同伴寻求帮助，商量解决问题的办法，使幼儿有更多的机会与教师面对面、与同伴交流，教师也会有更多的机会观察、了解、判断幼儿发展水平。思维区域活动不仅可以让幼儿体会到其无穷的乐趣，提高自身修养，而且还锻炼了动手动脑能力，从而培养了创造性思维的能力。

二、快乐：幼儿思维游戏的活动诉求

游戏就是幼儿的艺术，是幼儿艺术化的生活，是幼儿追求自由的生活方式，是幼儿创造性的源泉。如果没有了游戏，幼儿将失去幼儿的生活。唯有游戏的生活才是真正的幼儿生活，有灵性的生活；唯有游戏的幼儿才是真正的幼儿，有灵性的幼儿。

1. 幼儿是快乐的，他们愿意在欢快的情境中接受教育

在思维游戏中，结合儿歌和音乐，让他们在说说、唱唱的过程中，感受语言的抑扬顿挫、风趣幽默或含蓄优美，感受旋律的悦耳悠扬、美妙动听或慷慨激昂……在这样的情境中，他们学会了想象，学会了创造，由此，思维得到了发展。游戏是幼儿体验快乐，寻求满足，获得发展的重要途径。作为教师，充分挖掘游戏中潜在的教育价值，让幼儿在"做中玩，玩中学"，使幼儿在快乐中得到最大程度的发展。教师为幼儿制作的玩教具能激发幼儿探索学习的兴趣，而不是仅仅可用于装饰、欣赏的"看具"。思维游戏就这样在最大程度上调动了幼儿的兴趣，使幼儿的大脑保持在一个较高的兴奋水平上，而不存在任何"知识灌输"的压力。

2. 幼儿是好动的，他们喜欢在动手操作中接受教育

在思维游戏中，筷子变成了幼儿拼数字、搭图形的好帮手，电线变成了幼儿变化造型、创意添画的好伙伴，扑克牌变成了幼儿认识数字、了解花色、锻炼记忆的好工具……在这样的动手操作中，他们的动作思维得到了发展。教师在自制玩教具的过程中已经具有明显的"让幼儿动手操作"的意识。装饰玩具数量逐渐减少，玩教具的可操作性受到重视。自制玩教具除了有可操作性外，还具有可探索性。玩教具的可探索性不仅是指可让幼儿动手，更重要的是能够激发和维持幼儿在操作过程中动手动脑发现问题和解决问题的兴趣。

3. 幼儿是好奇的，他们喜欢在探索中接受教育

在思维游戏中，教师们不断思考与调整思维游戏独特的组织形式，根据幼儿的年龄特点设计特色鲜明的思维游戏，让幼儿学会疑问和探究，一个纸箱、一个米袋、几张硬纸板、一个易拉罐，通过巧妙的组合让幼儿玩得如此着迷、快乐，让他们在不断的困惑与生疑中感受思维游戏的独特魅力，促成思维的发展。

开展思维游戏，正是希望通过游戏本身的魅力，满足幼儿好动、好奇的天性，同时，在享受游戏的快乐中获得思维的发展。

三、发展：幼儿思维游戏的终极追寻

《纲要》中指出，教育内容的选择，既要符合幼儿的现实需要，又要有利于幼儿的长远发展。《纲要》把幼儿园教育视为基础教育的重要组成部分，是我国学校教育和终身教育的奠基阶段，把幼儿教育定位于可持续发展的最基础阶段。幼儿思维游戏要同样高质量地完成历史赋予的重托，在设计以游戏为主要活动的思维游戏时，也应充分考虑幼儿的可持续发展。

1. 发展，是思维游戏的终极追寻

教育就是让人获得发展，就是为人的全面发展奠基。发展，也是幼儿思维游戏的终极追寻。通过思维游戏，交给幼儿正确的思维方法，发展幼儿的思维能力，并且为今后的思维发展奠基。在指导幼儿进行各种游戏活动时，要善于发现幼儿感兴趣的事物和偶发事件所隐含的教育价值，把握时机，积极引导，鼓励他们大胆探索与表达。游戏结束，提醒幼儿整理好玩具，逐步引导幼儿学会自我管理。通过这种自由、自主、开放的游戏活动，既能激发幼儿的活动兴趣，又能促进幼儿各种能力的发展。其次，幼儿在积极参与的过程中，手脑并用，亲自感受了游戏的过程和方法，体验了发现的乐趣和成功的喜悦。游戏活动中，幼儿团结友爱，相互合作，自我管理，宽松、友好、愉悦的氛围中进行，他们正是游戏的真正主人。

2. 发展，是有阶段性的

针对幼儿不同年龄阶段的思维发展特点，分年段设计幼儿的思维游戏，进行重点指导。小班幼儿处于直觉行动思维过渡到形象思维的阶段，中班幼儿处于形象思维阶段，大班幼儿处于形象思维过渡到抽象逻辑思维阶段。根据不同年龄段幼儿思维发展的特点，我们尝试在小班和中班年段中开展有关形象思维的研究。在培养幼儿良好创新思维、发散性思维、探究性思维、逆向思维等能力的过程中，幼儿的"发散性思维"也是非常重要的，能够打破常规、弱化思维定式。因此，我们尝试在大班年段开展发散性思维的研究。幼儿之间存在差异也是不可否认的，《纲要》再一次指出"尊重幼儿在发展水平、能力、经验、学习方式等方面的个体差异，因人施教，努力使每一个幼儿都能获得满足和成功"。每个幼儿生活的环境不同，他们作用于环境的方式不同，因而也决

定了每个幼儿的个体差异，如果我们还运用传统的集体教育形式，就难以照顾到幼儿的发展水平和发展特点。因此，我们创设了一个丰富多样的，多功能，多层次，具有选择自由度的思维游戏环境，让每个幼儿都有机会接触符和自身特点的环境，用自身特有的方式同化和吸纳外界知识。在游戏内容和形式的选择上，我们力求多样化，多层次，多类型，还根据季节的变化，选择游戏范围，如玩沙，玩水，玩泥，玩雪，玩落叶等，使每个幼儿都有游戏的机会，参与的机会，构建的机会。

3. 发展，需要多种力量的配合

人活在世上是需要朋友的，幼儿园教师当然也不例外。"把老师当作自己的朋友。"对一个妈妈来说，这句话意味着对宝宝的放手和对教师的信任。信任是人与人成为朋友最基本的条件，有了这样的基础，家长就很容易和教师成为朋友，也就很容易和教师交流沟通。在开展思维游戏中，教师与家长须达成两点共识：一是家长与教师是平等的教育者，是可充分利用的教育资源；二是明确幼儿园与家庭，教师与家长是一种主导与主体、服务与被服务的关系。我们组织家长参加思维相关的家长学校的讲座，邀请家长参与思维游戏的设计，两百多位家长与教师一起开发了六七十种生活化的游戏材料，如绳子、扑克牌、筷子、纸杯、瓶子、纽扣等，设计了家庭亲子思维游戏。这些家庭亲子游戏的设计与开发，弥补了学校教育与家庭教育间相互脱节的教育缺陷，增进了家长与孩子间的亲子情感交流，更贴近了幼儿的日常生活和经验，也为教师在设计思维游戏活动时打开了更广阔的思路和视野。

第二节　幼儿思维游戏设计的理念与原则

幼儿思维游戏的设计，不仅要遵循奠基、快乐、发展的价值定位，还要遵循一定的思维游戏设计的基本理念与原则。

一、基本理念

认知主义认为早期儿童的思维教育仅仅靠头脑、语言,甚至完全依据思维来进行操作,但脑科学对幼儿思维发展的研究发现,幼儿思维能力的培养不是从表面到表面,不是经别人口耳相传,而是要经过动作内化。当代的很多理论,都对过去的教育观念带来冲击。

(一)尊重童心

渴望被尊重是人皆有之的一种心理需求,幼儿也不例外。随着自我意识的发展,幼儿希望得到友谊、尊重和赞扬,当幼儿感到无人注意自己,或被嘲笑、冷落时,自尊心便受到了伤害,会感到委屈,引起哭、吵,甚至暴怒反抗。这时教师要以朋友、伙伴的身份出现,和幼儿一起游戏一起玩,做幼儿的第一个好朋友,让幼儿知道你在意他,喜欢他。

1. 探索在先,游戏在后

若在给幼儿玩具以后打断他的探索,要求他按照某一规定的方式去做,那么幼儿很快就会失去信心,因为这个过程没有体现自己的想法。在幼儿的游戏过程中,需要教师去引导,给幼儿探索的空间,引发幼儿探索的兴趣。每一种经验都可以通过适合幼儿不同发展水平的多种活动来实现,有些经验可能在不同的情境下都会有获得的机会。尊重幼儿的探索,即在探索过程中不过分强调唯一性的标准答案,教师经常会"无意地"要求幼儿必须给出标准答案,这实际就等于限制了幼儿的发展。要由关注教师的教,转向幼儿是如何学。

2. 幼儿的思维发展是必须由外化转为内化

由外化转为内化的关键是幼儿的主动建构。幼儿有没有思维能力,会不会解决问题,能不能提出问题才是最重要的。我们要通过游戏,通过玩具,培养幼儿主动探究、主动思考的能力。

幼儿的学习总是以自身的经验为基础来建构探索新的经验(思维的活动过程)。幼儿在学习或者玩时,对于语言表达所获得的经验是不够的,需要更多的自身体验、自身探索来进行学习。不要认为形象思维是低级的,其实形象思维与抽象思维是相互作用的,中国人常常对抽象思维的问题(比如算术)就善于很形象的去理解。

3. 在幼儿的游戏中，亲身经验无所不在地起着指导作用

虽然从经验、活动中吸取教训可能有时很费力，代价也很高，但某些思维与行为结构（思维方式、推理活动、工具的掌握等）仍然主要是以这种方式来发展的，并通过这种方面来精炼与完善。思维和行为的结合是非常重要的；若要掌握某项技能，思维的推理与指导作用也很重要。在活动中，成功的经验易于被选择与保留，无效的则被摒弃。若幼儿盖瓶盖时只有一次盖对了，这一次肯定记得特别清楚，即成功的经验更易保留。因此在活动中，幼儿的操作对经验的保留尤其重要，而一些无效的行为、过程，他自己就会摒弃。

4. 因势利导发展幼儿思维能力

幼儿不可避免地会犯错误，教师要正确对待幼儿的缺点、错误，换位思考，引导幼儿一点点地改变，使他们养成良好的行为生活习惯。"放手"让他们去接触幼儿园这个神奇的世界，尊重幼儿的思维方式，因势利导发展幼儿思维能力，对于幼儿一些荒诞的行为，不能生硬地加以否定，否则既挫伤了幼儿思维的积极性，又不利于维系师生情感。教师要以伙伴的角色灵活应变，耐心地作出合理解释和正确引导。用童心接近幼儿，拉近了教师和幼儿的距离。教师站在幼儿的角度，揣摩他们的内心世界，幼儿会主动亲近教师。

（二）洋溢童趣

在充满童趣的世界中，幼儿可以任凭想象遨游。童趣是无价的真善美，是一种强烈的好奇和随之而来的求知活动。童趣是一种寓教于乐的游戏，是无忧的丰盈的欢乐，是飞速的成长！悉心探索，在这些童趣的枝蔓间，隐隐挂着一串串真理之果，供我们采撷，它将告诉我们要把握住幼儿这一特定年龄段中特有的心理特征和行为特点，从而用科学的方法积极引导他们成长。

1. 童趣就是好奇

幼儿从降生到这个陌生的世界起，对任何事物都是无知的。幼儿对任何外界的刺激都十分好奇，异常兴奋，幼儿那小小的脑袋时常装满了各种各样的问号，"这是什么？""那又是什么？""还将发生什么？"幼儿就在这求知和理解的需要中积极探索这个世界。幼儿的问题本身就是知识。可惜的是，我们竟不知道幼儿的心灵里有着对这个世界的无穷无尽的我们所不屑回答、难以回答和不能回答的问题。这一切被我们在尴尬中，有意无意地忽略了。

正是由于这轻轻的忽略,无情地扼杀了幼儿的好奇动机和求知欲望。我们知道得越少,越容易忽视幼儿的问题。是成人的一个疏忽,封杀了本该属于幼儿的知识宝库。被忽略了的幼儿,他再也不愿去问"天上的白云是棉花吗?太阳公公也有哭有笑吗?为什么月亮阿姨和太阳公公要轮流值班?"这类充满了稚童气息、奇特想象力的问题了。失去了好奇和提问的人就失去了这个世界!所以,把握住幼儿的好奇动机,创造一些新奇而有意义的情境,想幼儿之所想,答幼儿之所问,不放弃任何一个答问的机会,是手掌启蒙之钥的幼教工作者的目标和职责。

2. 童趣在于游戏

唯有孩子才有资格游戏——彻底真实而由衷的自由活动,开碰碰车,拼七巧板,搭积木,听故事——无论是健身游戏还是益智游戏,都能健全幼儿的体质,开发幼儿的智力。在游戏时,幼儿的身体潜能和智慧技能都处于激活状态中。这一切,对幼儿的生长发育大有好处。在各种各样的游戏活动中,幼儿毫不困难地学会了最复杂的东西,而在游戏中学会的知识和技能作为最初的经验,将会令他们受用一辈子。奉劝望子成龙,望女成凤而又常常因弄破衣服、弄脏了手脸就对幼儿责备,限制幼儿活动天地的父母们:惩罚孩子就是惩罚你们自己!我们应该抓住幼儿爱玩、爱游戏的心理特点,积极创造条件,寓教于乐,做好游戏,用游戏的手段去进行教育。例如,文字的学习是幼儿最困难的事情,但又是促进幼儿早期智力开发的有效途径。那么,请把文字作为游戏的对象让幼儿去接受吧!幼儿的识字水平将远远超出你的想象预料!数学教育、行为技能教育、思想品德教育也莫不如此!

3. 童趣也是无忧的欢乐

幼儿可以对一张彩纸、一颗玻璃弹子、一叠黑白棋子产生没由来的欣喜,时时处处,他们总能找到自己的快乐。有时他们跋涉几千米,只为了看一眼另一个小朋友的一只蚕宝宝。幼儿的快乐在于无忧。因为无忧,他们才有无穷尽的欢乐。所有的游戏中,对幼儿来说,只有成功,没有失败,他们都是游戏的胜利者。家长们切莫要对之进行错误的品评!例如,捉迷藏,捉到和被捉,在幼儿的眼里都是一种惊喜,一种胜利。他们对游戏的过程本身深深着迷,禁不住地喜欢着。游戏中那揪人的紧张和焦虑以及那突然解放的舒畅和欢乐，一定会留存在幼儿成年后的心间。幼儿善于把欢乐扩大，他们能在模仿大人的一言一行中得到巨大的欢乐，更可以因得到长辈的赞许而获得无比的幸福，尤其是在实现目标和期待赞扬的过程中，他的自我意识里填满了最丰盛的喜悦！

4. 童趣更在成长

幼儿的身心发育是如此迅疾以至我们往往来不及惊叹又发生了变化。昨天还在咿呀学语，一眨眼间，他就会像小鸟一样叽叽喳喳不绝于耳了；才学会蹒跚走路，不久就能像羚羊一般快跑到你的眼前了。看着幼儿互相间比量身高，跑路快慢，那种快乐的成长气氛就弥漫了整个空间！这时幼儿的心中，长个儿的欲望比谁都强！随着身体的发育，幼儿对外界的反应也一天比一天敏捷，对外界的好奇也一天经一天增多，获得了更多的知识技能和经验。幼儿的天地越来越大！教师要用变化的观点看待幼儿，不要抱着死板的、教条的态度来对待他们。

（三）快乐探究

游戏对于幼儿来说，是他们最早、最基本的交往活动，游戏过程本身就是交往的过程。幼儿在游戏中常常需要将视觉信息、听觉信息以及主观感受、愿望或要求转换成语言，或者根据别人的意图作出言语的反应。在游戏中，幼儿与成人、幼儿与幼儿之间的双向互动过程更是随处可见。

1. 游戏能够增强幼儿的自信、满足幼儿心理需要

美国心理学家马尔兹认为，绝大多数的自我信念都是根据过去的经验——成功与失败、荣耀与屈辱，特别是童年时的经验——而不自觉地形成的。游戏是由幼儿自发、自由、自选的没有任何功利目的的，能满足幼儿需要的活动。例如在一次游戏活动中，小阳小朋友的自信心就得到了提高。别看他长得高大，其实他的胆子特别小。游戏时，他自己吊起药瓶不停地给自己扎针，游戏结束后他告诉教师："平时爸爸妈妈带我去打针，我总是又哭又叫，爸爸说我不像男子汉，丢脸。老师你看，刚才我给自己打针，不是没有哭了吗？"原来在游戏中，他觉得自己做到了现实中做不到的事，证明了自己不是爸爸说的"丢脸"，从而满足了自己的心理的需要。游戏使幼儿被压抑的心理问题得以解决，幼儿的自信心也就树立、增强了。

2. 游戏有利于幼儿自主性、探索性、独立发现和解决问题能力的发展

游戏是幼儿最喜爱的活动。它对幼儿今后的成长发展具有十分重要的作用。引导幼儿在游戏中学会自我成长是相当重要的。自我成长是探索性学习能力的成长，是独立发现问题和解决问题能力的成长，也是自主性、创造性的成长。游戏与发现问题、解决问题是自然地融为一体的，它为幼儿提供了自由探索、大胆想象的机会，幼儿在实现游戏意图的过程中会不断碰到这样或那样的问题，他们需要面对不同的问题，进行思考，探索解决问题的各种方法，体会其中乐趣，使游戏得以继续下去，目标得以最终实现。

3. 游戏是培养幼儿创造力的手段之一

心理学家把幼儿的创造力描述为"回忆过去的经验，并对这些经验进行选择、重新组合、以加工成新的模式、新的思路或新的产品"的能力。幼儿不仅从外界吸取知识经验，而且还想把自己头脑中的丰富想象表达出来，游戏能够满足幼儿的这种需要。

4. 游戏有利于幼儿认知事物、体验情感、累积生活经验

游戏是幼儿自由结伴进行的，它能给幼儿带来欢乐和满足。教师引导幼儿在游戏中学习评价自己和他人以及正确表达自己情感的方法。总之，在幼儿学习生活中开展游戏活动，对他们的成长有明显作用。它不仅能满足幼儿游戏的需要，为幼儿创造适宜他们身心发展特点与需要的幼儿园生活，使幼儿能拥有快乐的童年生活水平，还能寓教于乐，适合幼儿身心发展，引导和促进幼儿的学习与发展，为幼儿终身学习与发展奠定良好的素质基础。

（四）促进发展

陈鹤琴先生说："儿童本来就有一种创造欲，我们只要善为诱导，善为启发，乐意事半而功倍。""游戏的直接用处，虽只是寻求快乐，然而间接的用处则甚大，因为它可以发展儿童的身心，敏捷儿童的感觉，于儿童的生活有莫大之助益。"陈鹤琴先生对幼儿游戏发展价值的认识是全面的，游戏有利于幼儿身心全面和谐的发展。

1. 思维游戏为幼儿的创意提供了载体

思维游戏情境化的形式，让游戏材料得到充分运用。而由于游戏材料的呈现方式是全面、多变和多样化的，其呈现后对幼儿产生的效果也是极为积极和成功的。当众多的游戏材料供幼儿选择时，幼儿的创意相当新颖并充满了童趣。而当幼儿能自主地选择游戏材料时，幼儿可以把各种材料看作游戏操作或制作的最美好的材料，作品色彩鲜艳，有与众不同之处。对于游戏材料，幼儿是从来不马虎的，他们先要了解材料的性质，然后以此来实现自己的目的，于是摸摸看看、敲敲打打、拆拆弄弄、粘粘贴贴、拼拼装装等各种作用于游戏材料的方法就成了幼儿的游戏行为。

2. 思维游戏的重复行为是幼儿游戏的主要外显特征，重复机能是幼儿自主发展的需要

当幼儿不再重复某一种游戏时，说明其某一方面能力的发展需要已经得到了满足，新的重复游戏开始，又表明幼儿新的更高一级的发展需要出现了。任何一种游戏材料，只要幼儿还在不厌其烦地重复进行和反复摆弄，就意味着这一材料对幼儿来说仍然具有挑战性。从幼儿认知的发展来看，其功能有时是表现在幼儿的自发探索中，这种自发探索行为是随时随地发生的。如在"小吃吧"游戏中，担任服务员的幼儿发现顾客增多，碗筷不够用时，会主动到材料箱里找答案，根据一次性纸杯产生联想，制作一次性纸碗和纸筷，解决游戏中的碗筷问题。幼儿能够在游戏中把一些简单的事物想象成有血有肉的形象和活动，能够在想象的情境中体验各种不同的情绪和情感。游戏材料的运用是变幻无穷的，一种材料可以有多种用法和玩法，或者是多种材料进行组合运用。实践中，有的幼儿能够用多种不同的材料制作成同一种物品，如材料箱里有许多瓶盖，教师问幼儿："它像什么？可以怎么玩？"幼儿说："它像棋"。于是，教师和幼儿一起把瓶盖做成了棋，幼儿玩起自己做的棋时，比从商店里买来的棋兴趣还高。除了一种材料多种用法外，还有不同材料的同种用法，如幼儿根据拖鞋不同的穿着时间，采用不同的材料，制作出适合不同季节的、不同质感的各式拖鞋。教师还须经常引导幼儿一起扩展收集和增加游戏材料的思路，不断补充和调整游戏材料的种类，帮助幼儿了解各种游戏材料的相互关系，更好地运用于幼儿游戏中。凭借游戏材料内在和外形的多变多样，使幼儿游戏的内容和形式更为丰富多彩，以满足幼儿的游戏需求，促进幼儿的情感、认知和能力同步发展。

3. 思维游戏使知识形象具体，不再空洞

幼儿对身边的事物非常感兴趣，经常问"天冷了水为什么会结冰？蚯蚓为什么断了还能活？风车是怎样飞起来的？鸡蛋为什么会沉到水底？"等问题。幼儿对身边的这些自然现象和科学活动、科学知识非常感兴趣。要解释这些自然现象和科学知识非常难，因为解释起来较抽象、难懂，让幼儿听起来很生硬，不易理解，如何把这些抽象知识具体化？利用游戏的形式可以让抽象难懂的科学知识具体化，从中可以激发幼儿对科学的兴趣，培养幼儿爱科学的情感。如幼儿对风车很感兴趣，想知道风力发电的风车为什么会转起来，科学活动"风车的探究"把抽象的风车转动的科学知识形象具体了，不再空洞。首先，让"风车娃娃和小朋友交朋友"，激发幼儿活动的兴趣。兴趣是最好的老师，当幼儿有了兴趣后，才会乐意去探索。教师提供硬棒和硬纸让幼儿动手操作，帮助风车飞起来，幼儿操作完后，教师引导他们想想除了硬棒和硬纸之外，还有什么办法也可以让风车飞起来，再次让他们实践操作，发现还可以把风车直接扔出去，也可以用嘴用力吹气等，通过不同的方法让风车飞起来。游戏实践不仅激发了幼儿的想象力，还拓宽了幼儿的思路，让他们思维更加活跃，从而培养了幼儿的创造性思维。最后，进行游戏分享交流，让幼儿自己总结经验，培养了幼儿的语言表达能力，让幼儿体验了成功的乐趣，发现了探索科学的趣味，萌发了爱科学的情感。让风车飞起来后，教师还提供了很多做好的风车，让幼儿比较哪种风车飞得更高，通过实践操作，证明风起着关键作用，并采用记录表把实验结果记下来，巩固记忆实验结果。记录也很有趣，把红圆点贴在飞得高的风车下面，用很简单的贴红点的形式把实验结果记下来，幼儿就在这种游戏形式的组织下，兴致高涨，乐意探索，把抽象复杂的知识具体化，这比起教师生硬、枯燥的解释有趣多了。游戏让幼儿兴致勃勃地学习，在娱乐中体验科学的成功，体验活动的乐趣，在游戏中求发展。

4. 思维游戏能促进幼儿认知能力发展

幼儿是以直接感知认识周围的世界的，单一枯燥的练习，让幼儿厌烦，游戏让他们在娱乐中练习，在娱乐中学习，以此激发兴趣，既能提高感知能力，又能促进智力发展。随着幼儿游戏教材的开发完善，应时不时地更换一些材料，激发幼儿的创造性，如竹子和绳子，幼儿可以当成一匹马骑来骑去，乐此不疲；一条彩带，幼儿可以当作大灰狼的尾巴，玩大灰狼吃兔子的游戏。教师还可以在角色游戏"加工厂"游戏中，为幼儿提供各种泡沫、闪光纸、硬纸板、彩色纸、橡皮泥等废旧材料，让他们根据需要进行处理，鼓励他们制作各种糖果、糕点、玩具等，从而激发幼儿的想象力，培养幼儿的创造能力。游戏可以陶冶幼儿的情趣，激发幼儿对美的兴趣和情感。如在区域活动中的美工区，教师可以提供彩笔、剪刀、彩色纸、报纸、油画棒、双面胶等材料，引导幼儿用灵巧的小手设计出各种服装、装饰品，并将这些服装、装饰品提供给表演区的幼儿。通过让幼儿当一名小小设计师的游戏，激发幼儿对美的追求和想象，从而设计出各种奇特、漂亮的表演服装。表演区的幼儿穿上各种奇特的服装，戴上漂亮装饰品，在感受美的基础上，上台表演节目，当一名小明星，从而表现美。一部分幼儿可以坐在台下当一名小观众，欣赏、观看小明星的表演，从中感受表演艺术的美，还可以和他们互换角色，让小观众当小明星，小明星当小观众，互相欣赏，互相评价，让幼儿在相互评价中培养审美能力，促进美育发展。游戏不仅要让幼儿感受美，还要让幼儿学着表现美。如要让幼儿表现春天的美，可以先带幼儿到户外、田野感受春天的美、春天的变化，如柳树发芽了，草儿绿了，花儿开了等，先感受春天的变化，再让幼儿当一名小画家，把"美丽的春天"画出来，表现春天的美，从而促进幼儿表现美的能力。

5. 思维游戏能促进幼儿身体的健康发展

处于学前阶段的幼儿主要通过游戏来达到锻炼身体的目的。幼儿在各种运动性游戏的走、跑、跳、攀、爬、投掷等活动过程中，使身体的力量、速度、弹跳力、攀爬力、耐力和灵巧性等得到了较好的锻炼。游戏浓厚的趣味性往往使幼儿乐而忘返，从而使幼儿身体得到足够的活动。幼儿活泼好动，游戏正好满足了他们身体素质的需求，符合他们的年龄特点。游戏能促进幼儿身体机能的发展，从而达到锻炼身体，增强体质，促进身体素质全面发展的目的。如幼儿在玩"沉浮"游戏时，就了解了水的浮力；在玩"小磁铁找朋友"游戏时，能知道磁铁的同性相斥、异性相吸的特点。幼儿在触摸、操纵各种游戏材料的过程中能发展自己的感知能力；在解决游戏的种种问题的过程中发挥自己的记忆力、思维力、想象力和创造力。

综上所述，游戏是幼儿认知世界、发展自我的重要途径。幼儿需要游戏，幼儿喜欢游戏，只有游戏才能满足幼儿多方面的需求。幼儿园应该积极创造游戏环境，促进幼儿多方面的发展。

二、主要原则

游戏是一种社会活动，幼儿能在游戏中学习处理各种社会关系的行为规范和文化知识。通过游戏，幼儿还能够提高自己的社会活动能力。在游戏的过程中，幼儿可以从游戏同伴那里看到自己，也能够感觉到游戏同伴对自己的影响。为了让游戏顺利地进行下去，幼儿必须与其他游戏者共同商议主题、分配角色、制定规则，幼儿在这当中无疑就学会了与人交往的基本技能。另外，幼儿在反复模仿的过程中也就逐步学到了从事一些社会活动的基本技能技巧和常识。

（一）经验性原则

我们以幼儿的生活内容为教育素材，以幼儿的生活经验为起点，结合幼儿不同阶段的年龄特点，创编思维游戏。思维游戏不仅体现在集体教学活动中，而且贯穿于幼儿一日生活，让幼儿在一日生活的各个环节中都能感受到富有生活情趣的思维游戏活动，实现想象与创造的统一，萌发幼儿积极向上的生活情感，培养他们良好的生活秩序感。

（二）体验性原则

以幼儿的生活内容为教育素材，结合幼儿不同阶段的年龄特点，创编思维游戏活动。幼儿园思维游戏活动不仅体现在日常教学活动的一些素材中，而且贯穿于幼儿一日生活，让幼儿在一日生活的各个环节中都能与思维活动结合，真正体现出体验性原则。

（三）发展性原则

幼儿的思维游戏活动循序渐进，具有发展性的原则。幼儿在不同年龄段有着自己固有的思维方式，随着年龄的不断增大，思维能力逐渐提升，想象力、创造力及思维逻辑能力就会增强，因此，教师必须根据不同年龄段幼儿的思维特点开发富有挑战性的活动。

(四)互动性原则

"教师是主导,幼儿是主体。"在思维游戏活动中,教师要关注材料与幼儿的互动性,教师与幼儿的互动性,尤其是材料的选择与合理利用,游戏内容的合理开发与实施。在思维游戏中,幼儿与材料的互动非常重要,教师要根据幼儿的游戏情况,及时调整更新材料,通过幼儿与材料的互动,充分调动幼儿创造的积极性、主动性,培养其创造兴趣。

(五)渗透性原则

在思维游戏活动中,可以根据主题开展情况与五大领域结合,体现相互渗透的原则。幼儿能力的发展不是单个的,可以利用健康、艺术、社会、语言等方面的活动领域的经验激发幼儿逻辑思维能力,让幼儿在五大领域中潜移默化地发展与提高。

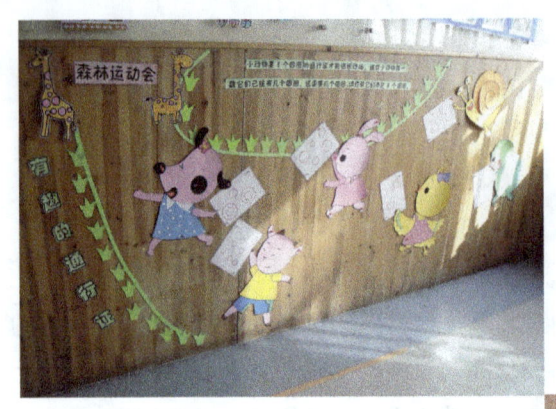

第三章 基于隐性价值的
幼儿思维游戏的环境创设

　　幼儿园的环境是指幼儿园内幼儿身心发展所必须具备的一切物质条件和精神条件的总和。幼儿的成长离不开环境，环境作为对幼儿发展的影响是极其深远的。

　　我国著名的教育家陈鹤琴先生曾经指出，怎样的环境刺激，得到怎样的印象。许多相关研究也表明：只有能与幼儿相互作用的环境，才能称得上是有教育价值的环境，才能成为促进幼儿思维发展的环境。环境就像一位默默无闻的老师，静静地发挥着特殊的、潜在的教育作用。对幼儿的思维教育同样离不开环境的创设。走进我园，可以看到思维活动已经渗入幼儿生活的各个环节。橱窗里展现了幼儿进行思维活动的剪影，走廊上是便于幼儿操作的思维游戏，教室的区域里摆放着各种思维活动的操作材料，还有为幼儿专设的思维游戏专用室。在这样的环境中，思维游戏就像是幼儿园生活中不可或缺的一部分，潜移默化地影响着幼儿。本章就幼儿思维游戏的环境创设进行阐述。

第一节　幼儿思维游戏的公共环境创设

在公共区域中，首先要根据幼儿园自身的特点，因地制宜，合理利用空间，为幼儿创设舒适的环境，提供丰富的操作材料，并给予有力、适宜的活动支持，满足不同水平幼儿的不同层次的发展需要，使幼儿在与材料互动的过程中，不断丰富幼儿的感性经验。这样，幼儿思考问题、表达思想、判断和发散思维等能力就会有很大程度的提高。

一、幼儿思维游戏公共环境的场地设置

幼儿园场地设置将左右课程模式，例如空间布局决定活动中幼儿的人均空间，人均空间决定了幼儿之间的干扰概率，也决定了教师组织活动的模式。幼儿三年的交往就只有班里的同伴，但合理的公共空间场地设置将更方便幼儿的交往，所以合理的场地设置是开展思维游戏的前置条件之一。为了充分利用空间，创造更多便于幼儿思维活动的场所，我们针对幼儿园的教室、通道及其他活动空间的实际情况和特点进行布置，设计制作储物柜、橱、小搁架等，把大空间留出来，不仅使幼儿活动空间宽阔、安全，同时也构成一种视觉上的完好、流通和通透，更便于幼儿开展思维游戏。

（一）有效利用空间

公共环境中，面积最大的可以说是墙面了，所以在选择公共区域时，我们毫不犹豫地将这一空间利用起来。在公共区的墙面，我们布置有关时间、空间、分类、守恒、排序等与思维内容相关的立体画面，并在旁边的搁架上放置一些相应的操作材料，把幼儿周围的环境都充分利用起来，变单一为多样，变平面为立体，变单一的视觉刺激为多种刺激。为避免幼儿拿放材料时影响别人，我们在地面上画了行走的小脚丫路线、取物红线，暗示幼儿取发材料顺着脚丫、红线方向。在地面用小鱼、小狗等图形来规定幼儿的操作区域。这样，幼儿就可以在丰富而又互不影响的范围内自由自在地操作。

◆ 案例 3-1　　　　　　　楼层墙面的布置

每个楼面都针对一个年龄段进行布置，小班的走廊上看似简单的图形片，就像在向幼儿提问："我是谁？知道我叫什么吗？"中班的楼道上则创设了数与图形相关的场景：楼梯墙面上的一列小火车常常吸引着幼儿的眼球，他们每每走过这里都会说："小熊是5号，它应该坐第5节车厢。""小象是8号，它应该坐第8节车厢。"大班的楼梯台阶上，五彩缤纷的几何图形拼搭出一幅幅美丽的立体拼图，就连楼道的栏杆上也隐藏着许多排序的秘密，成为幼儿主动学习的场所。

图 3-1　富有童趣的墙面布置

从图 3-1 可以看出，教师利用了墙面，将思维游戏中认识图形这一内容贴在墙上，只要幼儿经过这里，都会说说楼房有哪些图形，还可以说说有些什么颜色，墙面还提供了相应的图形让幼儿操作。

（二）选择适宜的材料

最初我们在公共区域中摆放操作台，让幼儿分区操作，由于人数较多，走道狭窄，幼儿的活动空间显得狭小拥挤，互相干扰较大，优化环境成为当务之急。为此，我们考虑创设一个伸缩性强、富有变化的操作空间，闲置时不占用走道空间，幼儿活动时又能灵活摆放、操作。通过一段时间的研究，结合幼儿活动的习惯，我们决定用地垫代替操作台，方便幼儿随意在操作区内寻找场地活动，从幼儿的动作发展的规律中，我们可以发现幼儿特别喜欢在地面上活动，这样的环境让幼儿感到自由，行动方便，这样的场地更能激发幼儿对思维活动的兴趣，这种自由多变的环境较以前一成不变的操作台更有利于调动幼儿操作的热情，激发幼儿思维和创造。

图 3-2　摆放着可爱的动物造型的走廊

图 3-2 所示是教师利用走廊上的空

间，摆放了可以移动的动物造型，幼儿可以自由移动操作。

二、幼儿思维游戏公共环境的创设

由于公共区域设在班与班之间的走廊上，是公共场所，人来人往带来噪音，影响了幼儿思考和活动。于是，教师们调动大班幼儿的思维，促使他们积极思考，制作了各种各样提示过往行人轻声、走路的标识，如一只努着嘴示意安静的八哥、一个示意安静的嘴唇图及一些带文字的静音标志等，并把自己制定的规则以宣传单的形式向中小班宣传。这些充满童真童趣的标志提醒着幼儿和家长要遵守这些规则，经过区域时保持安静，让幼儿得以在这个安静、温馨而又和谐的思维公共区域中自由放飞他们的思维！

◆ 案例 3-2　　　　　每层楼道长廊的布置

我们的长廊墙壁上，从简单的几何图形到分类，乃至计算，内容丰实。常常能看到教师带领小班幼儿来到这条长廊。"瞧！多美的海洋世界，里面有些什么？"幼儿会争先恐后地抢着说："有小鱼，有螃蟹，有虾。""那么小鱼它是用什么图形组成的？"幼儿说："有圆形、椭圆形。""我们再找找你认识的蔬菜和水果，想想这里是谁的家。"大班幼儿最喜欢的是走迷宫做计算题，常常听到"是我先做出来的，我胜利啦！"的欢呼声，在散步活动中，幼儿的思维又一次得到锻炼和激发。每天早晨，校园里总会出现这样一道美丽的风景：许多家长拉着孩子的手，让孩子在塑胶跑道边一遍一遍、一次一次地数着图形，乐此不疲。幼儿的脑海里留下了深深的数的印象。我们走廊的墙上有一条条美丽的栏杆，我们用油漆在栏杆上涂上了错落有致的漂亮的颜色，引导幼儿看这些美丽的符号比高低，还可以和栏杆比高低，看看谁高谁矮，在游戏活动中，幼儿自己也能分辨高低、长短。

◆ 案例 3-3　　　　　操场地面的布置

我们在操场场景的设计中也蕴藏图形和排序，如：走S弯路，教师会考幼儿："你能告诉我从哪一头开始走吗？"有的幼儿说这头，也有的说那头，两组幼儿发生争执，最后教师引导幼儿观察每个弯路，看看有什么秘密。原来秘密就藏在弯路边上，这条弯路上的每一个弯都有一个数字，从1到8排列，给予幼儿游戏的暗示，让幼儿有序行进。另一边有各种几何图形的规则排列，产生一一对应的视觉效应。

三、幼儿思维游戏公共环境中材料的投放

充满魔力的思维游戏给了幼儿一把开启智慧之门的金钥匙，幼儿在期间自行操作、摆弄、摸索、尝试，在不断地发现的过程中不知不觉走进了智慧宫殿。《纲要》强调，提供丰富的可操作的材料，为每个幼儿都能运用感官、多种方式进行探索提供活动的条件。因此，在思维游戏的活动中，教师越来越重视科学、有效地投放操作材料，满足幼儿的好奇心和探索欲望。

（一）材料具有明显的暗示性

由于同年段幼儿人数较多，而幼儿自我控制能力较弱等特点，操作材料须具有明显暗示性。而刚介入时，教师往往容易忽略操作材料的暗示性，致使教师要向幼儿一一介绍投放在公共区域的活动内容。在幼儿流动时，教师的讲解就明显跟不上了，这时，幼儿无所适从，便无法完成预定的学习目标。意识到这一点后，我们在投放材料时采用了两种做法。一是将操作过程、方法用幼儿易懂的标志画成操作示意图，粘贴于各活动区域内，幼儿可以通过图示进行实际操作；二是将暗示性蕴含于材料中，幼儿只要通过自己的观察分析、找出规律即可操作。如在活动"7的组成分解"中，我们为幼儿提供了圆点卡片（卡片上有颜色、大小特征不同的7个圆点）和记录卡，幼儿通过仔细观察、辨别圆点的不同变化完成"7"的分解。虽然学具材料看似简单，但暗示性明显，所以能较好帮助目标的完成，教师则可以腾出更多的时间对幼儿的操作活动进行观察和指导。

（二）材料具有明确的目的性

活动材料的投放应有的放矢，须与所要达成的教育目标紧密相关，否则就会事倍功半。如在学习"组成分解"时，我们为幼儿准备了打保龄球的教具，每打一次就记录倒下的和站着的个数。这样，幼儿的注意力全被打保龄球吸

引，30分钟过去了，幼儿还没有完成记录。活动后，教师们在反思中这样写道："我们的重点应是让幼儿通过操作去发现、记录关于分解的知识，而不是锻炼幼儿打球、投掷等技巧。所以，操作材料应是通过简单的操作就可以让幼儿得到结论的。"

（三）材料具有清晰的层次性

材料是区域活动的物质支柱、活动的工具，幼儿正是在与材料的互动中，建构自己的认知结构的。教师应根据幼儿发展水平的快慢、能力的差异，在选择投放材料时考虑投放材料的层次性，并细化活动目标，化成若干能与幼儿认知发展相吻合的操作层次。如小班的"按数取物"活动，我们准备了以下不同层次的材料：① 根据卡片上的物体数量取相应数量的实物；② 根据卡片上的圆点数量取相应数量的实物；③ 根据卡片上的数字取相应数量的实物。在活动中投入不同层次的材料，能够激发不同水平、能力的幼儿学习思维的兴趣，更能促使能力弱的幼儿增强自信心。

（四）材料具有浓郁的趣味性

图 3-3 富有童趣的走廊布置

材料富有趣味性，让幼儿在操作中感受材料的动感变化，可以变被动学习为主动学习。例如"数的组成分解"中的弹珠游戏（拉动皮筋，将珠子弹出，并记录各层盒子上珠子的数量）和钓鱼游戏（用鱼竿钓鱼，记录钓上来的鱼与所剩鱼的数量）。这些操作材料都来源于幼儿的生活，贴近他们的生活，幼儿百玩不厌。

图 3-3 是教师利用了走廊，把走廊布置成了一个生动的小动物去参加运动会的画面，充满了童趣，这样富有游戏情境的环境让幼儿更有兴趣参与到思维游戏的活动中去。

在公共区域中，要为幼儿创设合理的环境，提供丰富的操作材料，并给予有力、适宜的活动支持。材料的提供应该适合不同水平的幼儿不同层次的发展需要，使幼儿在与材料互动的过程中，不断丰富感性经验，这样，幼儿思考问题、表达思想、判断和发散思维等能力就会有很大程度的提高，对事物探索的欲望就会增强，这对概念的建构具有积极的意义。优质资源的共享不但缓解了幼儿教师资源匮乏的困境，也直接影响了全园教师的实践方式，而且真实地碰撞了师生的心灵。教师在幼儿的眼中重新找到自己的需要，在与同事积极的沟通中总结经验与教训，在教育理论书籍和教育活动中寻找教育的规律，从而在不断的反思中发扬优势、弥补不足，和幼儿一同成长。

第二节　幼儿思维游戏的区域环境创设

《纲要》指出：幼儿园应为幼儿提供健康，丰富的生活和活动环境，满足他们多方面发展的需要，使他们在快乐的童年生活中获得有益身心发展的经验。尊重幼儿身心发展规律和学习特点，以游戏为基本活动，保教并重，关注个别差异，促进每个幼儿富有个性的发展，而区域活动正符合这一要求。我们在进行思维游戏区域的环境创设时，为幼儿提供种类丰富、数量充足的材料，并且将环境布置得更有情境性，让幼儿对思维活动产生兴趣，乐于在该区域游戏。通过操作，培养幼儿的创造力、想象力和审美力，并在活动中培养幼儿的交往能力。

一、区域环境创设的原则

幼儿思维游戏的区域环境创设，是指除了游戏本身的材料、场地等，还应考虑如何使这些方面都能有助于幼儿思维游戏的进行，在创设的过程中，我们需要遵循以下基本原则：

（一）目标性

目标性原则是指环境的创设必须依据思维游戏的目标，明确各种投放材料的功能，并依据不同材料的特点编制科学的使用方式，以实现游戏目标。

(二)发展性

发展性原则是指在创设区域环境时，无论是区域思维游戏的设计，还是投放材料的选择与搭配，都应体现层次性和循序渐进性。

(三)层次性

层次性原则是指一次性投放材料要适宜，要有目的、有条理、分层次地投放，层次是由易到难，分期投放。

二、区域环境创设时应注意的问题

环境作为一种"隐性课程"，其在开发幼儿智能、促进幼儿个性和谐发展等方面所发挥出的独特功能和作用。在区域环境的创设过程中，为了更好地满足幼儿思维活动的需要，从材料的投放和准备中，应该做到以下几点：

(一)材料的投放

倾听幼儿的声音，了解幼儿的需要，是准备区域材料的前提条件。我们根据主题活动的延伸，根据幼儿来自生活中的兴趣与需要，选择与之相关的材料。如，在主题活动"可爱的动物"中，幼儿对动物很有兴趣，但因为客观原因，游戏不可能涉及所有的动物，但幼儿的兴趣远远不止于此，从昆虫到飞鸟，从海洋动物到爬行动物，他们都想知道，于是在区域活动中，教师就和幼儿一起来收集各种动物的资料，让幼儿在宽松的区域活动中快乐地学习，以满足幼儿的求知欲望。更多的内容还是来自于幼儿的日常生活，节日里家长会带幼儿外出游玩，节日后，幼儿会带来许多不同名胜地的风景照，以及不同景点的门票，他们会高兴地和大家一起分享，于是教师就在区域活动中，把幼儿零星的知识内容进一步丰富、充实，让幼儿深入了解地图的拼图、收集各景点的照片等，让幼儿进一步了解祖国，了解世界，扩大眼界，热爱自然。正是因为有许多地方都是幼儿去过的，所以他们特别感兴趣，区域活动中所收获的知识也更加扎实。

◆ 案例3-4　　　　小班思维游戏"一物多玩"

卡通人物造型可爱，色彩鲜艳，深受幼儿的喜爱。根据幼儿的这一特点，我们在选择思维游戏的材料时，首先会考虑幼儿的兴趣和喜好。为了提高幼儿的观察分析能力和逻辑思维能力，我们在进行小班思维游戏"一物多玩"的活动设计中就选择了幼儿非常喜欢的卡通人物"喜羊羊"作为主要的游戏材料。这是一款动物造型拼图，里面除了喜羊羊、灰太狼等，还有天线宝宝、花园宝宝等深受幼儿喜欢的卡通造型，正因为我们了解幼儿的需要，所以材料投放到游戏中时就马上受到了幼儿的青睐。

设计游戏的玩法时，我们充分考虑了小班幼儿思维和认知特点，幼儿主要是通过感知，依靠表象来认识事物的，具体形象的表象左右着幼儿的整个认知

图 3-4 小班幼儿在进行"一物多玩"游戏

过程。所以游戏的操作也很便捷，玩法也很简单——将人物的头、身体、腿三部分装在盒子里就可以。同时我们也考虑到小班幼儿的心理特点：独立性差，模仿性特别强，看见别人玩什么，自己也玩什么；看见别人有什么，自己就想要什么，所以同一种材料就多准备几套，以满足幼儿的需求。

（二）材料的准备

区域游戏离不开适宜的物质材料。丰富而适宜的物质材料是游戏的物质基础，为每一个幼儿提供了活动的条件和表现自己的机会，是决定幼儿主动活动的重要因素之一。准备适宜的活动材料将直接影响幼儿的兴趣，使幼儿在思维游戏中的各种能力都有所提高。

1. 材料的投放要有计划，有目的

材料要根据幼儿年龄特点、近期教育目标及幼儿园的实际发展水平来投放，材料并非一次全部投放，而是分批地不断更新，由易到难。材料提供须科学，不能随心所欲，要根据幼儿的年龄特点、兴趣爱好，充分满足每个幼儿的

图 3-5 思维区域的材料投放

发展现状、需求，幼儿才会更主动地参与活动。

图 3-5 是我们根据幼儿的需要，在区域里投放了自制的"豆豆钻洞""瓶盖找家""拼拼乐"等活动材料，供幼儿自由选择。

2. 材料的选择要有层次性

我们在迷宫这一活动中，分别提供了难易程度各不相同的迷宫，帮助幼儿根据自己的能力来选择合适的迷宫，让每一个幼儿都能通过努力来完成，体验成功的感受。

图 3-6 表现的是中班幼儿在思维区域里进行走迷宫的游戏。我们在设计迷宫时注重游戏的情境创设，使游戏过程有很强的故事性，幼儿在教师创设的情境中完成游戏，情绪也就更投入，空间思维也就得到更好的发展。

图 3-6 中班幼儿在玩走迷宫的游戏

3. 材料的种类要有多样性

同一个内容，可以以多样的材料，发展幼儿的发散思维。在迷宫这一活动内容的进一步深入后，我们就提供给幼儿纸、笔、小棒、积木、彩纸、毛线等，让幼儿可以试着自己来设计迷宫，制作迷宫。如此多的材料，幼儿可以自由选择，用自己喜欢的材料进行制作。

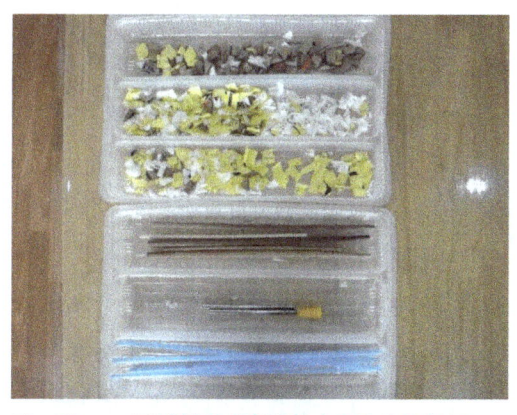

图 3-7 区域活动"摩擦起电"投放的材料

图 3-7 是为幼儿提供的丰富材料，幼儿可以通过塑料、木头、金属三种不

同的棒与自己的身体摩擦后去吸硬纸板、餐巾纸、普通纸,让幼儿发现哪些材料可以被吸起来。

4. 材料的准备要有生成性和发展性

并不是所有的内容都是教师在一个学期中制定好的,而是在计划的基础上,不断地更新和调整。我们总是在一次活动结束后,进行自由的讨论,让幼儿自己想一想,还可以怎么玩,还需要有什么样的材料;教师可以怎么来收集材料。在讨论协商的基础上确定下一次活动还需要补充的材料。比如,玩点数游戏时,一部分幼儿玩得比较熟练,他们就主动提出要自己设计题目。一开始,他们只在纸上画,后来,他们想到结合立体迷宫,用实物来制作,如用盘子、盒子,之后,他们又想到了可以在盘子上夹上架子来表示有几个点数。

图 3-8 表现的就是幼儿根据区域环境中提供的材料,将相应数量的夹子夹到了标有数量的盘子上,盘子的反面则是有趣的动物头像,让幼儿在游戏的过程中获得思维的发展,巩固对数的认知,思维活动也更具趣味性。

■ 图 3-8 大班幼儿在玩点数游戏

5. 材料的提供要有适宜性

我们提供的材料是在活动的基础上一点点丰富,而不能一次性全部投入,数量太多,会让幼儿觉得眼花缭乱,不知所措,这样幼儿容易这个玩一下,那个玩一下,反而无法完成预设的目标。

图 3-9 所示是两个轨道,幼儿可以在轨道上分别放两个不同材质的物体,如球、纽扣,比一比谁选的物体滚动得快,教师再根据幼儿的活动的情况,不断增减投放的材料,培养幼儿探索科学的良好习惯。

■ 图 3-9 大班思维区域内容"比赛场"

6. 材料的来源要有多渠道性

■ 图 3-10 幼儿主动收集的原始材料

以前我们活动区的材料大多以教师准备为主，当然也会发动幼儿和家长收集一些废旧物品。但以往他们只是收集，还存在着一定的被动性。现在，我们让幼儿自己想可以提供什么物品，并且要能告诉大家，这个材料可以用在什么区域里，可以怎么玩，这就比原来更具意义了，幼儿在收集的过程中，开动了脑筋，参与了活动，这样的收集是一个主动的过程。这个过程也为我们活动的深入提供了两方面的准备，一个是材料的，一个是内容的。同时，也丰富了幼儿在家的生活内容。许多家长说，他们的孩子现在变得爱动脑筋了，以前总是一回家就看电视，没个完，现在，就想着自己动手做一些东西，有些真是家长也想不到的。这就是幼儿主动学习的结果。

图 3-10 是幼儿收集的硬纸板、薯片罐、空瓶子等。

图 3-11 是教师通过简单的装饰将瓶子变成五彩的，将纸板做成不同的形状，旁边还标上记号和数字等。

■ 图 3-11 装饰后投放到区域活动的材料

三、实际区域环境创设举例

以我园小班思维区域的创设为例，教师为幼儿提供了多种多样的游戏材料，根据实际情况，在实现培养目标的基础上，分批投放游戏材料。以下主要介绍串珠、拼图、接龙卡、磁力钓鱼四项游戏材料的实际操作内容和理念。

1. 串珠

串珠游戏主要培养幼儿手眼协调、色彩图形认知等能力。依照发展性、层次性的要求，首先培养幼儿掌握串珠技巧，进行无序的混合串珠练习。进而，在分类盒的辅助下，培养幼儿对于颜色和形状的感知能力。待幼儿初步掌握这两项技能后，培养幼儿进行单一类别的串珠练习（分颜色、分形状归类串珠）。最后，引入操作板，培养幼儿根据给出的已知条件判断出规律，在操作板上进行项链串造的项目，以达到使幼儿手眼协调、颜色形状感知、逻辑思维的统合发展。

图 3-12 小班串珠材料

图 3-12 是我们为幼儿提供的色彩鲜艳的珠子、纽扣、毛线等材料，让幼儿选择喜欢的材料进行游戏。

2. 拼图

图 3-13 小班幼儿拼图游戏

我们为幼儿提供了三种由易到难的拼图。一种是两块式的桌子拼图，用两个桌子拼出水果。操作区中，我们还为幼儿提供了九块式拼图和十多块式的拼图。通过难度的增加，着重培养幼儿的手指灵活性、空间感知、逻辑推理等方面的能力。而具体的培养方式则是通过不同的拼图技巧（从四个角向中间拼，从中间往两边拼，从主要部位开始等）的传授，以及图片提示等方式的引导，达到培养和巩固幼儿相关能力的目标。

图 3-13 是小班幼儿正在选择自己喜欢的拼图进行操作，根据自己的喜好为小木偶穿上漂亮的衣服，逐步提高到能按照要求进行拼图。

3. 接龙卡

培养幼儿点数对应的能力。通过循序渐进的方式，首先培养幼儿点对点接龙的能力，然后培养幼儿数对数接龙的能力，最后进行点对数接龙的训练。幼儿在游戏过程中可以逐渐加深对于数字的理解。

图 3-14 小班幼儿接龙游戏

图 3-14 示幼儿根据游戏规则,将点数卡片按从小到大的规律进行接龙。

4. 海底寻宝

培养幼儿对于磁力特性的认识和点数对应的能力。该游戏在点数能力培养的后期投放,配合接龙卡游戏使用。让幼儿在实地感知磁力特性的同时,通过将带有不同点数的鱼投放到相应数字的鱼篓的过程,巩固点数对应能力,进一步加深对于数字的感知。与此同时也提高了幼儿手眼配合的能力,成为串珠游戏的有力补充。

图 3-15 示幼儿在海洋里用有磁性的钓鱼线将小鱼钓上来,并根据小鱼身上的数字进行归类摆放。

图 3-15 小班幼儿在玩"海底寻宝"

综上所述,思维区域环境创设与材料投放应当以目标性、发展性、层次性为原则指导实际操作。明确各项活动或游戏材料培养幼儿的具体目标,注意循序渐进、由易到难,注意游戏活动设置的条理及活动项目间的配合,以求达到更好的培养效果。

第三节 幼儿思维游戏专用室的环境创设

"思维游戏专用室"是教师和幼儿共同创设的供幼儿主动探索的活动空间,是能发挥多种教育功能的活动区。幼儿通过在思维游戏专用室的活动,可以了解与把握许多在教育活动中很难或根本就无法涉及的有益的学习经验，因此，它是幼儿主动学习、主动构建知识经验的重要场所，是实现幼儿课程目标的重要途径。

一、思维游戏专用室生活化环境创设的必要性

幼儿是在生活中学习生活，在交往中学习交往。即使是认知方面的学习，也要紧密结合幼儿的生活经验，才能被幼儿理解和接受。所以在创设思维游戏专用室的环境时，要以发展幼儿思维能力服务为目的，幼儿的身心发展特点决定着应该用多种方法引起幼儿对思维环境的兴趣，思维环境要游戏化、生活化、情境化。

（一）思维环境游戏化

"麻将"一向被认为是社会生活的糟粕而受人抵制，但任何事物都有其两面性，物品是死的，人的思维是活的，只要运用得当，就能变废为宝，使其起到不可估量的作用。如区域活动中的"麻将室"游戏，幼儿可以运用麻将进行多种玩法：按点大小接龙、计算题目接龙、按数排列多米诺骨牌等；"保龄球"馆中，幼儿在自由击打的同时，可以根据击打结果说说组成分解式，编应用题，做加减计算等。

◆ 案例 3-5　　大、中、小班思维游戏"什么东西不见了"

一、设计意图

这是培养幼儿观察力和记忆力的一种游戏。幼儿的记忆特点是无意识记忆占优势，有意识记忆逐渐发展。有意识记忆有明确的记忆目的，并需要主动记忆。幼儿必须依靠有意识记忆才能系统掌握知识技能。和幼儿玩这个游戏，不仅可以培养幼儿的观察力，而且可以培养幼儿有意识记忆的能力。

二、游戏目标

培养幼儿的注意力，记忆力及语言表达能力。

三、材料准备

5件以上玩具（各种类型的物品、水果等），一块布。

四、游戏玩法

将 2~5 件玩具排列在桌上,妈妈先问幼儿:"桌上放着什么玩具?"并请幼儿说出玩具的正确名称。再要求幼儿仔细观察桌上有几件玩具,请他点一下玩具的数目。游戏开始时,让幼儿转过头,背对妈妈。然后妈妈用一块布将桌上的玩具盖上,并悄悄地从布底下拿走一件玩具,再请幼儿回过头来,将布揭开,请幼儿仔细观察,说出哪件玩具不见了。

五、游戏规则

进行游戏时,根据年龄段要由易到难,比如先从 2 件玩具开始,然后逐渐增加到 5 件,先每次拿走一件,然后增多拿走件数。

对于大班的幼儿,可以让他找一下所展示物品之间的联系,以便更容易地找出被拿走的物品。

除了用玩具进行游戏外,还可以用水果、衣服以及其他用品进行游戏。

六、游戏效果

在游戏的过程中,幼儿在熟悉玩具的基础上,游戏会渐渐变得简单,家长会觉得幼儿的记忆力越来越好,拿出的东西数量不断增加,幼儿也能准确地说出答案,这时建议家长可以不断更换游戏使用的物品,以增加幼儿的注意力和兴趣点。

(二)思维环境生活化

生活中经常接触到的事和物为幼儿进行思维游戏提供了很好的平台。这些来自生活的事物是幼儿所熟悉的,幼儿在已有经验的帮助下,思维游戏能更深入地开展。如在进餐时,引导幼儿将碗、勺、人一一对应;餐后碗、勺分类放置;到厕所寻找数字 1 等。让幼儿乐此不疲地在生活环境中锻炼,使他们的思维能力得到拓展,对生活环境的观察力也大大提高。

◆ 案例 3-6　　　　　大班思维游戏"找朋友"

一、设计意图

找朋友是一种 5 人扑克牌游戏。参与者没有固定的朋友。庄家每次可以叫一个盟友。每个人单独记分。此活动主要培养幼儿对数的概念,包括对序数的理解，相邻数的理解和掌握，练习数的加减。

二、游戏目标

1. 理解"6"以内的数量对应。

2. 锻炼反应的敏捷性。

三、材料准备

一个泡沫垫拼成的大骰子、扑克牌。

四、游戏玩法

1. 教师出示骰子。

（1）这是什么？你在哪里看见过？它有什么用？

（2）我们先看看它有几个面？每个面上有什么？从数字几到几？

2. 游戏：找朋友

（1）今天我们要用骰子来玩游戏：老师来掷骰子，掷到数字几，就请小朋友按照数字找好朋友，也就是扑克牌上的数字，按数字找到朋友者为赢。

（2）根据游戏情况讨论：如果小朋友找到的好朋友不够怎么办？

图 3-16 大班幼儿在玩"找朋友"

（可以找其他小朋友手中的牌一起凑，也可以找其他东西代替，只要数字正确即可。）

图 3-16 中所用的材料是我们生活中经常可以看到的娱乐用具扑克牌，幼儿根据游戏规则在认真地玩游戏。

（三）思维环境情境化

许多主题活动内容中蕴含着丰富的数形知识，需要教师去挖掘。我们的策略就是将思维环境情境化，即将主题情境与思维环境相融合，使幼儿在与环境的相互作用中，既有生活感受，充满兴趣，又能获得相应的思维发展。如在主题活动"我们的周围环境"中，我们设置了思维环境"自选商场"，先引导幼儿将商品分类，然后让幼儿（顾客）在与教师（售货员）进行货币与商品的交换中,说出所购物品的名称、数量,并依据商品的价格进行简单的加减计算等;又如,可组织幼儿共同制作商场的物品,将制作的正方体、长方体、圆柱体的纸盒加以装饰作为商品,用橡皮泥制作的球体当作汤圆等,使幼儿从中切实感受"立体图形的概念";再如我们结合"小小的我"主题"给××铺路"的情境活动,在让幼儿感受爱劳动的快乐的同时,也提高了他们学习几何图形的兴趣;等等。

◆ **案例 3-7　　　小班思维游戏"有趣的图形宝宝"**

一、设计意图

在思维环境中准备了红瓷砖和蓝瓷砖,请幼儿给房子贴瓷砖。有的幼儿已会按一定规律排序,大部分幼儿还不知道按一定规律排序。心理学家皮亚杰研究幼儿学算思维,认为数概念是幼儿在事物建立两种关系的综合,一种是分类关系,一种是顺序关系,即幼儿思维中有非常原始的分类和排序的结构,分类、排序是幼儿学数学前的准备阶段。为发挥排序促进幼儿思维能力的作用,设计了此活动。

二、游戏目标

1. 能独立地找出图形规律进行排序。
2. 在成人的帮助下,找出图形排序规律进行排序。
3. 促进思维能力及动手操作能力的发展。

三、游戏准备

在游戏前贴在思维角上,每人一套排序的图形娃娃操作材料,图形妈妈图片一张,每人一串花环。

四、游戏玩法

1. 出示排序图,引起幼儿活动兴趣,找出图形排序规律。

(1)出示一位图形妈妈说:"我是图形妈妈,我有许多图形娃娃,今天妈妈要带宝宝去游乐场玩。宝宝们,你们快排队吧。""我们已经按从大到小(从小到大)给图形宝宝排队,看圆形宝宝、三角形宝宝是怎么排队的?"(圆形宝宝与三角形宝宝是间隔着排队)

(2)看,三角形宝宝和方形宝宝也来排队了。

提问："三角形宝宝和方形宝宝是怎么排队的？"引导幼儿观察找出规律。（三角宝宝与方形宝宝也是间隔排队）

（3）图形妈妈正准备带图形宝宝离开家就听到了图形宝宝的叫声，原来还有图形宝宝也排队了。"看，这些可爱的图形宝宝又是怎么排队的？"引导幼儿观察找出图形排列规律。（圆形宝宝、三角形宝宝、方形宝宝它们三个间隔着排队）

2. 幼儿操作图形宝宝，图形妈妈带着图形宝宝来到游乐场，有的图形宝宝坐上了碰碰车，有的图形宝宝玩跷跷板，玩得可开心了……妈妈说天黑了，我们排队回家，可只有排头几个图形宝宝排好了队，图形妈妈可真着急："我们图形宝宝来排队，好不好？×宝宝排在这儿！"

第一组按两种形状排序圆形、三角形……

第二组按两种形状排序三角形、方形……

第三组按三种形状排序圆形、三角形、方形……

小朋友帮图形宝宝排好队，图形妈妈真高兴！就站在与花环珠子排列相同的圆圈上，看谁站得对又快。

分类和排序一样，是幼儿学数前的一种智力准备活动，有助于幼儿学习数数，促进幼儿思维能力的发展。本次活动主要按两种形状排序，幼儿在思维区域已经见过，有了一定的经验，排列起来就相对容易。让一部分能力强的幼儿按三种形状间隔排序，这样能让每个幼儿都在原有基础上有所发展，小班幼儿注意力易转移，动作的目的性不强，活动中宜采用游戏口吻，让幼儿帮图形妈妈把图形宝宝排队，增强幼儿操作目的性，使幼儿的学习兴趣更浓，效果更好。

（四）思维环境的多变法

多变法即一种材料或内容具有多种形式的使用方法，这种方法满足了不同年龄和不同水平幼儿的需要。如扑克牌，小班的幼儿可以用来进行点数、认识数字等，中大班的幼儿就可以进行一物多玩，可按数取物、排序、比大小、加减计算等；既可一人玩，又可两人玩、三人玩、多人玩。

◆ 案例 3-8　　　　　　大、中班思维游戏"抽牌凑数"

一、设计意图

扑克牌是幼儿非常熟悉的一种游戏材料。幼儿喜欢玩扑克牌，他们在家中或幼儿园区域活动中常常玩牌。乍一看，他们玩得兴致勃勃。可仔细观察却发现：他们玩法单一，有的在模仿大人们玩牌的方法，有的是无规则地出牌。为了让幼儿在玩牌的游戏中能更好地探索和发现扑克牌的多种玩法，特别设计了"抽牌凑数"这个游戏。玩牌能激发幼儿对数字、符号的兴趣，培养幼儿逻辑思维能力和锻炼幼儿运用策略解决问题的能力。最常用的是扑克牌，教师也可利用各种材料自制，自制牌的材料最常用的是硬纸板，或可利用计算活动中的数字卡代替。

二、游戏目标

1. 通过玩牌培养幼儿分析、概括及速算的能力，体验玩牌的乐趣。

2. 在玩牌的过程中理解加法互换，加减互逆的关系，养成遵守规则的良好习惯。

三、游戏准备

扑克牌的 1~10 数字牌若干，每人拿相同数量的数字扑克。

四、游戏方法

1. 比大小：幼儿自由结合，每两人为一组进行游戏。牌面朝下，从上到下每次各抽一张牌，谁大就归谁，同样大小就放一边，以下一张牌大者为胜并获得前面同样大小的两张牌，最后谁的牌多就谁胜。若时间允许，则最后牌全部在谁手里谁就获胜。

2. 接龙：幼儿自由组合，每组 2~4 人，以"石头、剪刀、布"决胜负，胜者先出牌，然后数字大小轮流接龙，没牌接的时候空出，最后谁的牌先出完谁获胜。

3. 我和你相加：幼儿自由组合，每两人为一组，以"石头、剪刀、布"决胜负，胜者先抽牌，另一名幼儿凑数，进行 10 以内的组成、加法运算练习。算得对又快的幼儿得牌，最后谁的牌多谁胜。

4. 我和你相减：幼儿自由组合，每两人为一组，以"石头、剪刀、布"决胜负，胜者先抽牌，另一名幼儿凑数，进行 10 以内的分解、减法运算练习。算得对又快的幼儿得牌，最后谁的牌多谁胜。

五、指导建议

1. 牌面朝下，每次只能抽一张，抽多抽少都视为违规。
2. 游戏前让幼儿先学会"石头，剪刀，布"的游戏。

这个游戏既能满足幼儿的兴趣需要，又能拓展幼儿的认知经验，让幼儿了解扑克牌不仅能用来娱乐，还是益智用具。挖掘扑克所蕴含的教育元素，可拓展幼儿的思维，通过幼儿感兴趣的游戏活动，使学习变得生动有趣，让幼儿在愉悦的过程中体验学习和游戏的快乐，以获得个体不同程度的发展。

二、丰富的思维游戏专用室环境，是开展思维活动的前提

思维探索活动能满足幼儿的好奇心并极具挑战性，使他们经历好奇、提问、尝试、发现等过程，因此创设丰富的思维探索环境将引发幼儿的认知冲突，让幼儿不断建构自己的经验，让思维活动的开展更有效果和意义。

（一）合理利用家长资源，将生活化的材料融入思维环境的创设中

思维活动的开展光靠幼儿园和教师是不够的，我们还让家长也参与到环境的创设中来，许多材料都是发动幼儿和家长收集来的一些废旧物品。但以往他们只是收集，还存在着一定的被动性。现在，我们让幼儿自己想可以提供什么物品，并且要能告诉大家，这个材料可以用在什么区域里，可以怎么玩，这就有了和原来完全不同的意义，幼儿和家长在收集的过程中，就开动了脑筋，就参与了活动，这样的收集是一个主动参与的过程。为活动的深入提供了两方面的准备，一个是材料的，一个是内容的。同时，也丰富了幼儿在家的生活内容。

 图3-17 幼儿自己调制颜料给物品涂色
 图3-18 幼儿在给瓶子和罐子找盖子

图 3-17 中所用的材料有啤酒瓶、罐子、托蛋盒等,都是幼儿和家长共同收集的。

图 3-18 示由家长和幼儿共同收集的喜糖罐、各种不同大小的瓶子作为游戏的材料。

(二)投放多层次的操作材料,促进幼儿兴趣与个性的发展

由于多方面的原因,幼儿间存在着个性、智力、能力上的差异。为了使每个幼儿在原有的基础上得到发展与提高,思维游戏中投放的材料要做到难易结合、简复结合,使每个幼儿都能轻松自如地驾驭和使用材料,达到真正意义上的自我发现,自由探索,自我发展的目的。

1. 为幼儿提供科学、有趣的玩具

图 3-19 幼儿正在用起子修物品

新颖有趣的材料容易引起幼儿的注意,有趣的材料是对学习的刺激,最能吸引他们去探索。如"小轮子滚呀滚"游戏中,小轮子是用饮料罐做成的,幼儿玩起来没有兴趣,但教师在轮子上贴上卡通画,给"冷冰冰"的轮子赋予色彩,起一个好听的名字,这样幼儿就很感兴趣,都喜欢用轮子去打瓶子,看谁打倒得多。

图 3-19 示幼儿饶有兴趣地使用起子修理手中的复读机。

2. 根据幼儿个体差异,提供不同层次的操作材料

幼儿的理解水平、动手能力均不尽相同,在投放操作材料时,要考虑到幼儿的个体差异,提供层次不同的操作材料,使幼儿在自己原有的基础上有一定的提高,也体验到了成功的喜悦。比如"翻翻棋"游戏中,同样的棋子有不同的玩法,不同棋谱的组合又产生了新的玩法,幼儿可以根据自己的水平来进行选择,水平较低的幼儿可以选择比大小,水平较高的幼儿则会选择数的组合、奇偶数的排列等,只要我们能提供有效的材料,幼儿甚至能想出我们都没有想到的玩法。同时,在与同伴的交往中,幼儿的思维水平也在提高。

◆ 案例 3-9　　　　　中班思维游戏"生活中的秘密"

一、设计意图

教师抓住幼儿喜欢游戏的特点，在每一次活动时，与幼儿扮演不同的游戏角色，通过角色的口吻，引领幼儿打消顾虑，主动与教师交流，从而使幼儿逐步地能在发现问题时主动提问，互相询问解决办法，有效地达成游戏目标。下面以"生活中的秘密"这个游戏为例，请幼儿扮成家长，教师扮成他们的孩子，以重新摆放家里的各种物品为由，让幼儿把有关系的物品放在一起，并用语言告诉"孩子"，他们这样摆放的原因是什么。

二、游戏目标

1. 引导幼儿观察，发现问题，得出结论。
2. 感知理解整体与部分的关系。

三、材料准备

1. 教具：汽车大卡片1张，车轮大卡片2张。
2. 教师新增教具：风扇、鞋子、玉米整体与部分图片。
3. 幼儿操作学具："整体与部分"游戏图，贴标记贴画1张。

四、游戏玩法

教师引导幼儿观察，提出问题——教师出示图片，幼儿找出物品的一部分（理解、感知整体与部分的关系）——幼儿操作"整体与部分"游戏图，教师检查—（提升、运用）竞赛活动，检测幼儿掌握情况。

1. 教师引导幼儿观察，发现问题，得出结论

20多位幼儿围坐在黑板前，教师提出悬念，激发幼儿兴趣，引发思考："老师给你们带来一件宝贝"（出示小汽车），"这辆小汽车有什么不对劲呢？"教师直接进入活动的"主题"，幼儿很快发现小汽车没有轮子。"汽车没有轮子行不行？"幼儿着急地回答："不行啊！没有轮子，车怎么开呢？"教师引导幼儿讨论汽车大卡片上缺少了什么，为什么车不能没有轮子，缺少了这一部分对整体有什么影响等。这时教师再耐心地倾听幼儿的想法，引导幼儿回忆生活经验，分享自己已有的对车的结构的感知。然后引导幼儿得出结论：轮子、方向盘、倒后镜等都是汽车的一部分。

2. 感知理解整体与部分的关系

（1）教师出示风扇、鞋子、玉米等图片，请幼儿在椅子底下找出有什么小卡片是图片的一部分。这一环节中，教师有目的地引导幼儿感知身边熟悉的物品中整体与部分的关系，唤醒幼儿找小卡片的兴趣，激发幼儿参与活动的热情，出示一张图片的时间只有短短3秒钟，教师有意识提示："现在找什么，你们看清楚啦！"这是符号、图形记忆和图形发散的训练，增加了游戏的难度。每出示一张实物图片，幼儿找到相应一部分的小卡片时，教师都注重引导幼儿说出"××是××身上的一部分"，让幼儿感知整体与部分的关系。通过互动游戏调动幼儿活动的积极性。

（2）幼儿操作游戏图，教师简单明了地交代操作要求，并鼓励幼儿与客人老师交流。教师向每一位幼儿提供"整体与部分"的游戏图，还有贴标记贴画1张。幼儿细心操作，将具有整体与部分关系的物品一一对应粘贴上相同颜色的标记后，教师鼓励幼儿大胆向客人老师讲述操作结果，并对表现好的幼儿予以小贴纸的奖励。在"你找到谁和谁有关系，告诉老师"这一环节中，教师注意幼儿社会性方向的发展，有意识地提醒幼儿用完整语言进行讲述，体现《纲要》所要求的各学科之间的整合。小贴纸奖励符合中班幼儿心理特点，激发了说的欲望。

（3）提升运用"整体与部分"的关系。幼儿分三组比赛，教师出示大树图片，幼儿比赛哪组最快将叶子贴在大树上，这一环节有竞赛性，能调动幼儿积极性，符合中班幼儿年龄特点。三组幼儿很快完成任务。

（4）结束环节，提升"整体与部分"的经验。教师请幼儿说说找找"生活中还有什么是有关系的？"作为活动结束，给幼儿留有任务，为下一次活动做铺垫，埋下伏笔。

五、游戏思考

活动流畅、完整、循序渐进、环环紧扣。思维游戏课程的教学具经过国内外专家参与设计和指导，适合教学目标及幼儿身心发育的特点，让教师在备课时较为省时省力。教师充分利用资源、恰到好处，发挥了学具的最大效用。教师开展每个活动都做到心中有目标，有活动开展的重点和难点，根据目标，重难点设计教学内容。

1. 制定目标和安排教育内容要适合幼儿的年龄特点和发展水平

在上述的活动中，可以看出活动进程是流畅的，幼儿始终是得心应手的，几乎没有遇到困难，活动目标、内容明显低于本班幼儿的发展水平。班上幼儿的发展水平是老师熟知的，因此在设计活动时要拔高难度，活动不仅仅局限于轮子是小汽车的一部分，玉米粒是玉米的一部分等。教师也可以引导幼儿进一步类比推理找出具有其他关系的物品，多认识一种"关系"。如做什么事需要用到什么感官，需要什么的工具等，拓展幼儿的认知能力和思维发散性，并回忆已有的生活经验。游戏设计考虑到幼儿的"最近发展区"，让幼儿"跳一跳就能摘到苹果"，具有一定的挑战性，切切实实地根据幼儿年龄、身心特点制定目标，安排教学内容，避免活动目标的过高或过低现象。

2. 注重观察，捕捉每一个教育契机

苏霍姆林斯基说："老师要有一双像鹰一样的眼睛，善于发现幼儿操作时遇到的问题。"如上述活动中，幼儿在操作"整体与部分"游戏图时，要求幼儿要给上下两组有关系的物品贴上相应的颜色标记。游戏图上第一张是"汽车"，大部分幼儿都是在汽车下贴上一个颜色标记，然后再从下一组图片中找出有关系的"车轮"贴上相同颜色的标记，这是一种思考方式，而过程中却有两个幼儿选择了另外一种操作方式，就是先把上面一组图片贴上各色标记，然后再从下一组贴上对应的颜色标记。比较两种方式，后者则更具有效性，这时，教师及时发现细节，表扬用新方法的幼儿，向幼儿介绍不同的操作策略，让幼儿再尝试，对比两种不同的策略，从而了解最适合自己的方式，也可以迁移到日常生活中解决问题的策略上。由此可见，思维课程更需要教师能深入发掘活动潜在的价值。

3. 竞赛类游戏尽量考虑到幼儿的不同发展水平

游戏是幼儿的基本活动，深受幼儿的喜爱。游戏的设计应该考虑到幼儿的差异性及幼儿间发展水平的不均衡性。如上述案例中，最后开展分组贴叶子比赛。相同的学具，表现出幼儿不同的发展水平。《纲要》提出，让每个幼儿都能在原有水平上得到发展！这所体现的是"因材施教"的重要性。如果每次竞赛、比赛，能力较弱的幼儿都不能体会到胜利的滋味，他们就会慢慢丧失学习的积极性和信心，觉得无所谓。因此教师在设计思维课程竞争、比赛的游戏时可否提供一些适合不同发展水平幼儿的操作材料，让每个幼儿都能感受成功的喜悦，每个幼儿都能成为思维活动或游戏中的胜利者。

3. 投放的操作材料种类适宜

在活动中的操作材料应根据幼儿的年龄特点和需要来提供，操作材料的种类要适宜，这样既能保证幼儿共同操作，又可避免因材料种类的单一或过多而导致思维活动不能有效开展。如同一种材料，同时提供 2~3 个，这样既容易促发幼儿之间的交往，同时也可避免幼儿因为争抢同一种材料而出现争执。每次活动中提供材料的种类也尽量控制在 2~4 种，这样的数量既提供了幼儿自由选择的条件，同时也不会让幼儿因材料过多而选择不定。在每次的思维游戏专用室活动中，教师都会根据幼儿的兴趣以及实际操作的情况来调整材料的种类，在一个时间段中，幼儿都有机会去尝试和探索不同的活动内容。材料的提供上要避免种类过多，幼儿的注意力最容易被新奇有趣的东西所吸引，材料投放过多反而会影响幼儿注意力的集中，当他们刚刚进入到对某种材料或实验的操作中时，偶遇困难，便很容易放弃，转向去操作别的材料，这样会形成幼儿的注意力不容易集中在一种材料的操作上进行探索，而是在他们把所有投放的材料都摆弄一遍后，才能把注意力集中到 1~2 种材料上的情况，这个过程要用 20 分钟左右。这样不利于幼儿专注品质的形成，进而也难以建立自信。

◆ 案例 3-10　　　　大班思维游戏"玩电池"

一、设计意图

区域活动主要通过材料及其投放来传递和承载教育目标，鉴于我们开发的幼儿思维游戏的材料源于幼儿的日常生活，与一般教学具作为游戏材料相比，更具有生活性和经验性。如何充分发挥其教育功能，需要我们在游戏实施中加以研究。

二、游戏目标

1. 认识电池的外形特征，了解其用途。
2. 通过实验掌握安装电池的方法。

三、材料准备

各种形状的电池若干。

四、游戏实录

幼儿看到桌子上有圆的、方的、扁的、大的、小的，各种形状的电池，感到很新奇。杭杭说:"这么多的电池啊!"璟彦指着方形的电池说:"这不是电池。"马上,5个幼儿就有2种不同的意见,"是电池"和"不是电池"。关于这个话题,他们争执了很长时间,教师上前说:"你们看,桌子上还有这么多的物品,你们给这些物品装上就能知道到底是还是不是了。"幼儿经过教师的提醒,马上开始动手装了,他们每人选了一件物品,璟彦随意地拿了一个方形的电池就往圆筒的电筒里装,而杭杭先看了看上上的遥控器,好像意识到手电筒里的圆形槽是装电池的,然后就在桌上找了一个圆形的电池装了进去。发现红灯亮了,他兴奋地告诉柠柠:"我装对了!"

图 3-20 活动区提供的不同形状的电池

图 3-21 幼儿在给物品装电池

五、游戏效果

在这个"玩电池"的活动中,教师把日常生活中的"电池"作为幼儿思维游戏活动的材料。电池，在我们的生活中应用十分普遍，幼儿经常能够接触到，如玩各种电动玩具、遥控器等，而对于电池的神奇力量，幼儿感到很新奇，也很有趣。在教师有意识地将不同种类、形状的电池摆放在一起时，幼儿自然而然地关注到了电池形态各异的特点，丰富了幼儿对电池外形的感官认识。其次，在幼儿拼装电池的时候，幼儿有意识地结合生活中给遥控器装电池的经验，发现了电池形状需要和手电筒中装电池槽大小、形状相匹配的道理，更丰富了幼儿的生活经验。

三、思维游戏专用室环境创设举例

要想幼儿真正成为环境的主人，充分发挥思维游戏环境的功能，就必须保证有足够的材料供幼儿操作，使幼儿置身于环境中与环境交流。如果材料有限，幼儿就不能尽情地与环境接触，环境也就失去了它本身的意义而成为一种摆设。

（一）思维游戏专用室整体环境创设

思维游戏专用室的环境创设，可分为操作型、感知型、观察记录型等，提供给幼儿的材料应以探索性材料为主，探索性材料应以新颖有趣、操作简便、结构简单等为特点。种类和数量应以幼儿不同需要为重点。根据一年来的观察和实践，在思维游戏专用室投放多元素材料时，可以创设以操作活动架、墙壁式操作台、思维桌等区域的环境。

图 3-22 思维游戏专用室的墙面布置

图 3-23 思维游戏专用室的吊饰

图3-22示教师张贴在墙上的数字画成的可爱卡通造型,这样的形式更有利于幼儿认识和记住数字。

图3-23示在思维游戏专用室的上方悬挂了进入活动室的规则,更有利于幼儿有序地进行活动。

(二)思维游戏专用室材料的投放

在思维游戏专用室活动时,往往会出现一个区域内,有很多幼儿去玩,这样你争我抢,谁也没法静下心来探索,我们就在每个区域内贴上"小脚丫"来控制人数,如果这个区域内的"小脚丫"被站满了,幼儿则要选择别的区域或等待。

1. 材料摆放要利于幼儿拿取和操作

思维游戏专用室里的材料很丰富,在幼儿来活动时,教师每次都要用3~5分钟的时间去强调"在哪里拿的东西,用完后还要放回原处",由于幼儿人数多,材料也多,幼儿往往会忘记原来摆放的位置,这样就给管理员和教师带来很多麻烦,为了解决这个问题,我们用数字或几何图形标记材料,一一对应,这样幼儿根据标记,很容易找到原来材料摆放的位置。

图3-24 思维游戏专用室材料的摆放　　图3-25 幼儿用思维游戏专用室中的材料进行游戏

图3-24是思维游戏专用室里的材料根据年龄、颜色,进行摆放,并对材料进行标记,有助于幼儿有序拿取材料。

图3-25是幼儿根据自己的需要选出喜欢的材料,和同伴进行游戏。

2. 材料的选择要尽可能面向各年龄阶段的幼儿

思维游戏专用室里材料的投放要尽可能做到同一材料，不同的玩法，适合不同年龄段的幼儿，也就是我们经常说的一物多玩，幼儿能根据自己的水平来选择思维活动的材料和玩法，自主地进行探索。不同年龄段的幼儿到思维游戏专用室中活动，允许幼儿自由地选择不同难度的探索材料，也允许幼儿在不同的水平上，用不同的方法操作同样的材料，使幼儿能用多种不同的思维方式进行研究探索，有不同的发现。为每个幼儿都能运用多种感官、多种方式进行探索提供活动条件，为满足不同特点、不同水平幼儿的需要，提供多变化、多功能、多层次的材料，引起不同水平幼儿的操作欲望，使所有幼儿都能得到发展。

◆ 案例 3-11　　　小、中、大班思维游戏"有趣的夹子"

一、设计意图

夹子是日常生活中常见的物品，色彩鲜艳，种类多样，并且容易操作，是幼儿感兴趣的玩具之一。"有趣的夹子"这一活动力求通过多元途径挖掘幼儿对身边熟悉物品的多种玩法，让幼儿在自主操作活动中动手动脑，开发潜能。

二、游戏目标

1. 能用夹子串夹成各种物品。
2. 发展想象力及动手操作能力。

三、材料准备

彩色的夹子（红、黄、蓝）若干，已经夹完的作品 1~2 件。

四、游戏玩法

1. 第一层次：意愿夹（较适合托班和小班幼儿）投放各种动物图片。幼儿给小动物夹耳朵，夹羽毛等。促进幼儿小肌肉动作的协调发展。

2. 第二层次：排序夹（较适合中大班幼儿）引导幼儿观察已完成的作品。启发幼儿还能将夹子变什么？如动物、飞机、树……用夹子串夹变成各种物品。

五、游戏效果

游戏较好的捕捉到了幼儿在活动中的反应，抓住了幼儿真正的兴趣点。我们发现幼儿对夹子很感兴趣，他们对夹子有着强烈的探索愿望，这种愿望就是幼儿最佳的学习动力。作为教师，要适时地满足他们的探索欲望，引导他们进一步探究，以达到提高的目的。《纲要》指出"善于发现幼儿感兴趣的事物、游戏和偶发事件中所隐含的教育价值，把握时机，积极引导。""关注幼儿在活动中的表现和反应，敏感地察觉他们的需要，及时以适当的方式应答，形成合作探究式的师生互动。"本思维游戏正是体现了这样的理念，在幼儿自己创造思维火花的引发下，在教师的合理支持下，使幼儿在玩的过程中探索的欲望得到满足，动手动脑的能力得到发展，情绪得到愉悦。

3. 在幼儿操作过程中让注意观察和倾听，以便及时调整材料

幼儿在探索之后，都有一种表达的欲望，教师这时可以采取循序渐进的方法，引导幼儿表述操作探索的过程，让幼儿明晰发现的事物的特征和关系，引导幼儿在表述自己结果的同时，也要去关心和倾听别人的结果，从而了解幼儿对材料的需要，及时调整和更换材料。

◆ 案例 3-12　　　　　　中班思维游戏"小人国"

一、设计意图

我们为幼儿设计了一个小人国举办生日舞会的游戏情境，帮助幼儿理解"相似"的概念，找出两个图案之间的相似点，让幼儿在愉快地游戏中体验与同伴合作和分享的乐趣。

二、游戏目标

1. 体验与同伴合作和分享的乐趣，愿意参与活动。

2. 学习有序观察，能大胆地说出自己对图片的观察结果。

3. 初步理解相似的概念，能根据该概念对图形进行分析与判断。

三、游戏准备

自制邀请卡 4 张，图案大卡片、幼儿操作小图、黑板、磁铁、湿抹布、音乐。

四、游戏方法

1. 引入活动："有一个地方，那里的人们都长得很小，所以大家把那里叫小人国。小人国国王过生日，要举办一个盛大的生日舞会，小矮人们都收到了国王寄来的邀请卡。"

2. 出示大邀请卡，请幼儿观察，比较邀请卡的特点。（引导幼儿找出图案之间的相似点，理解相似的概念。）

（1）出示2张邀请卡让幼儿观察。提问："这2张邀请卡一样吗？"引导幼儿从上往下观察图片上的颜色是否一样，邀请卡分为几个部分。

小结："两副图粗看是不一样的，但它们又有许多一样的地方，所以我们可以说它们很像，或叫相似。"

（2）出示另一张邀请卡，请幼儿与前两张中的一张进行比较。

（3）再出示一张邀请卡让幼儿找出它和其他哪张邀请卡是相似的。（教师故意找错）提问："找它对吗？为什么不对？那它应该跟哪张卡是相似的？"

3. 幼儿自由探索。给每个幼儿4张图卡（男孩、女孩图卡各2张），请幼儿找出男孩图卡和女孩图卡的区别。

（1）"这4张图卡里有2个男孩和2个女孩，男孩和女孩有什么地方不一样，你们来尝试动手分一分。听清要求：第一，男孩、女孩分开排好，把男孩摆上面，女孩摆下面。第二，分好的小朋友请坐好举手。"

（2）分别请一名男孩和一名女孩到黑板上操作，其余幼儿自由探索。

（3）检查。幼儿操作完，请他们说出分辨理由。

（4）2人1组合作区分男孩、女孩图卡。

"现在老师再给你们一些图卡，2人1组合作把男孩、女孩图卡分开。"

要求："第一，男孩选男孩图卡摆上面一排，女孩选女孩图卡摆下面一排。第二，小朋友要摆好自己的，也要和同伴合作好，把图摆整齐。第三，比比哪组分得又快又准，做完之后请举手。"

4. 找相似的邀请卡。

五、游戏效果

在这个活动中，幼儿一直处于很愉快的情绪中，处于积极的探索状态中，他们的主动性和积极性都得到了很好的激发。游戏既满足了幼儿的兴趣需要，又拓展了他们的认知经验。通过活动，使学习变得生动有趣，让幼儿在愉悦的过程中体验学习和游戏的快乐，以获得个体不同程度的发展。

在《纲要》的学习及实施过程中，我们越来越深刻领悟到环境在幼儿教育中所起到的作用。环境教育在开发幼儿智能、促进幼儿个性和谐发展方面发挥着独特的功能与作用,它已经成为当今幼儿教育改革的一个重要趋向。所以我们要为幼儿创设良好的思维游戏的环境,尊重他们的个性,营造温馨和谐的精神环境;寓教于乐,开展丰富多彩的适合幼儿特点的环保活动;充分利用社会、家长资源,为幼儿创造良好的物质环境与心理环境,让幼儿感受快乐,在快乐中获得知识、经验、技能;使他们健康、活泼,兴趣爱好广泛,具有良好思维习惯。

第四章　基于幼儿生活的思维游戏

　　幼儿的游戏活动和他们的生活是密切相连的，换言之，只有和幼儿的生活相连的游戏，才能受到幼儿的喜爱，思维游戏也同样如此。在对幼儿进行思维教育的实践中经常可以看到，他们凭借着自己的生活经验，在游戏中进行判断、推理、选择等一系列的思维活动，这不仅让他们获得了丰富的感性经验，充分发展了形象思维，而且在感知具体事物基础上通过初步尝试归类、排序、概括、抽象，逐步发展了逻辑思维能力。因此，思维游戏的设计也必须和幼儿的生活经验相联系。本章就基于幼儿生活的思维游戏设计与实施进行阐述。

第一节　幼儿园一日生活中的思维游戏

幼儿园的一日生活是指幼儿从早晨入园到傍晚离园的一天活动，一日生活是幼儿在幼儿园中最基本的生活，也是幼儿园日常教育的主要组成部分。幼儿思维发展又以具体形象思维为主，应引导幼儿通过直接感知、亲身体验和实际操作进行科学学习，不应为追求知识的掌握而对幼儿进行灌输和强化训练。因此，在幼儿的一日生活中，通过游戏发展幼儿的思维，无疑具有重要的意义。

一、一日生活中幼儿思维游戏设计与实施的原则

思维力是幼儿智力活动的核心，也是智力结构的核心，而人的智力因素都是从孩提时代开始发展的。幼儿年龄小，生活阅历简单，他们对事物的认识有自己独特的视角，思考问题也与成年人不同，要让幼儿更聪明、更胜人一筹，就应从小培养幼儿的思维能力。因此，幼儿园可从幼儿的一日生活入手，开展思维游戏。开展时，应遵循以下基本原则：

（一）了解幼儿心理需要和发展水平

心理学一般把思维定义为人脑对客观事物间接和概括的认识过程，并且通过这种认识，可以把握事物的一般属性和本质属性。幼儿在思维活动中进行着各种心智操作，这个过程充满了思索与判断，也体现了幼儿在不同阶段所表现出的心理活动，主要包括分析、综合、比较、抽象、概括和具体化。

在被动的情况下，幼儿的思维可能是不活跃的。如果能了解幼儿的需要，就能更好地激发幼儿的学习热情，培养幼儿爱学习的习惯，这对于幼儿的发展是相当重要的。此外，不同的幼儿在思维的发展水平上存在一定的差异，教师要充分注意幼儿思维水平的差异，设计适合不同思维水平的活动。

（二）在思维材料准备中培养幼儿的思维

《纲要》中明确指出，为幼儿提供丰富的可操作材料，为每个幼儿都能运用

多种感官、多种方式进行探索提供活动的条件。显然,材料在数学教育中具有极其重要的意义。从现实世界中抽象出来的数学知识和关系对以形象思维为主的幼儿来说,只有通过自身及环境中的各种操作实践,使头脑和材料相互作用,才能获得数学感性经验,理解逻辑关系。实践证明,材料是操作的物质支柱,为幼儿设计提供适宜的数学活动材料,对发展幼儿思维以及幼儿理解数学概念,建立知识结构尤为重要。

幼儿思维的最初表现是动作思维,例如幼儿为了听到一种新的声音就要用一种玩具去撞击另一种玩具。在3岁以前,幼儿的思维都带有直观动作的性质,这个年龄段的幼儿特别渴望用直接动作解决他们面临的问题。在此阶段,可以利用幼儿的这一特点教幼儿学会如何利用工具,例如匙子、叉子、剪刀等。幼儿在运用这些工具的同时,也逐渐学会利用工具解决问题。此外,幼儿利用工具,还可以了解周围许多东西的不同性质。例如,利用匙子,幼儿能了解不同液体的特性;利用剪刀,幼儿能了解不同材料的硬度和结实程度。

(三)充分利用语言和非语言方式培养幼儿的思维

幼儿的思维与语言的发展具有密切的关系。为了发展思维,重要的是让幼儿自己找出解决问题的方法。而在解决问题之后,可以要求幼儿说一说解决问题的方法。语言可以帮助幼儿表达解决问题的方法,使这种方法能够被幼儿应用到许多类似的情境中。

采用图形、图画等非语言方式也能促进幼儿思维的发展。物体的形象有两个基本特征。一是同一物体可以有不同的形象。让幼儿认识同一个人的不同站立姿势,同一只鸟的不同飞行状态等,都能帮助幼儿认识同一物体的不同形象。二是结构的整体性,这一特征要求幼儿既能将物体的重要特征分离出来,也能将物体的重要特征联系起来。例如,为了顺利建造一个玩具小车的车库,幼儿应在心中区分该项工程的主要特征:小车的长度、高度、宽度,然后选择需要的部件,设想工程的略图等,才能顺利完成任务,否则就会犯许多错误。

(四)重视在游戏中培养幼儿的思维

"打铁先要自身硬",作为人民教师,尤其是幼儿园教师,如果自身素质不高,墨守成规,缺乏创新精神,对幼儿思维能力的培养不够重视,对设计课程研究不够，就会影响幼儿思维能力的形成。思维游戏不同于一般游戏活动，思维游戏活动中，教师扮演着观察者、引导者、启发者和支持者的角色，须敏锐地察觉幼儿的能力结构、个体差异和兴趣，为他们自主的探索活动提供适宜的支持，不断地提出新问题，引导和促进幼儿学会思考，而不是代替思考，能以幼儿的兴趣、需要和思维发展水平为基础不断调整和改变自己的教学方式，采取灵活的教学策略，鼓励和支持幼儿运用多种方式表达自己的想法并进行创造性思维，故教师应不断提高组织实施课程的能力。如在游戏操作中发现幼儿动手能力有待加强时，切不可代替操作，而应当耐心地告诉他操作的要领及步骤，把游戏规则重新介绍一遍，鼓励幼儿认真思考，大胆尝试，给幼儿探索的空间，鼓励他自己动手完成，可以对他说一些鼓励的话："这不难，只要用心认真去做，一定能成功，不信你试试，如果错了就重做。"另外，在游戏活动结束时，教师要针对游戏中的重点、难点，将幼儿在活动中获得的零散经验进行梳理，便于幼儿获得更大的收益。

激发幼儿活动的兴趣，把思维活动建立在他们感兴趣的基础上，是促进幼儿思维主动性的关键。思维游戏通常能激发幼儿的兴趣，为幼儿的探索、想象和创造提供适当的空间。如幼儿在思维课程"动物王国"的"欣赏小动物的照片"的游戏情境中，将被分割成不同部分的动物图片重新拼合完整。幼儿在拼拼、摆摆、玩玩、找找的过程中进行观察、判断、探索，了解图形的不同特征，理解部分与整体之间的关系，提高细致观察能力、判断能力和解决图形问题的能力。他们在游戏过程中几乎没有说话，集中精力在拼图上。他们在等待着完整画面的出现，没多长时间，图形终于完成了，他们高兴地拍起了手，为自己的成功感到无比喜悦，然后你一言我一语地讨论起了拼图技巧。幼儿们在拼图过程中，认真地思考，小心地操作，最后很有经验地在讲述操作的方法。在整个活动中，幼儿的思维能力、发散思维、动手操作能力、语言表达能力都得到了锻炼和提高。让幼儿体验游戏和学习之间的乐趣，无形中增强了幼儿的自信心和对学习的主动性、积极性，它就像催化剂一样，能将幼儿的一切潜能调动起来，使人百折不挠，并且不断努力最终获得成功。丹斯凯通过实验发现，那些在测验前进行自由游戏的幼儿比那些没有进行游戏的幼儿表现出更多的发散性思维的特点。

(五)尊重幼儿的求知欲、探索和创造力

在学前阶段,幼儿通常表现出强烈的求知欲。3~4岁幼儿的问题通常是关于新鲜事物、现象及特点的名称问题,如"这是什么""这是谁""他在哪里""叫什么名字"等。接着,求知欲从某些事物的名称、特点转移到各种现象的关系和联系上来。4~5岁的幼儿不仅对某些物体发生兴趣,而且对利用这些物体的动作、人与物的相互作用、原因和后果也开始发生兴趣,幼儿的问题也由"是什么"变成"为什么"。在幼年后期,幼儿开始对周围物体的综合性能发生兴趣。为了让幼儿熟悉不同的实际领域,可以从幼儿熟悉的领域入手,提醒幼儿在思维中特别注意某些新的、他们还不熟悉的现象。例如,问幼儿:"田野里有哪些花?"待幼儿回答出一些后,可以告诉幼儿一些他们不熟悉的花。

尊重幼儿的探索和创造性就是在探索和创造过程中不过分强调给幼儿一个唯一正确的标准答案。幼儿的经验多是自己的生活体验,每个幼儿的体验不同,经验不同,因而幼儿的探索活动和创造性活动会不同。过分强调单一的标准会抑制和束缚幼儿思维的发展,因此可以设计一些具有多种答案或方案的问题。例如,在玩沙、玩泥、玩水游戏中,可以让幼儿自己进行探索和创造,也可以用同样的玩具玩出多种形式,赋予它们很多内涵,让幼儿得到更多的探索和创造的机会。

二、一日生活中思维游戏的设计

幼儿的学习、生活往往与游戏和日常生活密不可分。《纲要》中提出,作为一名教师应合理科学地安排组织幼儿一日生活中各项活动,寓教育于一日生活中,发挥一日生活的整体教育功能,根据本班的实际情况,灵活实施教学,并善于发现并利用周边的教育资源,组织教育内容,满足幼儿发展过程中的需要,使每一个幼儿都能获得快乐和自信,在愉快的学习中快乐地成长。幼儿在幼儿园的一日生活从早上入园开始,直到傍晚离园结束,包括游戏、学习、休息等多个环节,在不同的环节中,可以根据幼儿的年龄特点设计不同的且适合幼儿的思维游戏。

（一）一日生活中接送环节的思维游戏

晨间接待是幼儿在园内一日生活的重要组织部分，是第一个环节，也是十分重要的环节，是幼儿一日愉快情绪开启的重要时机。然而，由于种种原因，早晨来园的幼儿在与家人分离时，常表现出各种各样的焦虑情绪。晨间接待是幼儿每天在园生活的开端，接待内容的好与坏，直接影响幼儿当天的情绪。一日生活中的接待环节还包括傍晚离园前的接待，在这两个时间段内，活动比较松散，幼儿的自由度较高，因此，有利于开展幼儿思维游戏。

◆ 案例 4-1　　　　　　　大班思维游戏"城堡"

一、设计意图

幼儿建构活动是在认知基础上对环境、物体的再现和创造。幼儿对周围物体和建筑有较细致的观察和了解，有丰富而深刻的印象，是开展建构活动的基础。进入大班后，幼儿在晨间能自主组织游戏活动，思维游戏"城堡"是幼儿晨间的建构活动，发展了幼儿的逻辑思维能力。

二、第一层游戏

（一）游戏目标

选择和利用建构材料，运用组合、对称、平衡等结构技能进行建构。

（二）材料准备

各种纸盒、薯片罐等。

（三）游戏玩法

男孩甲进入游戏区后，很熟练地用四个薯片罐排成柱子，用纸盒作为屋顶，搭建了两层高的城堡。师："四根柱子当然可以搭成城堡，两根、三根柱子的城堡会是怎么样的？要不要试试看？"甲接受建议，继续找材料搭城堡。结束时，他拥有了一幢两层、一幢三层的城堡，有二、三、四根柱子不同的支撑方法，甲介绍两层那幢是奥运比赛场馆。

■ 图 4-1 两个幼儿不知道应该先用哪个材料

三、第二层游戏

（一）游戏目标

在教师启发引导下，对环境有一定的布局能力，能和同伴一起共同建造某一主题"建筑"。

（二）材料准备

各种纸盒、薯片罐等。

（三）游戏玩法

男孩乙有领导才能，女孩丙，男孩丁、戊作为组员，一起开始构建某"建筑"。丙并没急着动手，"要先想好搭什么"。乙受提示，思考了一会，"要搭城堡"。（看来幼儿对城堡有偏好）三个男孩

图4-2 两个幼儿在争取材料时通过石头、剪刀、布的方式来解决

开始动手搭建，因材料不足和甲发生争执，不过他们用猜拳的方式自己解决了。（甲不愿参与乙的小组，所以是左右两个地盘各自活动）师："城堡有高高的城墙，古代的时候，有敌人进攻，都靠城墙抵抗敌人，我们在城堡外搭个围墙吧！"乙稍想："我们的城堡有防御系统的，有敌人就会发出警报，还有发射塔，可以发射火箭。"（他们并没有采纳教师的意见，看来城墙太"老土"了。结束时，他们有三座城堡，其中有一座是喝茶的）

图4-3 两个幼儿共同搭建的城堡

四、游戏效果

"城堡"这一来自间接经验的事物，因其带有来自童话的神秘性，为幼儿所熟悉，富有吸引力，但是，从幼儿的"作品"来看，结构单一，形状雷同（有材料的限制因素在内），不过他们仍有兴趣。在建构过程中，幼儿们丰富了关于建筑学的起点知识（盖顶、平衡、对称等）。那么接下来，教师要进一步引导幼儿观察各种不同的城堡（或其他建筑物）的形状、颜色、结构、周围环境布局、位置关系等，使他们头脑中储存丰富的具体印象，并在游戏过程中依靠这种印象来进行思维创造。

五、游戏反思

在思维游戏中，材料的更新可以给幼儿带来很大的新鲜感。教师可以在原有材料的基础上增加一些手工材料，如拿一些旧报纸让幼儿撕撕、剪剪、贴贴，画一些简单的造型让幼儿进行涂色或捏泥活动，等等。每周安排一次这样的活动，幼儿不仅乐此不疲，而且还不会因为天天玩而失去兴趣。幼儿在自己看、自己说、交换看、相互说的过程中，学到了知识，也发展了能力，锻炼了胆量。在自选活动中，教师可以多进行个别指导，不必过多地干预。幼儿有了自己的兴趣点，活动起来会更加投入、满足。

（二）领域学习环节中的思维游戏

思维是一个复杂的心理过程；思维能力，是影响人一生发展的重要能力。而学前阶段又是思维能力培养的基础时期。开展幼儿思维游戏特色课程意在通过一系列游戏活动，有目的地对幼儿的思维能力进行干预，就可以帮助幼儿建构自己的思维系统。幼儿在幼儿园的一日生活不仅有晨间活动等具体生活，也有五大领域的学习，因此，在学习活动中的思维游戏就成为发展幼儿思维的最重要的途经。

◆ 案例 4-2　　　　小班思维游戏"谁会生蛋"

一、设计意图

幼儿在一日生活活动中，有着许多新发现。这天，点心时间到了，他们拿着茶叶蛋说："茶叶蛋的妈妈是谁？""是茶叶妈妈。""是老虎妈妈。""是鸡妈妈妈。"——一个小小的茶叶蛋引发了一个长长的故事,在幼儿七嘴八舌中"谁会生蛋"的思维游戏活动产生了。

二、游戏目标

1. 通过游戏以及同伴之间的交流,了解哪些动物会生蛋,体验游戏的乐趣。

2. 说说动物的名称。

三、材料准备

有关动物生蛋的演示文稿,动物图片;贴有"是"或"不是"字样,并画有两个圆圈供幼儿选择用的图板。

四、游戏玩法

教师出示动物图片,如:出示刺猬图片,师问:"这是谁来了?我们和它打个招呼吧!"幼:"刺猬你好!"师问:"刺猬会生蛋吗?"师说:"开始。"幼儿开始选择(站在两个代表是、不是的方格内)。如有争议就请"电脑博士"、搭班

图4-4 幼儿在争论"刺猬能生蛋吗"

老师或有此经验的幼儿等进行确认。确认后,请幼儿将动物贴在图板上,以此加深印象(会生蛋的贴在"是"一边,反之就贴在"不是"的一边)。

(三)一日生活区域活动环节中的思维游戏

思维游戏在区域活动中的开展情况也是比较普遍的(在关于思维游戏的实施场合调查中,48.6%的教师选择了区域活动,居于第三位),由于思维游戏具有材料丰富和操作性强的特点,幼儿对操作很感兴趣,所以思维游戏的材料一般都会在区域活动投放。思维游戏在区域活动中的开展大致有以下三种方式:

一是与主题相整合,是对学习经验的巩固和延伸。把思维游戏的材料投放在区域,幼儿可以自由选择材料进行重复操作以巩固学习经验,或者探索

游戏材料的新玩法，以发展幼儿的思维能力；教师也可根据幼儿操作的情况进行个别指导，如关注能力弱的幼儿并给予重点引导，鼓励能力强的幼儿探索新的玩法。

二是利用思维教育理念来指导区域活动游戏。在区域游戏中，教师会引导幼儿多观察、多比较，帮助幼儿总结已有经验和规律，注重发展幼儿的表达能力、动手能力、逻辑思维能力等来让幼儿探索游戏的多种玩法。如在积木区，引导幼儿认真观察积木的形状，思考它像什么，可以搭成什么，然后再动手操作，在幼儿动手操作时鼓励幼儿发挥想象力和创造力；当幼儿在盒子里对各种图案的木块进行自由镶嵌放置时，比如一个幼儿摆出了"太阳""小汽车""小兔子""西瓜""数字7"，教师鼓励幼儿展开自由想象来表达，幼儿会说："在一个晴天，小兔子开着小汽车买了7个西瓜。"

三是对区域中的思维游戏材料进行再设计。活动中，教师会受到思维课程材料的启发，制作出新的游戏材料，比如使用标记记录内容时，有的幼儿根据"企鹅大冒险"中的各种标记来设计标记；幼儿在学习了"快乐的小龟"后，能把自己的物品进行简单的分类摆放，收放玩具时能做到摆放整齐，形成了做事认真，遵守规则的好习惯。

◆ 案例 4-3　　　　　大班思维游戏"有趣的插花"

一、设计意图

春天是万物复苏、最美的季节，幼儿园教师会带幼儿散步，随处可见一棵棵盛开的桃花、樱花、玉兰，幼儿非常喜欢，都会欣喜地说："多美的花啊！"在欣赏花的同时，教师引导幼儿数花瓣，看每朵花有几瓣花瓣，是什么颜色，想一想用几种颜色的花怎么插花等。"插花"来源于生活，先抛给幼儿一个明确的任务——"插花"，让幼儿围绕任务去尝试探索，从中发现问题——"怎么插，花瓶都会倒"，教师激发幼儿解决问题——"怎样使花瓶不倒"——的欲望，并提供材料支持幼儿完成。探索过程对幼儿有一定的挑战性，"任务＝材料＋创意"在活动中得到了充分体现。

二、游戏目标

1. 通过比较，发现物体不易倒的原因。

2. 探索多种使物体不易倒的方法，培养探究的意识。

3. 在解决问题的过程中，初步形成大胆质疑、积极探索的意识，并体验成功的快乐。

三、材料准备

可乐水瓶、自制的各色花、泡沫块、塑料瓶、小石头、橡皮泥、盘子、盖子、光盘、硬板等。

四、游戏玩法

1. 幼儿初步操作

教师带来了许多花，请幼儿扮演花艺师进行插花。幼儿先把花一朵一朵插在塑料瓶里，花越来越多，塑料瓶就倒了。

2. 幼儿操作，自由探索

教师让幼儿想办法使塑料瓶不易倒。在材料库中挑选材料，使塑料瓶中插满花后不倒，如果幼儿成功了，就贴上自己的号码，将瓶子放在指定区域。

3. 幼儿操作后交流

幼儿在操作后与同伴分享自己的经验。

"石头装多了就比较重，能使花瓶更稳固。石头装少了，花瓶不稳固，还是容易倒。"

"光盘，放在瓶子上面反而更容易倒，放下面使底盘变大不易倒。"

◆ 案例4-4　　　　　中班思维游戏"多变奶杯"

一、设计意图

在生活中，很多的废旧材料可以变废为宝。我们幼儿园的幼儿喝的是纸质奶杯的鲜奶，杯子漂亮，颜色鲜艳，他们不愿把杯子扔掉，说喜欢这个奶杯，所以教师和他们商量，一起来做"多变奶杯"。但教师觉得一种奶杯作为材料过于单调，便提供了很多的辅助材料供幼儿选择，发展幼儿的创造性思维。

二、游戏目标

1. 运用剪、折、撕等技能制作多变奶杯。

2. 通过奶杯制作，发展幼儿的创造性思维。

三、游戏准备

废旧的纸质奶杯、吸管、皱纸条、剪刀、固体胶、水彩笔、铃铛。

四、游戏过程

1. 激发兴趣

教师出示奶杯、材料和工具，让幼儿说能把奶杯变成什么，并鼓励幼儿大胆说出自己的想法。

2. 幼儿创作

幼儿自由选择材料创作奶杯。

3. 分享

（1）幼儿展示并介绍自己的作品。

（2）户外游戏：玩转奶杯。

五、游戏小结

这些游戏很贴近幼儿的生活经验，在区域活动区中较方便操作，材料也容易准备。让幼儿能够主动探索，获得知识，并在操作中学会很多的方法，培养了探究意识，发展了逆向思维能力。

（四）一日生活过渡环节中的思维游戏

过渡环节是日常各活动中的"驿站"，是中转的，衔接的，也是休息调整的；它是非正式的，闲散的，自由活泼的。过渡环节作为一种独特的教育资源，我们应该在实施中充分利用。通过延长、融合、弱化等方式来组织过渡环节，关注过渡环节中教学节奏与幼儿身心节奏的适时调整，使过渡环节的价值得以合理、充分发挥。

在宽松的环境中，幼儿不仅能利用过渡环节进行自主的游戏和学习，而且过渡环节还能给幼儿提供一个释放心理能量的空间，有利于幼儿自主自律能力和健康人格的形成；有利于教师进行现场的设计、思考以及一些临时的随机情况的处理。

案例 4-5　　　　　中班思维游戏 "三只蝴蝶"

一、设计意图

《纲要》明确指出："创造一个自由、宽松的语言交往环境，支持、鼓励、吸引幼儿与教师、同伴或其他人交谈,体验语言交流的乐趣。发展语言表达能力和思维能力。"《三只蝴蝶》这个故事内容浅显,便于幼儿理解,幼儿可以通过角色的扮演,进一步加深对故事的掌握,通过学习这个故事,体会好朋友之间相互关心的情感,符合中班幼儿的年龄特点。表演游戏又是一种深受幼儿喜爱的活动方式,表演游戏中,教师的指导策略对幼儿主体性的发挥起着重要作用。兴趣和需要是幼儿参与表演游戏的出发点,教师要善于发现和掌握幼儿的兴趣点,了解幼儿的需要和经验。而幼儿的已有经验不仅是表演游戏顺利进行的保证,而且决定着表演游戏的发展方向。

二、游戏目标

1. 通过游戏加深对故事的掌握,并能喜欢自己扮演的角色。
2. 学会认真倾听和正确按指令做动作,感受游戏表演的乐趣。

三、游戏准备

红、黄、蓝蝴蝶若干只,蝴蝶头饰(每位小朋友一只),红、黄、蓝花各一朵。

四、游戏过程

1. 幼儿听教师的指令做动作。

教师引入:听过《三只蝴蝶》的故事吗?知道里面的三只蝴蝶是怎么飞的吗?(出示红、黄、蓝三种颜色的蝴蝶,请幼儿说出蝴蝶的颜色)小蝴蝶怎么飞啊?(教师提示,打开双手,像小翅膀一样先上下挥动,原地做动作)小朋友们想和小蝴蝶做游戏吗?

2. 教师指导幼儿基本动作:现在要请小朋友和小蝴蝶一起做游戏啦,先把小手打开,我们先原地高高地飞,低低地飞,快快地飞,慢慢地飞做一遍。

3. 教师创设第一个情境:现在请小朋友在原地站好,我们今天要去花园玩儿,在花园里看见了三朵大花,这三朵花有三种不同的颜色,我们看看都有什么颜色吧!(出示红、黄、蓝三朵花,然后请幼儿回答)

4. 教师发出游戏指令:先请红蝴蝶小朋友高高地飞到红花上,等待;然后黄蝴蝶和蓝蝴蝶小朋友也高高飞到黄花和蓝花上;请红、黄、蓝蝴蝶小朋友低低地飞到黄线上。

5. 教师继续发出"先""后"指令:请红蝴蝶小朋友先高高地飞到红花上,后低低地飞到蓝花上,最后快快地飞到黄花上。(黄色蝴蝶和蓝色蝴蝶的小朋

友依次做活动)(对幼儿进行表扬)

6. 教师创设第二个情境:

现在小蝴蝶飞累了,我们换个游戏吧,好吗?(出示两座城堡)

(1)请小朋友先观察城堡的颜色,再观察形状。(一座是粉色三角形的城堡,另一座是绿色半圆形的城堡)

(2)现在请小朋友排成两队,男孩一队,女孩一队。

(3)男孩和女孩同时做游戏,女孩先高高地飞到粉色三角形的城堡,慢慢地钻过去,最后快快地飞回黄线。男孩先低低地飞到绿色半圆形的城堡,慢慢地钻过去,最后慢慢地飞回黄线上。

五、游戏反思

幼儿的年龄决定了他们的合作意识正处在萌芽阶段,如果没有游戏的组织者,他们很难通过自己的协商来共同完成一件事。在游戏过程中,有部分幼儿能清楚地知道自己该做些什么,而且对教师的指令完成得非常棒,但是也有部分幼儿注意力不集中。高、低、快、慢这些形容词对幼儿也只是一个行为的界定,在游戏表演时应充分尊重幼儿的意愿,发挥他们的主动性和创造性,让他们自己来选择、设计、表演,但教师的作用也不可忽视,尤其是在每一个表演游戏开展的初期阶段,教师一定要学会并善于观察幼儿在游戏中的表现,适时地进行点拨和指导,发挥表演游戏在幼儿发展中的作用。

三、基于一日生活的幼儿思维游戏的流程

幼儿园应为幼儿提供健康、丰富的生活和活动,满足他们多方面发展的需要,使他们在快乐的童年生活中获得有益于身心的发展经验。《纲要》指出:教师直接指导的集体活动要能保证幼儿的积极参与,避免时间的隐性浪费。集体活动作为幼儿园的基本活动,是幼儿获取知识和掌握技能的有效形式之一,而一日生活的思维游戏与幼儿的生活紧密相关,并在幼儿的生活中实施。因此,在一日生活的幼儿思维游戏的实施过程中,一般要遵循以下基本流程:

(一)生成

幼儿思维游戏活动,就是组织开展以培养幼儿良好思维品质为目标的游戏

活动，也就是以游戏活动的方式加强对幼儿思维方式、思维能力的培养，主要有集体训练、区域活动、亲子活动、日常活动、学科活动、游戏活动等形式。毫无疑问，在日常的幼儿游戏活动乃至各项教育教学活动中，都有幼儿的思维活动，而我国所要研究开发的思维游戏活动，是以促进幼儿思维发展为目标，具有更多的思维含量，渗透更多的科学思维方法的指导的活动。

依据幼儿的年龄及思维发展特点，找到适合幼儿思维发展的方法，在数学、语言、科学领域及生活游戏中合理应用，提高幼儿的思维品质：如思维的敏捷性、深刻性、创造性、灵活性等，提高幼儿分析问题、解决问题的能力以及创造性思维能力，是促进幼儿思维发展的有效途径。幼儿思维游戏活动就是要根据幼儿的思维发展特点，借助一些有组织的、系统的材料，对幼儿的思维能力进行系统的训练，从而提高幼儿的思维品质。

（二）选择

思维游戏在选择时，每个单元活动的任务难度都是渐进的，每个活动中的任务难度也是渐进的。所以，教师在教学中还要注意渐进策略的使用，即根据班上幼儿的能力水平来决定任务难度的起点，并逐渐增加任务难度，以保证游戏顺利进行。

（三）分类

思维游戏主要包括两大类，一类是主动性思维游戏，具体包括操作性游戏：运用四肢大小肌肉的活动来进行的游戏。大肌肉活动，如需手脚协调的攀、爬、抛、捉等动作；小肌肉活动，如推拉玩具、搓油泥、拼图等，需运用手腕、手掌、手指等才能进行；建造性游戏，幼儿利用大小积木或拼插玩具来制作房屋、桥梁或其他物品；创造性游戏，需要幼儿用心去创造、运用简单的材料制作物品，以表达其创造力，美工活动、玩沙、玩水游戏均属于此类；想象性游戏，利用现有的物件或玩具，凭自己的想象力来进行想象性的扮演角色的游戏。

另一类是被动性思维游戏，属于较静态的活动，幼儿只需观看、聆听或欣赏，而不需进行体力活动，如看图书、听故事、看录像、听音乐等都属于静态接受信息的活动。

（四）实施

组织幼儿开展思维游戏的过程中，教师要注意观察幼儿的情绪，及时提供帮助，包括游戏活动的操作，幼儿相互间的合作等。

（五）评价

在思维游戏进行的过程中，向幼儿提供思考问题的时间，鼓励幼儿在较高水平上进行思维。一般说来，在面对问题时，幼儿会比成人表现出更多的冲动。成人会经过仔细思考之后再回答他人的问题，而幼儿会在教师提出问题后立即举手要求回答或者直接说出答案。这时教师更应该控制等待的时间，要求幼儿更全面细致地思考后再回答问题。在幼儿操作错误以后，教师要用引导性的提问让幼儿自己去观察，去发现问题，提问之后要给幼儿充分的思考和观察时间，不要急于纠正错误。

对幼儿的回答给予适当反馈（包括鼓励及追问）。在幼儿回答问题之后，教师要用有针对性的鼓励性语言进行反馈，以提高幼儿下一次积极思考、回答问题的信心。同时，教师也要鼓励其他幼儿更积极地思考，如"××小朋友想的办法很巧妙，大家还有其他办法吗？"等。

第二节　节日生活中的幼儿思维游戏

在幼儿的生活中，节日生活是十分重要的一个组成部分。节日中，幼儿享受着愉悦和欢乐，这种时刻，也正是促进幼儿思维发展的好机会。通过有趣的思维游戏，让幼儿在轻松愉快中发展思维，提升思维品质。

一、节日生活的定义

日常生活中，时间线性流逝，而节日就像这条线上的刻度，有了度量，才有意义。节日作为一种民间风俗现象，是广大民众所创造、享受和传承的生活文化。就表现方式而言，种类繁多，内涵丰厚。在时间上，代代传承；在空间上,广为传布。若从所承载的内容来考察,可大致分为农事节日、祭祀节日、纪念节日、庆贺节日、社交游乐节日等五类。我们将节日分为三大种类,让幼儿在节日的相关知识中培养思维能力。

(一)世界节日

随着经济全球化的发展以及经济与文化的密切渗透,文化的民族性与世界性的关系越来越紧密。世界节日,作为了解世界各国文化、传统的一种方式,正在不断影响着当今中国人对于世界的理解,不断开阔国人的眼界。为了吸收外来先进文化,传承优秀传统文化,幼儿园也将世界节日纳入到幼儿园的节日活动之中,利用母亲节、父亲节、感恩节等一系列贴近幼儿生活,且富有教育价值的世界节日开展幼儿园世界文化教育。

(二)传统节日

幼儿园传统节日教育指的是教育者利用节日活动中的人、事、物,有目的、有计划、有组织地对3~6岁幼儿施以积极的影响,促进其发展的过程。以传统节日为纽带,让幼儿接受传统文化情感的熏陶,使他们从小耳濡目染,浸润并受益于中国独有的传统文化情怀,无论对于其个体成长、群体塑造、社会发展,还是民族文化的传承与更新都是十分必要和有益的。传统节日具有其他民俗文化不可替代的重要价值,对于弘扬民族艺术、振奋民族精神、提高民族认知、传承民族文化,以及促进幼儿身心和谐发展都发挥着重要作用。世界各国都有着自己独特的传统节日文化,他们也都纷纷将传统节日教育作为幼儿园的一项重要教育活动。以美国为例,美国是一个移民国家,来自不同国家和地区的移民为美国带来了众多的民族传统节日,美国的幼儿园很注重围绕各国的节日开展教育教学活动,以促使幼儿在尊重他们原来的文化基础上,增强他们的民族认同感,同时也培养幼儿对各种文化的尊重和宽容。在我国,传统节日教育也越来越受到人们的关注和重视,2007年,我国将清明、端午、中秋等重要的传统节日调整为法定假日,并从2008年正式开始施行,我们应倍加珍惜并抓住这一教育契机,引导幼儿充分认识传统节日的文化价值,以传统节日教育为载体,广泛开展幼儿园传统文化教育。

(三)园本节日

园本节日是立足于当今幼儿节日教育的现实背景以及幼儿园特色思维文

化建设之上的。幼儿园是幼儿的第二个家，也是他们健康成长的欢乐家园。幼儿园的特色思维文化建设能够为幼儿的启蒙教育提供更加良好的学习和成长环境。在幼儿园的发展过程中，我们探索将幼儿园的节日教育融入幼儿园的特色思维文化之中，使其发挥更好的作用。通过对幼儿在园本节日教育活动中所存在的问题进行分析，总结出变被动为主动的教师教育方式及幼儿思维方式，将思维教育用环境加以熏陶的教育方法。

皮亚杰曾经指出：2~7岁幼儿的思维尚处于前运算阶段，其思维还须借助具体事物的支持。所以幼儿的社会性培养应从与他们的生活直接相关的具体环境出发，节日活动在现实生活中和幼儿的生活息息相关，节日的环境、氛围是幼儿喜闻乐见的，可让其直接体验、感受、耳濡目染。园本节日教育所特有的情境性、感染性、实践性、娱乐性能使幼儿在自然、宽松、愉快的氛围中主动参与实践活动，正是它的特殊性使园本节日教育具备更强的可接受性，从而发挥区别于其他节日途径所特有的特殊的教育价值。

二、节日生活中幼儿思维游戏的设计原则

在人的生命中，记忆虽然有着重要的地位和作用，但还不是最重要的，记忆只是初级产品，思维则是高级产品，思维是在记忆的基础上进行加工生产的，记忆细胞储存的一切信息，都是制作思维的原材料，思维是人最宝贵的财富。我们依据以下原则设计节日生活中的思维游戏：

（一）科学性原则

幼儿的各种认知技能可在传统节日教育中得到发展。例如：幼儿在各种庆祝活动中为老师、父母或同伴送上祝福的话语，使幼儿的语言能力得到锻炼和提高；在学习念诵与传统节日活动相关的古诗词中，配合节日氛围和庆祝活动，使幼儿对诗词的含义也有了更深刻的理解；富有娱乐性的传统节日庆祝活动，如猜灯谜等活动，为幼儿提供了锻炼思维能力的最佳途径。

（二）生活性原则

传统节日中大都蕴涵着深刻的情感，例如重阳节和清明节蕴涵着深深的感恩情感，春节和中秋节洋溢着浓浓的家庭温情，端午节则包含了强烈的民族情

感。在清明节节日活动中,教师与幼儿一起动手做花圈,带幼儿到革命烈士纪念碑瞻仰英雄烈士,幼儿在聆听革命故事的过程中为爱国主义英雄的精神所感动,深深受到爱国情感的熏陶,同时也获得了一颗感恩之心,懂得了幸福生活的来之不易。

(三)趣味性原则

幼儿认知能力的发展取决于他如何与客观环境发生相互作用,即如何活动。人文、社会等因素于人的认识发展有十分重要的影响作用。传统节日来源于生活,节日教育活动所特有的情境性、实践性、娱乐性,使幼儿在自然、宽松、愉快的氛围中主动参与实践、接受教育。在传统节日教育系列活动中,幼儿首先了解了每一个传统节日的来历,增长了文化历史知识,其次通过多种多样的节日庆祝活动让幼儿在实际参与中熟悉文化传统习俗,了解社会民俗习惯、社会礼仪及规范等。

(四)与家庭、社区相结合原则

春节、中秋节是中国人合家团圆的日子,正所谓"每逢佳节倍思亲",幼儿与全家人团团圆圆,共同放鞭炮、包饺子、吃月饼、赏月,一家人其乐融融,亲人之间相互表达关心、祝福和思念,增进了幼儿与家人的感情。幼儿园在节日前组织幼儿讨论向亲人表达祝福的方式,鼓励幼儿通过多种途径表达对父母及祖辈的深厚感情。在进行端午节这个传统节日教育时,通过多种手段向幼儿讲述屈原的故事,让幼儿充分感受爱国诗人为理想而献身的精神。重阳节期间,幼儿园以"我向爷爷奶奶献孝心"为主题开展教育活动。幼儿在幼儿园听老师讲重阳风俗,接受"尊老敬老、感恩回报"的教育;在家中为爷爷奶奶做一件力所能及的家务事,送爷爷奶奶一件自己精心制作的小礼物;还可以在教师带领下走进社区,为爷爷、奶奶表演节目,祝福天下所有老人幸福、安康。

(五)适宜性原则

在传统节日活动中,由于环境、游戏的需要,常常需要幼儿一起制作民俗食品、饰物以及送给亲人的礼物等。如可以让幼儿在春节临近期间学习包饺子、做汤圆等,在端午节期间学习包粽子、制作香包等,锻炼幼儿双手小肌肉群的灵活协调动作。大班幼儿制作艺术品"小粽子"时,幼儿首先要学会用长纸条折出十分整齐的三角形,然后折成立体的五个角六个面的小粽子,最后用彩色的纱线一根根缠住三个角和三条棱，直到将整个小粽子缠满，再用针将线头固定就完成了。在操作过程中，幼儿一方面要注意倾听，仔细观察教师操作的动作要领，另一方面要思考辨别，不断调整自己的动作技能，活动的过程充满乐趣，游戏性的形式符合幼儿认知特点，同时又具有一定的挑战性，幼儿在与同伴相互帮助、共同学习的愉快过程中完成操作。

三、节日生活中幼儿思维游戏的实施

思维是对记忆材料重新进行组装的过程，是大脑对客观事物的关系和演变进行模拟的过程。我园将节日主题融入思维游戏，让幼儿将节日记忆运用到游戏中，锻炼思维能力。

（一）结合世界节日的思维游戏实施

对于幼儿来说，接触到的世界节日并不多，我园主要通过教师的每周国旗下讲话及每日的晨间谈话来帮助幼儿认识、理解世界节日；幼儿之间通过说新闻活动及阅读区区域活动的形式自己来了解、探索。

◆ 案例 4-6　　　　　"连连看"关爱残疾人活动

教师以春节晚会上那动人的舞蹈视频《千手观音》来引导幼儿，告知这是由 21 位聋哑演员排练出来的。表演《千手观音》这个节目非常难，因为 21 个人的手呈现出"千手"这种姿态的时候，每个人手的位置要非常准确，为了达到这样的效果，排练时，聋哑演员每天都一起围着录音机，趴在地上，把耳朵贴在地板上，贴在音响上来感受音乐的节拍，并通过手语老师分解音乐，来练习音乐的旋律和身体的韵律。

然后引发幼儿思考：作为健康的人，我们应该为他们做些什么。通过连连看形式，来帮助残疾人。最后总结：一个搀扶，给他们让个座，爱护他们的专用设施，给他们一股力量，一个信任的眼神，为残疾人奉献出自己的一份爱心！共同筑起身边的希望，让残疾人跟我们共享一片蓝天。

（二）结合传统节日的思维游戏实施

幼儿对于清明节、腊八节等传统节日特别了解，因为它们有相应的食物来

体现节日特色。我们通过美工区区域活动，让幼儿自己也来制作食物，帮助他们更好地理解传统节日。

◆ 案例 4-7　　　　　　　　橡皮泥"腊八节"

农历十二月也叫腊月，腊月初八是我国传统的腊八节。俗话说："腊八粥，吃不完，吃了腊八粥便丰收"。所以，腊八节有喝腊八粥的风俗，在我国已经延续了一千多年，最早始于宋代。

熬制腊八粥的材料丰富，包括八种主料、八种佐料，与腊八的"八"字相吻合，象征着吉祥如意。用各种米、豆、干果等混合而成的腊八粥不仅好吃，更折射出了我国古代粮食大丰收的喜人场景。今天，一听到要用橡皮泥来制作属于自己的腊八粥，就有幼儿迫不及待地做了一个辣椒，他说这才是正宗的腊八粥。在这个活动中，不仅提高了幼儿的想象能力，而且让幼儿在动手的过程中了解了腊八节的相关知识，并体验了祖国的民俗风情。

（三）结合园本节日的思维游戏实施

幼儿的节日生活除了世界节日和传统节日之外，还有幼儿园自定的节日。近年来，我园围绕思维教育，设立了游戏节，开展了各类思维游戏活动，以更好地发展幼儿的思维。

◆ 案例 4-8　　　　　　"聪明妈妈巧教育"家长助教活动

2010年3月19日庆春园区里开展了大型的主题活动"聪明妈妈巧教育"家长助教活动。多功能厅被分成了6个区域开展趣味智力游戏"智慧打保龄""锁的秘密""小猪宝宝吃豆豆""夹子排排队""家里的朋友"和"彩纸变变变"。

活动以开发思维，动手动脑为目的，聪明妈妈们在活动中利用日常生活中常见的物品进行随机教育，不仅把我们时常用完可能废弃掉的东西利用起来进行了包装，还把这些物品设计成一个个富有趣味性的智力游戏，让幼儿在玩中乐，在乐中学。在丰富了家庭教育资源的同时，让幼儿在与妈妈的共同游戏中体验快乐，开发思维能力。

◆ 案例4-9　　　　　　　江豚宝宝游"杭州"

钱江苑幼儿园庆春园区中有模拟"古城门",分别为清波门、涌金门、钱塘门、武林门、艮山门、清泰门、望江门、候潮门。2011年12月30日上午9时,教师利用"古城门"开展了思维亲子游园活动,为各个年龄层次的幼儿准备了各色思维游戏,如"想一想,投一投""捡花生米和黄豆""叠叠乐""图形拼搭""添画游戏""学说量词""接龙卡片"。在活动中,幼儿和家长一起动脑,一起合作,不仅增进了亲子间的默契,更增进了幼儿与幼儿、幼儿与教师、集团与社会之间的交流。

在逛完八大城门,通过游戏闯关后,活动也即将落幕。我们希望能让幼儿尽可能在每次游戏活动中获得丰富的知识,让幼儿在游戏中增长知识。以幼儿园的吉祥物"江豚宝宝"为代表并结合杭州十大古城门开展本次活动,既让幼儿了解了家乡的历史文化,增进了对家乡的情感,也让幼儿玩到了,乐到了。

◆ 案例4-10　　　　　　快乐游戏节　智慧迎新春

为了让幼儿快快乐乐迎接新年的到来,我园于2014年1月21日上午组织全体幼儿进行"快乐游戏节　智慧迎新春"活动。教师根据幼儿的年龄特点,结合思维活动,精心设计了"图形对对碰""比大小投投乐""叠叠乐"和"数高楼"四个游戏。

游戏中,幼儿增强了动手动脑的能力,在做一做、玩一玩中感受思维游戏的独特乐趣。同时,收获了参与活动的快乐,与人交往的开心。

第三节　家庭生活中的幼儿思维游戏

幼儿除了在幼儿园生活之外,更多时间是在家庭中生活。从一定意义上说,家庭生活对幼儿的影响更大,因此,设计家庭生活中的思维游戏,既可以促进幼儿的思维发展,也可以帮助家长丰富幼儿的家庭生活。

一、家庭生活中幼儿思维游戏的设计思考

知识固然重要,但从长远发展来看,培养幼儿的想象力、创造力、批判性思维等一系列思维能力富有更为深远的意义。思维就是一项高级的心理运动,培养幼儿的思维能力,对其以后的学习生活都有很大的帮助。然而,对幼儿思维能力的培养,不仅仅是教师的工作,家长在平时的生活中的适当教育更能培养幼儿的思维能力。

(一)注重对幼儿的启发引导

游戏是幼儿的主导活动,在游戏中,幼儿的创造力日益提高,从单纯的模仿发展到创造,他们逐渐利用自己的创造性思维开展新型的游戏情景,创造性地扮演角色,创造性地制作游戏道具等。但是思维水平的发展并非完全是自发的,在游戏中发展幼儿的创造性思维,需要家长的启发引导。

(二)根据游戏特性培养幼儿的思维

一是通过娱乐性培养思维。心理学家和教育学家一直认为音乐是促进幼儿身心发展的好工具。另外音乐可以丰富幼儿的精神世界,在优美的音乐中,幼儿情绪兴奋,创造性思维处于最佳的状态。绘画也可以增强幼儿的创造性思维。因此,家长应该鼓励幼儿多接触音乐和绘画,并给幼儿一个自由的欣赏和实践空间,随心所欲地画,自由自在地听。此外,还可通过听说能力训练培养创造性思维。平时家长应该多和幼儿进行对话,多给幼儿讲故事。在与幼儿说话时,要因势利导,抓住机会,就幼儿感兴趣的话题展开对话,这样可以促使幼儿主动思维,即兴表述生动的语言。在讲故事的时候,可以给幼儿一个开放式的结尾,让幼儿发挥自己的创造性思维,结合之前的故事情节,进行合理又有创造性的推断,完成故事。

二是通过操作性培养思维。幼儿与生俱来的好奇心促使他们一刻也停不下来,总是摸摸这,动动那,这时家长千万不要因为怕他们弄乱了东西,而粗暴地制止,应该对他们的好奇心给予鼓励,同时给幼儿正面的解释。鼓励幼儿自己动手搞一些小发明,在手指尖的触摸过程中,创造性思维也就得到了最好的发展。

◆ 案例 4-11　　　　　大班思维游戏"拼图"

一、设计意图

大班幼儿对拼图有浓厚的兴趣，但对拼图的热情无法持续很长时间。因为拼图需要一定的观察力、分析判断力和持久力才能完成。有些幼儿家中有拼图，多数幼儿在拼过一两次后就不想再拼了，对拼图失去了新鲜感。在父母的陪同下，玩拼图，可培养幼儿的耐心、观察力，增加幼儿与父母的互动。

二、游戏目标

激发幼儿的拼图兴趣，培养其耐心的游戏习惯。感受亲子游戏的乐趣，体验合作的重要性。

三、材料准备

中国地图一幅，中国地图拼。

四、游戏玩法

在桌子上放中国地图一幅，爸爸妈妈可先引导幼儿看完整的中国地图图片，然后引导幼儿观察不完整的拼图零件，爸爸妈妈与幼儿一起拼图。幼儿可能寻找多次才获得成功，爸爸妈妈决不能急于求成，应让幼儿反复地尝试。

五、游戏小结

幼儿做事情缺乏耐心和自信，对于一件事情的专注力不够，遇到困难时会习惯向别人求助，所以当幼儿在完成一件事情的时候，父母应耐心指导并给予鼓励，坚持要幼儿自己完成，让幼儿体验成功的喜悦，并在游戏中锻炼幼儿的合作意识，学会互相帮助。

（三）利用亲子互动培养幼儿的思维

多赞美幼儿的创造性举动。在思维训练中，每个幼儿都有一定的创造潜能，这种创造潜能就表现在日常生活中，如，幼儿一会儿把扫帚当马骑，一会儿把它当冲锋枪，一会儿又用它来堆雪人，其中蕴含着想象和发散性思维，幼儿发现了同一事物的不同用处，这就是一种创造潜能的表现。

◆ 案例 4-12　　　　　　大班思维游戏"你说我猜"

一、设计意图

大班幼儿有一定的生活与知识经验，可鉴于这些来设计游戏。家长描述物体或事件的主要特征，让幼儿根据家长提供的信息来猜物体或事件，特别是设定特殊的范围，如"中国"，游戏中选取一些与"中国"有关的内容，既激发幼儿热爱祖国之情，又提高幼儿的思维、表达及归纳能力。

二、游戏目标

1. 根据信息描述，尝试说出对应词语。
2. 在游戏中了解一些与中国有关的事和物，激发热爱祖国之情。
3. 培养规则意识，体验亲子游戏的乐趣。

三、材料准备

相关词语卡片若干、图片若干。

四、游戏玩法

家长与幼儿面对面，家长抽取一张词语卡片，对内容进行描述，描述过程中不得透露词语中的任意一个字，可加入肢体动作或声音，随后由幼儿猜出词语，再进行下一回合。也可互换角色，由幼儿对图片内容进行描述，但不说出答案中任意一个字，家长根据图片描述猜出词语。

五、游戏效果

游戏的层层深入始终围绕以"提供、获取有用信息"为线索，让幼儿学习正确表述自己对不同事物的认识与理解，尽可能地将事物的关键特征说得清楚，说得到位的方法，以及积极思维，捕捉每一条有益信息进行分析推测的方法。游戏为幼儿将来学习描述物体特征打下了基础，既发展了幼儿描述物体特征的语言概括能力，同时，也让幼儿学会了筛选、分析各种信息，综合有效信息，最终猜出事物的方法，培养了幼儿的倾听能力和分析能力。

（四）重视家长的角色定位

有问不必答，鼓励幼儿自己寻找的乐趣。从心理学的角度讲，好奇心是人对自己不了解的事物感到新奇而有兴趣进行探究的一种心理倾向，它是推动人们主动求异、进行创造性思维的内部动因。好奇心在幼儿身上尤为突出，其基本表现就是不断地提出"是什么"和"为什么"的问题。对待幼儿提出的问题，不要"有问必答"。有些问题可以鼓励和引导幼儿自己思考，寻求答案。

成人可经常给幼儿提出一些假设性的问题，激发幼儿独特的想法。如"如果地球上没有水了，会发生什么事？""如果马路上没有红绿灯了，会发生什么事？""如果你有一对翅膀，你会做什么？""如果地球上没有了树木，会发生什么事？"以上这些假想的问题会激发出幼儿的奇思妙想，引发幼儿说出不同答案，充分发展了幼儿的独创性。

二、家庭生活中幼儿思维游戏的实施准备

在幼儿的日常生活中，遇到了一些问题，家长一定要让幼儿也参与进来，一起解决。家长应引导幼儿并与幼儿一起讨论、设计解决问题的方案，并付诸实施。这个过程中，需要分析、归纳，需要推理，需要设想解决的方法与程序。这对于提高幼儿的思维能力和解决实际问题的能力大有好处。这既有助于增进亲子关系，更可激发幼儿的思考能力，同时可培养其表达能力。

（一）明确游戏目的

一般来说，游戏都有内容、情节、角色、动作、语言、活动以及材料等，但这一切都是根据游戏的目的决定的，只有确定了明确的游戏目的，才能使游戏具有教育价值，才能使游戏发挥促进幼儿思维的作用。

◆ 案例 4—13　　　　大班思维游戏"我是小法官"

一、设计意图

逆向思维，就是换个角度看问题，对培养幼儿的思维能力大有裨益。家长可以通过逆向思维游戏对幼儿进行训练。大班的幼儿处于前运算阶段，应主要训练其动作协调性，为今后思维发展打下基础。通过创造轻松、有趣、愉快的游戏环境，激发幼儿思考兴趣，让他们处于积极活动的状态之中；但幼儿的思维没有深度和广度，基本不能进行深层次的逆向思维训练，主要通过给幼儿创设一个轻松、有趣、愉快的游戏环境，让幼儿萌发思考的兴趣，并自己动手操作。经过长期训练，让幼儿经常处于积极活动的状态之中就能培养幼儿良好的逆向思维能力。

二、游戏目标

训练空间想象能力和逆向思维能力。

三、材料准备

粗细不同的小棒3根，绳子3根。

四、游戏玩法

妈妈或者爸爸先将3根绳子分别在3根小棒上绕3圈，剩下的绳子的长短要相同。然后，请幼儿判断，哪根绳子最长。幼儿猜出来以后，不管是对是错，再让他亲手操作一下。

五、游戏小结

4~5岁是幼儿思维活动发展的关键阶段，也是幼儿逆向思维发展的关键阶段。在这一阶段，幼儿的思维处于前运算阶段，主要凭借事物的具体形象或对事物表象的联想来进行思维。这时的幼儿开始能根据事物的本质特征对它进行概括。对于熟悉的事物，幼儿开始能进行简单的抽象逻辑思维，会运用分析、比较等思维形式，对事物作出判断和推理。对4~5岁的幼儿进行逆向思维训练，主要是不断丰富幼儿的知识，发展他的语言能力，帮助幼儿学会从正反两个方面思考问题，并作出判断。

（二）游戏材料生活化

游戏是社会生活的反映，周围的现实生活是幼儿游戏的基本源泉。借助游戏，幼儿学习成人社会生活经验，从中看到未来生活的前景。生活物品的适用性广，幼儿的发展是有个体差异的，所投放的材料也应满足不同发展水平幼儿的操作需要。我们根据幼儿的发展水平，提供了很多不同层次的材料。允许他们从不同的起点按不同的要求、速度去选择，来达到自我发展的目标。

◆ 案例4-14　　　　　　小班思维游戏"夹夹乐"

一、设计意图

夹子和一次性纸盘是家庭中常用的生活材料。我们以此作为游戏材料，并根据小班幼儿以具体形象思维为主的思维特点和数学学习的认知特点，设计了思维游戏"夹夹乐"。让幼儿在游戏中感知、体验、理解数的抽象关系，学会手口一致地数数、按数取物以及简单的排序。

二、游戏目标

1. 感知6以内实物数量与圆点数量的对应，发展手口一致的点数能力。
2. 学习按照一定的规律间隔排序。
3. 锻炼手部小肌肉，提高动手能力。

三、材料准备

不同材质、不同颜色的夹子（木夹子，红色、黄色、绿色塑料夹子）若干；家庭用一次性餐盘（盘子上面画有6以内数量的实物、圆点和数字）若干；形象纸盘（纸盘上画有动物的五官、向日葵花盘等）若干；废旧光碟若干。

四、游戏玩法

1. 幼儿根据盘子里的实物数量（圆点数量、数字），在纸盘周围夹上夹子，并手口一致数一数。
2. 幼儿根据父母在形象纸盘上设计的夹子规律接着往下排，并尝试数一数。
3. 幼儿选取两种颜色或材质的夹子按一定规律夹在光碟上。
4. 利用现有材料，父母还可以和幼儿一起玩夹子接龙的游戏，玩法如下：

将各种夹子平均分成三份，爸爸、妈妈、幼儿每人一份。三人轮流任意摆放一个夹子，当一人摆放的夹子与前面的夹子颜色相同或材质相同时，可获得两个夹子之间的夹子并归自己所有。游戏继续，最后比一比谁获得的夹子最多。

五、游戏效果

幼儿对"夹夹乐"产生了较浓厚的兴趣，并且偏好玩色彩鲜艳的塑料夹子。在一次次的尝试中，幼儿体验了不同的玩法，他们能按照盘子上的提示对应夹夹子，而且无论是具象的实物、圆点，还是抽象的数字，都能正确完成。尤其是玩"按照一定的规律间隔夹夹子"时，父母编唱的《夹子歌》可以大大提高幼儿游戏的兴趣，如"虫虫脚脚真漂亮，红黄红黄排排队"，幼儿边念儿歌边夹，乐此不疲。在快乐的亲子游戏中，幼儿感受了浓浓的亲情，发展了对数的概念的认识，锻炼了手部小肌肉，提高了动手能力。

看似简单的"夹夹乐"游戏其实蕴含着很多学问。在与幼儿共同游戏的过程中，父母能从中了解到自己孩子在数学方面的发展水平、思维方式以及对待困难的态度等。如父母可以有目的地观察幼儿对夹夹子的兴趣点，是夹子的大小还是造型；并及时观察幼儿在按数量夹夹子时的方法，是先点数再拿夹子一个一个夹，还是先夹好几个夹子再数一数是否正确；同时关注幼儿遇到困难时的态度，是放弃还是继续尝试，并鼓励幼儿用积极的态度面对困难。

（三）游戏形式多样化

保持幼儿思维的灵活性。让幼儿从小发现，自己与父母在很多方面有不一致的想法，发现每个人都有不同的思维方式和做事模式，以保持幼儿的思维灵活性、创造性，让幼儿学会选择。随着年龄的增长，多样化的教育可以让幼儿学会选择，锻炼思维的"独立性"。如幼儿考得好，希望得到奖励，父亲可能会说这是应该的而拒绝奖励，母亲可能会答应给予奖励，家长应协调这种不一致。其实不妨奖励幼儿一些喜欢的小东西，如父亲说一样——蛋糕，母亲说一样——书，让幼儿自己选择，这样既满足了幼儿希望得到家长肯定的心理，又可约束幼儿，避免他要些过头的奖励。最主要的是这种方式可以让幼儿自由地想象——下次父母还会说出什么不同的东西呢？这能培养幼儿宽广的胸怀，懂得生活中许多事情并不止一个答案。

◆ 案例 4-15　　　　　小班思维游戏"豆豆世界"

一、设计意图

春暖花开的时候，蚕豆上市了。小班幼儿可能吃过小豌豆，但却未必知道它们是怎样来的，叫什么名字。有一天，幼儿园的点心是小豌豆。兵兵问："这是什么？"盼盼说："这东西好吃吗？"在教师的带领下，幼儿们吃得津津有味。又一天，贝贝带来一个用

图 4-5　幼儿与妈妈拼搭小孔雀

蚕豆做的玩具，是一只孔雀，大豆豆是孔雀的身子，小豆豆是孔雀的头，火柴是孔雀的翅膀和脚。幼儿都争着玩，抢着要，一会儿就把孔雀弄坏了。贝贝心疼得哭了！老师答应帮她再做一个。在蚕豆飘香的时候，何不组织一次亲子活动，让幼儿在与家长共同活动的过程中，关注身边常见的食物，获得辨别这两种豆的经验，学习用牙签、火柴插、接、折豆豆，发挥想象力，拼搭出许多不同造型，发展思维能力。于是，在"美丽春天"主题中就有了"豆豆世界"的亲子思维游戏。在活动设计过程中，我们考虑幼儿年龄特点，从"有趣味"着手，让幼儿和家长都能快乐参与其中。

图 4-6 家长与幼儿做的豆豆制品

二、游戏目标

1. 在与家长共同制作的过程中培养关注蚕豆、豌豆特征的兴趣。

2. 利用牙签、火柴插、接、折的功能，提高动手能力和思维能力。

三、游戏准备

蚕豆、豌豆、牙签、双面胶、大小框等。

四、游戏玩法

"今天豆宝宝来找我们做游戏啦。先做第一个游戏，请你们把它请出来，谁知道大豆豆的家在哪里？小豆豆的家在哪里？家长协助幼儿把蚕豆请到大框里，豌豆请到小框里，比一比豆的大小。家长和幼儿开始剥豆豆（放音乐背景），剥好给豆豆排一排队。现在我们要做第二个游戏。请你们和爸爸妈妈一起把它们变成一个好玩的玩具。"幼儿和家长一起制作豆类玩具（如家长引导幼儿用牙签、火柴将两粒蚕豆连接做蚕豆人的头和身体，然后将牙签、火柴折成几段插成蚕豆人的四肢），鼓励幼儿发挥想象力和创造力，做出不同的豆豆制品。"小朋友你们和爸爸妈妈真棒，把豆宝宝变成了这么好玩的玩具，它们一定很开心。"

爸爸妈妈把豆豆作为奖励，请家长与幼儿尝尝它们的味道，并说明豆豆的营养,鼓励幼儿多吃豆制品。

五、活动延伸

1. 作品用镜框裱好,放在走廊的墙上进行展览。

2. 将豆豆投放到区域中去,增加剥豆豆、拼搭的活动,锻炼幼儿的动手能力,发展幼儿的思维能力。

六、游戏点评

整个游戏通过"剥一剥""比一比""排一排""变一变"引导幼儿观察豆子的形状、大小并进行排序活动,幼儿感受到活动的趣味性,多变的结果充满了挑战性。尤其"变一变"是活动在亮点,幼儿在家长的帮助下顺利拼搭出不同形状的作品,体会成功的快乐,用小豌豆和蚕豆拼搭是活动的一个亮点,家长和幼儿展开想象,拼出形象各异的作品,创造性出乎教师的意料,游乐场、小金鱼、果树、小公鸡等。在活动中,家长自始至终配合教师关注幼儿,幼儿自始至终投入活动,活动促进幼儿各种能力的发展,当幼儿充分运用已有经验完成任务后,满足感和喜悦之情溢于言表。活动提供的材料是幼儿平时生活中经常看到的或用到的,幼儿并不陌生;活动充分发挥幼儿的自主性,让幼儿运用多种方法进行探索性操作,具有一定的挑战性;活动本身具有多变性,符合幼儿的心理特点。思维活动一定要坚持开放性原则,让幼儿充分感知和操作;活动的题材必须来源于生活,既要再现幼儿的生活经验,又要有所提升,以发展幼儿的创造思维能力。

(四)游戏方式情感化

游戏能促进幼儿美感和美的创造力的发展,游戏是一种创造性的反映活动。在游戏中,幼儿反映着自然界和社会生活中美好的事物,以及艺术作品中的美好形象,使用着艺术语言,从事着音乐和美术的活动,这些都是培养幼儿美感的活动;在游戏中,幼儿还时常依据自己的意愿去美化游戏的环境,并用语言、动作、歌舞等方式去表现美,创造美,这都有助于幼儿审美能力和美的创造力的发展。

◆ 案例 4-16   中班思维游戏"小小的绘本 大大的世界"

一、设计意图

亲子阅读,又称"亲子共读",就是以书为媒,以阅读为纽带,让孩子和家长共同分享多种形式的阅读过程。通过共读,父母与孩子共同学习,一同成长;通过共读,为父母创造与孩子沟通的机会,分享读书的感动和乐趣;通过共读,可以带给孩子欢喜、智慧、希望、勇气、热情和信心。

二、游戏目标

1. 培养良好的阅读习惯。
2. 提高倾听能力、理解能力,丰富词汇量。

三、材料准备

绘本书籍。

四、游戏玩法

1. 教师做了关于亲子阅读的调查,几乎所有的家长有亲子共读的习惯,每天都会抽空给孩子讲述故事。但是有的家长提出了疑问:虽然每天坚持和孩子共读,但是孩子的兴趣并不高,注意力分散,并未达到预期的亲子阅读的成效。教师又展开了调查,调查家长是如何给孩子进行共读的?家长反馈是,就是把故事从头到尾讲一遍。原来如此,教师找到了原因。

2. 家长会上,教师邀请了一名幼儿和教师进行了一次亲子阅读的示范。幼儿坐在教师身边:"老师,给我讲故事吧!"顺势把手里的故事书递给教师。于是,故事时间开始了,教师选了故事《黑猫警长》一边讲,一边引导幼儿:"宝宝,你猜,黑猫警长有没有听到小动物的叫喊?""你看,老鼠的耳朵怎么了?""黑猫警长能干吗?小动物的表情什么样的?""我们一起来学一学他们的表情吧!"通过这个情境,家长们恍然大悟,原来小小的绘本里有那么多的奥秘,和孩子共读有很多方式,而不是单一的讲故事。

五、游戏的拓展及调整

1. 提前备课。给孩子读书之前,父母先用心读一读,感受文图带来的乐趣,这样才可能把阅读的乐趣带给孩子。父母甚至可以预演一下,怎么读才更有意思。父母应该认识到,给孩子读书不是一件能够马虎应付的事情,需要认真对待。

2. 固定阅读时间。安排固定的时间和孩子一起进入美妙的阅读时光,并尝试使之成为习惯。不必强求每次阅读的时间长短,专注而热情地读 10 分钟绘本也能在孩子脑海里留下深刻印象。

3. 声情并茂地朗读。为孩子朗读时,语速不要太快,最好改变自己的声调来扮演角色,表情要尽量夸张。在关键时刻,压低声音,慢下来,可以让孩子全神贯注。

4. 可以边玩边读。对于小一点的孩子或是坐不住的孩子,父母完全可以让孩子一边玩,一边为他们朗读。也可以让孩子翻着玩,必要时指点一二。刚开始阅读时,没必要按次序一页一页地读,甚至没必要看完整本书。书对于小一点的孩子只是玩具,父母要做的是帮助孩子发现书的乐趣。

六、游戏小结

亲子阅读是亲与子共同参与的阅读活动,是个双边活动,要相互交流。亲子阅读不只是家长给孩子讲故事,也可要求孩子给家长讲故事,只有双向互动,才是亲子阅读。孩子在欣赏阅读活动的时候,不止需要听的感受,更需要动作和各种感官的需要,所以家长在陪伴孩子阅读的时候,要注意和孩子的互动。另外,亲子阅读并不局限于绘本,内容其实很丰富,包括童话故事、寓言故事、神话故事、道德故事、唐诗、儿歌、谜语、绕口令、童谣、科普知识等,这些幼儿读物都是孩子的精神食粮,不可忽视,不能偏废。

(五)游戏效果长期化

有训练目标、有针对性的思维游戏,能够在关键期培养幼儿一生受益的重要能力。每个思维游戏都有专门的训练目标。如图形类思维游戏可以分为语义、图形、符号三大类别,可根据不同的智力因子有效地刺激、训练、培养幼儿不同方面的能力。思维游戏之间各有侧重又彼此联系,它们的效果具有一定的持久性。

◆ 案例 4-17　　　　小班思维游戏"有趣的食品娃娃"

一、游戏目的

1. 在拼摆图形中巩固对三角形、圆形和正方形的认识,发展对图形的感知能力。

2. 能将三种形状的食品进行组合变化，做成有趣的食品娃娃，培养创造性思维。

3. 愿意大胆地动手制作，体验制作的成功与快乐。

二、游戏准备

1. 食品：正方形切片面包，圆形、三角形饼干，彩虹糖、软糖，果酱。

2. 辅助材料：一次性纸盘、调羹、餐巾纸。

3. 绒毛玩偶小熊。

三、游戏方法

（一）小熊伤心了

小熊肚子好饿，它到处找蜂蜜吃，可是就是找不到，它好伤心啊！宝宝和妈妈一起来做一些有趣的食品娃娃逗小熊开心，让它不要再伤心了，好吗？

（二）做个有趣的食品娃娃

1. 认识各种食品的名称及形状

看看，今天我们给小熊做小点心要用到哪些材料？它们都是什么形状的？（切片面包是正方形的，牛奶饼干是圆形的，彩虹糖是圆形的，软糖是三角形的……）

2. 妈妈做个有趣的食品娃娃

在纸盘里放一片切片面包做食品娃娃的脸，然后用调羹蘸果浆涂在彩虹糖上做成娃娃的眼睛，再选一颗月牙形的软糖涂上果浆做成娃娃的嘴巴，这样一个笑嘻嘻的食品娃娃就做好了。

3. 幼儿自主制作食品娃娃，妈妈做适当帮助

幼儿在制作时，妈妈针对幼儿选择的食品形状可以适当提问。

（三）食品娃娃送给你

幼儿将食品娃娃送给小熊，妈妈引导幼儿介绍食品娃娃，再次巩固对图形的认识。

三、家庭生活中幼儿思维游戏的实施策略

亲子游戏是亲子交往的一种重要方式，为亲子间沟通架起了桥梁，它既是

家庭氛围的良好的"润滑剂",也是促进幼儿健康成长的重要教育资源。在家庭生活中,家长可以通过以下策略来开展亲子思维游戏。帮助家长对亲子游戏进行科学指导,改善亲子关系,提高亲子教育和家园共育的质量。

(一)沟通与互动

幼儿是用自己的耳朵"阅读",家长每天应当安排一个固定的时间与孩子交流沟通,不仅增进亲子关系,还可以培养幼儿良好的思考习惯。在沟通中发展幼儿的表述及逻辑能力。可以准备一副棋和一个棋盘,妈妈和孩子围着棋盘坐下。妈妈让孩子决定要哪种颜色的棋,孩子决定好后,妈妈和孩子拿好各自的棋子。妈妈说:"开始!"孩子和妈妈将自己的棋子排列到棋盘上,直到妈妈喊"停"为止,然后让孩子比较谁排的棋子多,谁排的少,游戏可反复进行。当游戏结束时,将棋子一个一个收回盒子里。比如,放一个,说:"1个。"再放一个,再说"1个"。这样可使幼儿理解数字1。当然,家长应根据孩子排的多少来决定自己排的多少。比如,孩子排5个,妈妈可排10个左右。妈妈也可比孩子排得少,激发孩子的游戏兴趣。

(二)启发思考,假设想象

与孩子一起亲子阅读并不是只为了读书,而是为了发展幼儿的思维。在引导幼儿阅读的过程中家长要创设各种情境,启发幼儿思考,拓展幼儿的思维空间。多听故事,就是通过语言的描述使幼儿在头脑中进行再造想象。因此,父母在家要抽空多给幼儿讲故事。

童话故事适合幼儿想象的特点,经常听童话故事的幼儿其想象能力比不听、少听童话故事的幼儿要丰富得多。同时,还要启发幼儿自己多讲故事。开始可以复述故事,家长讲完后,让幼儿马上复述。幼儿可能在复述中有添枝加叶的地方,只要主题大意不变,家长就应该鼓励。千万不要泼冷水,以免挫伤幼儿想象的积极性。

渐渐自编故事,这对发展幼儿的创造想象是有益的。鼓励幼儿编故事、讲故事。幼儿喜欢编故事、讲故事,有时讲给小朋友听,有时讲给爸爸妈妈听,有时还会自言自语。这是锻炼表达能力的好方法,也是发展想象力的好机会。家长要积极鼓励幼儿,不要冷言冷语,更不能随便阻止。家长可以引导幼儿按照某个主题去编去讲,适时地给予赞扬,指出不足。

（三）抓住每一个契机

幼儿与家长在一起的时间很长，很多小事件都是培养幼儿思维的契机，不要错过。夏天到了，家里给幼儿准备凉凉的冰饮就是一个契机。在准备冰块时，可以先让幼儿摸一摸冰块，感受一下冰凉，让幼儿记住冰是凉的。把冰块放进不透明的杯子，倒进热水，盖上杯子。过几分钟，让幼儿打开杯盖，看看杯子里的冰块：是不是变小了，还是不见了。让幼儿想一想：冰块到哪里去了。然后，再取一块冰块放进透明玻璃杯，倒进热水，让幼儿仔细观察冰块慢慢变小直至消失的过程。并告诉他这种现象叫"融化"，冰遇到热水就会融化，变成水，使幼儿能更好地观察清楚冰融化的过程，并感觉到杯子里的水在增加。

还可以量一量。给幼儿一把尺，教幼儿认识尺寸，并让他去量一些物体，如枕头、小板凳等。也可以用尺或一定长度的绳子来测量身高或桌子、床等物品的长度。

第五章 基于幼儿经验的思维游戏

思维是智力的核心，是考察一个人智力高低的主要标志。恩格斯把思维誉为"地球上最美丽的花朵"，人的一切创造性活动都与思维有关。鉴于目前的研究现状和幼儿思维能力培养的重要性，幼儿园设计了基于幼儿经验的思维游戏，从而为幼儿今后的思维能力发展奠定坚实的基础。幼儿在自己的生活中，通过各种方式，不断积累着自己的经验，这种经验帮助他们对事物进行观察、判断、推理，形成自己的看法。这一过程，实际就是幼儿的思维发展过程。通过游戏，帮助幼儿学会观察的角度、进行判断的方式，从而促进幼儿思维的发展，这也正是开展基于幼儿经验的思维游戏的目的所在。本章主要就基于幼儿经验的思维游戏的设计和实施进行阐述。

第一节 基于幼儿经验的思维游戏的设计

张雪门认为,经验不是特殊的东西,经验是和环境相接触而来的。要明白幼儿的经验须从幼儿的环境估量入手。幼儿所处的环境,除了家,就是幼儿园,此外还有附近的街道。幼儿在这三种环境中,每天从早到晚,凡耳所听,目所见,手所触,鼻所嗅的都是经验。这些经验若分析起来,不外乎社会和自然。课程须和幼儿的生活相联系;是有目的、有计划的活动;事前应有准备,应估量环境,应有相当的组织,且须有远大的目标;各种动作和材料,全须适合幼儿的经验能力和兴趣;动作中须使幼儿有自由发展创作的机会;各种知识、技能、兴趣、习惯等全由幼儿的经验中获得。幼儿的经验与成人不同,他们没有系统的知识体系,所以不会跌入既成经验的陷阱,滑入既成思维的轨道,而能够使思维在无拘无束的自由想象中产生独特的指向,获取独特的发现。因此,基于幼儿经验的思维游戏设计,必须遵从幼儿的经验特点。

基于幼儿经验的课程设计须优先考虑两点。第一,创设的环境须最接近每一个幼儿的环境;第二,切合我国的国情及时代的需要。不但定课程应如是,即使选一种游戏或唱歌教材也应如是,甚至于准备一种工具或教具也应如是。经验可分为直接经验和间接经验,直接经验是幼儿最重要的经验,间接经验一定要有直接经验做根基才能吸收,间接经验才能成为自己的经验,才能支配这种经验。以下分别介绍基于两种经验的思维游戏的设计。

一、基于幼儿直接经验的思维游戏的设计

(一)直接经验的一般定义

直接经验的获得,既不是通过言语,更不是通过书本,而是通过动作。直接经验是指亲身参加变革现实的实践而获得的知识。直接经验由于是亲身经历的,会在大脑中形成具体生动的表象。当感官受到外界刺激把信号传入大脑

时，储存在大脑的直接经验不经过思维过程而是直接通过直觉作出判断，并迅速作出反应。直觉的判断能力取决于直接经验的积累。直接经验越丰富，直觉的判断能力就越强，应变能力也就越强。

（二）幼儿获得直接经验的重要性

幼儿最初的思维是以直观行动思维为主。直观行动思维是指基于直接经验的，以直观的、行动的方式进行的思维。直观行动思维的主要特征为：

1. 依赖于一定的情境

2~3岁的幼儿直观行动思维表现非常突出，3~4岁幼儿身上也常有表现。这种思维更多依赖一定的具体情境，依赖于对具体事物的感知和对动作的概括。处于这种思维水平的幼儿离开了实物就不能解决问题，离开了玩具就不会游戏。例如，当手里有一个娃娃时，幼儿就会想起抱娃娃并玩娃娃家游戏，当娃娃被拿走以后，游戏也就结束了。

2. 离不开幼儿自身的行动

2~3岁幼儿的思维只能在动作中进行，常表现为先做后想，边做边想，动作一旦停止，他们的思维活动也就结束。如正在画一条线，幼儿说是虫子，可是所画的线一弯曲，他就又说画的是香肠。这个阶段思维的特点之一，就是行动没有事先的计划和预定的目的，也不会预见行动的后果。3~6、7岁幼儿的思维，以具体形象思维为主，所谓具体形象思维是指依靠事物在头脑中的具体形象进行的思维，即依靠具体事物的表象以及对具体形象的联想而进行的思维。例如，这个阶段的幼儿在开展游戏活动、扮演各种角色、遵守规则等活动时，主要是依靠他们头脑中有关角色、规则和行为方式的表象。思维的具体形象性是在直观行动性的基础上形成和发展起来的。具体形象思维是幼儿思维的典型方式。6、7岁以后，幼儿的思维开始进入逻辑思维阶段。抽象逻辑思维反映事物的本质特征，是指运用概念、根据事物的逻辑关系来进行的思维。它是靠语言进行的思维，是人类所特有的思维。幼儿阶段只有抽象逻辑思维的萌芽。幼儿思维发展的趋势是由直观行动思维发展到具体形象思维，最后发展到抽象逻辑思维。

（三）思维游戏有助于幼儿直接经验的获得

在指导幼儿思维活动中，我们发现幼儿的直接经验、知识的积累与幼儿的思维发展是密不可分的。例如："生活中的秘密"中关于"容纳与被容纳"活动要求幼儿找到具有这两种关系的物体。首先幼儿要先理解这种关系，而生活中幼儿经常接触到的，具有这两种关系的物体是很多的。所以教师利用谈话的形式，先引起幼儿的回忆再类比出其他具有"容纳与被容纳"关系的物体。如教师引导："我有一个铅笔盒，里面可以装什么？"幼儿回答："铅笔、橡皮。"教师继续引导："那么，铅笔盒可以装在哪里？"幼儿说："装在书包里。"在他们了解了"容纳与被容纳"的关系后，再让他们找一找还有哪些东西是这种关系，这时幼儿的思维开始活跃起来，他们找到了很多这种关系的物体。如钱放在钱包里，玩具放在玩具盒里，衣服放在衣柜里等。这些都是他们在生活中见过或经历过的，所以对这种关系理解起来比较容易，正是由于这些生活直接经验在头脑中产生了大量的表象，幼儿根据这些表象的联系去思考，从而促进了幼儿直接经验的获得。

1. 在思维游戏中激发唤醒直接经验

孔子曾说过："知之者不如好之者，好之者不如乐之者。"激发幼儿活动的兴趣，把思维游戏建立在他们直接经验的基础上，这是促进幼儿主动思维的关键。幼儿思维游戏是以美国心理学家吉尔福特的"智力结构理论"为核心理论基础，同时吸收皮亚杰的建构主义儿童教育思想，围绕促进幼儿基础思维能力发展为目标，以操作性探索游戏活动为基本形式的结构化的课程方案。如小班幼儿在思维课程"动物王国"的"欣赏小动物的照片"的游戏情境中，将分割成不同部分的动物照片重新拼合完整。幼儿在拼拼、摆摆、玩玩、找找的过程中进行观察、判断、探索，了解图形的不同特征，理解部分与整体之间的关系，提高细致观察能力、判断能力和解决图形问题的能力。虽然拼图不大，但对他们来说，拼出正确的画面是不容易的。幼儿在拼的时候很认真，几乎没有说话。幼儿们在等待着完整画面的出现，没多长时间，拼图终于完成了，幼儿们都高兴地拍起了手，然后你一言我一语地讨论起了拼图技巧。幼儿在拼图过程中，认真地思考，小心地操作，最后很有经验地讲述操作的方法。在这个活动中，幼儿思维能力、发散思维、动手操作能力、语言表达能力都得到了锻炼和提高。对小班幼儿来说，单纯的思维训练可能是枯燥无味的，但在拼拼摆摆的过程中，每个幼儿都获得了主动学习和发展的机会，让幼儿在同伴的相互促进中进行学习。

2. 在思维游戏中创设认知冲突

试错是主观上无预定目的和行动计划的行为。幼儿早期已经出现尝试行为，并具有独立性、动手性、反复性等特点，幼儿能够在尝试中学会学习。思维游戏遵循放任性、引导性等原则，鼓励幼儿大胆尝试，教师在游戏中为幼儿提供适合的材料和环境，创造自由的空间，让幼儿大胆尝试；不打断活动中的幼儿，鼓励幼儿大胆的动手操作，给予正确引导；为幼儿营造一个自由和谐、愉快的、向上的思维游戏环境，鼓励幼儿真正成为游戏创新的主人。教师在微笑、点头、鼓励和赞美中给幼儿的思维松绑，通过点拨、引导、支持，帮助幼儿获得思维与创新的信息和途径。同时教师鼓励幼儿"敢做、敢想、敢说"，启发他们自己去发现问题、提出问题、解决问题，以促进幼儿积极思维。对于幼儿集体产生兴趣的问题，教师可以采取小组讨论，使幼儿与幼儿之间的思维互相激荡，发生连锁反应，更大程度地发挥生生互动、师生互动的效应。另外，教师应引导幼儿在自己的知识经验范围内，摆脱感知形象的束缚，让幼儿能较全面地考察问题，并抓住其本质，做到幼儿能想的尽量让他们想，幼儿能观察地尽量让他们看，幼儿能提出的问题尽量让他们提，幼儿能独立解决的尽量让他们尝试解决，多创设提问、发言的情境，多给幼儿发表意见的空间，引导他们自己提出问题，解决问题，在试错中形成新经验。

3. 在思维游戏中操作形成新的直接经验

幼儿的学习离不开各种感官，只有在感知觉发展的基础上，才能让幼儿对数的认知能力得到充分发展。幼儿通常会在看到有趣的东西以后才想去摸，去动，去学。故我们设计了一系列有趣的玩具，让幼儿在看、听、动、玩中学数学。如我们借鉴了液体瓶教具，液体瓶是形状、大小一致的透明瓶子，我们在这些瓶子中装入高低不同的有色液体，幼儿一开始便被那些色彩艳丽的颜色所吸引，理所当然地就想去玩，所以，我们在推出这个玩具时，并不急于告诉幼儿怎么玩，而是让他们在摆摆弄弄中发现液体的不同，通过视觉来让幼儿辨别高低、多少，形成一定量的概念；在操作"八音盒"中，我们在自制的圆筒中放入数量不等的沙石，幼儿自己摇，自己听，很快便知道重的东西数量多，声音响，而轻的东西数量少，声音轻，为了提高幼儿的听觉及对量的感觉，我们增加了听的难度，在圆筒中装入了不同数量的不同物体，如沙石、米粒、钱币等，这不仅可以提高幼儿对数量的认识，也增长了幼儿一定的日常知识；在"几何图形拼板"活动中，幼儿可以根据自己的喜好选择样板拼搭，在拼拼放放中，体验圆形的光滑，三角形的三个角，长方形的长和宽等；在"计算老鼠"活动中，幼儿用回形针在数字板上边数边插，既能认、数、摆，又能锻炼幼儿小肌肉的发育。这些操作性的玩具，不仅提高了幼儿的各种感知觉，也相应地提高了幼儿对思维游戏的兴趣及认识，同时又在活动中发展了幼儿的新经验——相同的玩具，幼儿玩出了不同的玩法。

（四）基于幼儿直接经验的思维游戏的设计要求

1. 符合幼儿思维发展的阶段性特点

3～6岁幼儿随着脑结构的不断成熟及生活、教育环境的改变，思维在发生着日新月异的变化。如3岁幼儿认为猫戴上了狗的面具后就变成了狗，而6岁幼儿则坚信猫还是猫，身份不会因为所带的面具而改变。所以，根据幼儿思维的特点，思维游戏以发展幼儿认知、记忆评价、聚敛和发散为目标，活动内容围绕目标来设计和实施，充分考虑幼儿思维发展的阶段性特点。

2. 关注幼儿兴趣，贴近幼儿的生活经验

根据幼儿的生活环境和实际需要，充分利用和扩展幼儿现实生活经验，选择贴近幼儿生活和经验的游戏，帮助幼儿加深理解和体验。幼儿的游戏就是学习，当他们沉浸在游戏中时，不只是在玩，更是在主动地、直接地吸收周围世界的知识并建构认知的经验，锻炼着大脑和思维。

◆ 案例5-1　　　　　　大班思维游戏"漂亮石头"

一、设计意图

石头在日常生活中随处可见，山上、河边、田野、小路等都可以看见它们的影子，这些不起眼的大小不一的石头，都能激起幼儿极大的兴趣："咦，这石头怎么有花纹？""石头哪里来的？""石头可以用来做什么？"顺着幼儿的兴趣，"漂亮石头"区域活动应运而生，让幼儿在把玩石头中体会石头的更多用处，创作出更多的石头造型。

二、游戏目标

1. 能按石头的大小颜色进行分类。

2. 拓展思维，观察记录"石头的生长"。

三、材料准备

用积木或纸箱搭成的展台，塑料花盆、颜料、毛笔、大小不同的石头。

四、游戏玩法

1. 给石头分类。将石头按大小、颜色、形状等特点进行分类，放在展台上。

2. 装饰石头。用石头相互刻画，用小石头拼图，用颜料在大石头上画画，展开想象空间。

3. 石头会生长吗？将石头"种"在花盆里，观察、记录。

五、游戏效果

幼儿游戏的材料应来源于生活，贴近幼儿的生活，其实只要是幼儿在生活中经常会看见、经常在接触或使用的任何一种材料、物品，都能够成为游戏材料，幼儿对这个区域游戏非常有兴趣，他们还了解了石头是会变化的，如大石头裂成小石头等，游戏逐步打开幼儿的想象空间，扩展思维，通过宽松自由的活动形式，满足幼儿玩的兴趣，让他们在尝试中感受动手的快乐，以及体验成功后的满足。

3. 游戏体现形象性、情境性和活动性

游戏设计一方面应根据教材内容，把握思维游戏本身的基本内涵，给幼儿提供的思维情境应明确具体、重点突出，避免宽泛复杂、空洞抽象。另一方面，要考虑幼儿认知特点、经验、兴趣，兼顾群体特点及个体差异，恰当地设置思维情境，指出内容上的形象性、活动性，帮助幼儿获取和领会有关信息并积极参与到游戏中。例如小班幼儿学习计数时，应先从实物中感知数量，通过取放、搭建、描画、拓印等方式感受一个一个的含义。

◆ 案例 5-2　　　　　小班思维游戏"捉迷藏"

一、设计意图

小班幼儿对周围世界充满浓厚的兴趣，对新鲜事物具有强烈的好奇心。他们年龄较小，注意力不集中、观察力较弱；更喜爱生动形象、色彩鲜艳的事物。小班的幼儿喜欢毛绒玩具，更喜欢玩捉迷藏的游戏。根据幼儿的兴趣和思维发展的特点，设计思维游戏活动"捉迷藏"。

二、游戏目标

1. 提高观察兴趣，能在教师引导下有目的地观察哪个娃娃不见了。
2. 锻炼记忆力、观察力，并学习用连贯的语句回答。

三、游戏准备

不同毛绒玩具8个、花布。

四、游戏过程

1. 依次出示毛绒玩具，让幼儿认识并知道其名称。

2. 捉迷藏

（1）交代游戏规则：将玩具摆放在桌上，用花布盖好。拿走一个玩具，让幼儿说说哪个玩具不见了。鼓励幼儿用完整语句说：××不见了。

（2）根据幼儿的能力，可以逐渐增加难度，一次拿掉两、三个玩具。

3. 经验分享

请能力强的幼儿说说自己是如何记忆，并发现哪个玩具不见了。

4. 以游戏材料为中介，重视幼儿的操作活动

适合幼儿阶段最好的活动形式就是游戏。采用以丰富的操作材料为中介的游戏活动，在游戏内容的选取上也与幼儿的生活和兴趣密切相关，让幼儿通过他们喜爱的游戏活动，动手操作游戏材料，主动建构自己的经验，形成自己的认知结构和思维系统。

◆ **案例 5-3**　　　　*小班思维游戏"小熊的新家"*

一、主题类型

图形类别发散。

二、学习内容

灵活认识空间概念。

三、游戏重点

认识三种图形，学会说正确的图形名称，能够区分三种图形。

四、游戏难点

从实物图片中抽象出具体图形，并根据图形进行分类。

五、游戏方法

1. 以故事形式引出三只熊，教师用熊的颜色（白、黑、棕）来介绍三只熊的名字，让幼儿记住三只熊。

2. 用熊喜欢的食物来引出图形，并介绍图形的准确名称。

白熊：我喜欢吃饼干，因为饼干是方形的，所以我喜欢方形。

黑熊：我喜欢吃冰棍儿，因为冰棍儿是三角形的，所以我喜欢三角形。

棕熊：我喜欢吃蛋糕，因为蛋糕是圆形的，所以我喜欢圆形。

引导幼儿在看、玩中从实物图片中抽象出具体图形，并根据图形进行分类。

3. 教师边讲边展示对应的卡片，请幼儿找出相应的卡片，将找出的卡片拿在手里并举高，以便教师检查幼儿是否找对。

4. 尝试在实物卡里找出实物包含的多种图形，并进行分类。若幼儿出现不同分法，听幼儿的意见，若有理，可认为幼儿是对的。

六、游戏点评

游戏的导入活动、分房子及为小熊送物品等环节，都在逐步强化幼儿对图形的认识；当问某个物品"还能送给谁，为什么"及"帮某小熊把礼物送给其他礼物少的小熊"这个环节时，幼儿很快从物品细节中迅速找出有其他小熊喜欢的图形，并送给它，通过这个简单的游戏，让幼儿学会了用"从观察物体的大致轮廓到观察物体的细微部分"的方法来观察同一种物品。最后，幼儿说明送礼物原因这一环节虽不起眼，却起到了比较重要的作用，它不仅锻炼了幼儿的语言表达能力，还让幼儿在游戏中学会了"总结"，并尝试使用"因为……所以……"这样的连词来表达自己的想法。游戏中，每个幼儿的思维方式不同，对同一种物品的细微部分有不同的构想，也有不同的分配方法，这样的思维方式是幼儿的财富。

5. 具有一定的挑战性，激发幼儿的好奇心和探究欲

思维最重要的是解决问题和创造性思考。培养有规则的信息结构即思维方法很重要，它能促进解决问题所需的观察、组织、转变和推断能力的发展，这样我们的知识才能突破那些当时已知的事物。吉尔福特认为创造力有四个决定因素：思维的流畅性、变通性、独创性和精进性，这些因素在智力结构模式中都有相对应的智力因子，发散思维能力与思维的创造性密切相关。同时，他分析了影响思维创造性的诸多因素：环境、动力、信息贮存、灵活性、群体思想、批评以及态度和情绪。其中特别肯定了由直接经验引发幼儿的好奇心、兴趣、创新和合作学习的重要性。

◆ 案例 5-4　　　　　大班思维游戏"小猎人"

一、设计意图

大班幼儿的心理特点是有意注意、有意识记忆增强，具有一定的语言表达能力和初步的逻辑思维能力。由此，在开展大班思维游戏时，重点在于培养幼儿的各种能力和增加知识的广度，丰富幼儿的知识经验，培养幼儿动手操作的能力和区别物体间的异同的能力，发展幼儿的创造能力、运用词语造句的能力和团队合作意识。

二、游戏目标

1. 能按照脚印的形状、数字、方向，判断动物的行踪，寻找动物隐藏的地点。

2. 提高观察、判断、推理能力。

三、游戏准备

几种小动物图片（狮、虎、豹、牛、马、鸭、鹅等），每种动物相应的脚印若干，在脚印上依次编号。将各种脚印藏在院中各处，只露出数字部分，前一个脚印要对准下一个脚印的方向，在最后一个脚印附近藏该种动物的图片。

四、游戏玩法

1. 提出任务，激发幼儿打猎的兴趣。到森林里打猎，每组要抓到一种动物，比一比哪组猎人本领大。

（1）每组只找一种动物，动物与脚印要相符。

（2）必须依次找脚印，不能颠倒遗漏。

（3）要根据脚印的方向寻找下一个脚印。

（4）如找到其他动物的脚印，要在原处藏好。

（5）谁抓到了动物，马上到老师处报告。

2. 教师观察幼儿活动，检查幼儿遵守规则情况，指导幼儿追踪猎物。

3. 反复游戏，每次玩此游戏可以随意更换动物脚印和动物图片。

二、基于幼儿间接经验的思维游戏的设计

（一）间接经验的一般定义

间接经验是指从书本或别人那里得来的知识。间接经验由于不是亲身经历的，在大脑中不会形成具体生动的表象，只是一些抽象的概念而已。当感官受到外界刺激把信号传入大脑时，储存在大脑的间接经验必须经过思维的推理过程才能作出判断，然后再作出反应。通过思维所作出的反应是比较迟缓的。

（二）幼儿获得间接经验的必要性

师幼互动、亲子互动和幼儿间合作学习等多种方式，使幼儿可以通过与教师、家长和同伴三种方式的互动，建构更为丰富和深刻的经验，更有效地发挥游戏活动的教育作用。课程实施过程中，幼儿始终是积极的探索者，他们通过与材料的主动作用进行试误式探索，从而获得经验，建构自己独特的思维系统。

（三）思维游戏有助于幼儿间接经验的获得

1. 符合幼儿年龄特点的思维游戏为幼儿间接经验的获得提供了保障

在课程内容的选择和结构安排上考虑幼儿思维发展的阶段性特点，关注幼儿兴趣，贴近幼儿生活和经验，课程内容具有形象性、情境性和活动性，使幼儿通过以游戏材料为中介的操作活动，在愉快的游戏中逐步建构自己的经验；游戏所制造的挑战性激发了幼儿的好奇心和探索欲望，使幼儿通过克服困难体验成功的快乐，在游戏中获得间接经验。

2. 思维游戏中的教师指导、同伴间互动成为幼儿间接经验获得的另一种途径

教师在课程实施中需要扮演观察者、引导者、启发者和支持者的角色，敏锐地察觉幼儿的能力结构的个体差异和兴趣，为他们自主探索活动提供适宜的支架；教师还要不断地创造认知冲突，支持和促进幼儿学会思考，而不是代替思考；同时教师还要以幼儿的兴趣、需要和思维发展水平为基础不断调整和改变自己的教学方式，采取灵活的教学策略，鼓励和支持幼儿运用多种方式表达自己的想法并进行创造性的思维。

除此之外，在课程实施中还要注意通过幼儿之间的相互学习、模仿、交流

和观点冲突,激发和扩展他们积极的思维活动,教师应帮助幼儿形成"学习共同体",促进幼儿之间的经验分享、合作和交流。

◆ 案例 5-5　　　　中班思维游戏"快递员送货忙"

一、游戏目标

1. 学习用好方法和最近的路线送货。
2. 体验解决问题、获得成功的喜悦感。

二、游戏准备

1. 大地图一幅,中地图四幅,快件三份。
2. 小地图、画笔每人一份。

三、游戏过程

(一)招聘快递员

今天,万家快递公司开张了,而且要招聘快递员,条件是:要会看地图、找路线,送货要又对又快。你们想当快递员吗?那就来试试吧!

(二)快递员大考验

1. 找近路。(送一份快件)

(1)根据快件图片上的提示,找到地图中目的地的位置。

(2)从快递公司出发到目的地,可以怎么走?(学习用先走几号路,再走几号路的方法来陈述)

(3)如果你是快递员,你会选择哪条路线?为什么?

(4)教师小结:聪明的快递员都知道,路线越近,送得越快。

2. 寻找好方法。(第一次尝试送两份快件)

(1)交代要求:快递公司的生意越来越好了,这有两份快件,请你看清楚目的地,到桌子上去找一张地图,先想一想送快件的路线,再用笔画出来。最后在地图上写上自己的学号。

(2)幼儿操作,教师观察整体情况,个别指导。

(3)第一次反馈。

① 请幼儿介绍自己送快件的路线。

② 教师在中地图上复制幼儿的路线。用快递员指偶送快件的方式,直观

形象地显示出分两次送快件,要走回头路重新到快递公司拿快件,费时间,送货慢。

③ 你有什么好办法不浪费时间呢?

④ 小结:聪明的快递员都知道,从快递公司一次拿上两份快件一起送,这样又快又方便。

⑤ 那么两份快件一起送,应该怎么走呢?

请个别幼儿说说自己的想法,教师在中地图上记录,比较谁的路线更短。

⑥ 小结:当快递员要送两份快件时,怎么送更快些呢?两份快件一起送。找怎样的路?经过两个地方,最近的路。

■ 图 5-1 教师结合幼儿生活经验——收发快件,请幼儿找送快件的路线

3. 用好方法和最近的路线送快件。(第二次尝试送两份快件)

(1) 交代要求:刚才很多小朋友都没用上好方法,没关系,快递公司生意好,又有两份快件让我们送。是送到哪里的呢?想不想试一试?待会儿请你擦掉刚才画的路线,再来动动脑筋画一画。这次你要用上什么好方法?(两个快件一起送。)对了,请你先找到目的地,再想一想两个快件一起送,应该选怎样的路线呢?(经过两个地方,最近的路。)对了,最后用笔画出来。

(2) 幼儿操作,教师观察整体情况,个别指导。

(3) 第二次反馈

① 请个别幼儿分别介绍不同的路线，教师在中地图上复制。
② 请全体幼儿评价，是否用上了好方法。
③ 两两比较，两份快件一起送时哪条路更近些。
④ 对照最近路线的中地图，请选择同样路线的幼儿带上操作纸上前展示。
⑤ 教师宣布聘他们为万家快递员。并又有三份快件要他们送。
鼓励别的幼儿继续动脑筋再试一试，还有第二次招聘。

四、总结延伸

聪明的快递员做事的时候都会动脑筋，想想好方法，这样事情会做得又对又快。以后我们在做事情的时候，也要怎样呢？

五、游戏效果

图 5-2 幼儿正在自主操作，尝试送快件，找路线

在幼儿眼中，各行各业的劳动者都是了不起的，模仿劳动者的工作也是幼儿最喜欢的一种游戏。随着快递服务行业在人们生活中日渐盛行，幼儿能经常看见快递员上门服务。教师将"快递员"这个职业形象搬进幼儿园的课堂，设计了一堂游戏活动，旨在教育幼儿做事情要学会思考，运用方法，那么做事情就会又对又快。整个活动基于幼儿日常生活中对快递及快递员的经验认识，积极探索更丰富的活动情境性、游戏性的方法。

（四）基于幼儿间接经验的思维游戏的设计要求

1. 紧密结合教材、大纲设计思维游戏

经验既可以指幼儿与他人或事物相互作用的过程，也可以指由这个相互作用的过程获得的感悟、认识、能力和情感等，还伴随包括这个过程的思维、反思等；强调经验，意味着强调幼儿作为活动的主体，意味着强调幼儿在活动中的作用，意味着强调活动过程。在教育过程中应依据幼儿已有经验和学习的兴趣与特点，灵活、综合地组织和安排各方面的教育内容，使幼儿获得相对完整

的经验。教育活动内容的选择应既符合幼儿的兴趣和现有经验，又有助于形成符合教育目标的新经验；既贴近幼儿的生活，又有助于拓展幼儿的经验。

2. 以多样化的学习方式和教学方式使幼儿更好地达成游戏目标

《纲要》明确指出，以游戏为基本活动。众所周知，游戏对幼儿成长与发展具有特殊意义。游戏是幼儿获得身心和谐发展的必由之路，只有在宽松自由的环境中，幼儿才能以自己的方式学习。思维能力是人的一种高级认知能力，是在感觉、知觉、记忆等过程的基础上产生的，是智力的核心。思维敏捷的幼儿有较强的分析和解决问题的能力，能够快速作出正确的分析、判断。那么怎样才能在运动游戏中发展幼儿思维的灵敏性呢？因为小班幼儿注意力不集中，只有当幼儿对游戏产生兴趣时，幼儿才会主动参与活动，这就要求教师要创设良好的游戏氛围，在不同的情境中用不同的角色推动游戏，构建积极的师幼互动，把过去的教师教，幼儿模仿，变为教师引导幼儿主动思维，让幼儿乐于参与，大胆尝试。如在"帮小动物搬家"的游戏中，我们鼓励幼儿大胆尝试，想出各种不同的方法，越过障碍把物品搬到有一定距离的家中，引导幼儿通过实践想出和别人不同的方法，比比谁的方法更快更好，在有情境，有竞争的游戏中，将外部的要求转化为内部的动力，使幼儿由"要我学"变为"我要学"，自觉学习各种有效的方法，促进幼儿动作协调、灵敏、健康地发展。

◆ 案例 5-6   小班思维游戏"木马呱嗒嗒"

一、游戏目标

1. 会区分物体的大小和红、黄、蓝三种颜色。
2. 能听懂包含颜色和大小的两重语言指令，并按指令进行操作。
3. 有在小地毯上操作和注意倾听的习惯。

二、游戏流程

1. 观察比较大猫与小猫、大鱼与小鱼，并按指令给大（小）猫喂大（小）鱼。
2. 按颜色、大小两重特征取木马卡片。

三、游戏过程摘录

1. 进入活动场地，走地毯间的间隙，教师带着幼儿念儿歌"走走，走小路"，幼儿走到自己的小地毯坐下念儿歌"小地毯四方方，小朋友坐中央"。

2. 按指令观察区分并拿取大猫、小猫和大鱼、小鱼。

(1) 教师和幼儿一起唱《大猫小猫》，教师在黑板上展示大猫或小猫的图片。

(2) 教师学大猫大声叫，幼儿在自己的学具篮中取出大猫，并模仿大猫大声叫；教师学小猫小声叫，幼儿在自己的学具篮中取出小猫，并模仿小猫小声叫。

(3) 听指令做大小对应。幼儿观察图片，教师拿出大鱼图片说："猫最喜欢吃鱼，这里有大鱼，还有什么鱼？"幼儿回答："小鱼。"教师："大猫肚子很饿了，它想吃大鱼，我们来喂大猫吃大鱼。"教师带着幼儿念儿歌："大猫大猫别着急，我来喂你吃大鱼。"幼儿取大鱼喂大猫。教师摸摸肚子："好好吃的鱼，大猫吃得可香了，如果再吃一条小鱼，大猫就吃饱了。"教师带着幼儿念儿歌："大猫大猫别着急，我来喂你吃小鱼。"幼儿取小鱼喂大猫。同法喂小猫吃大鱼和小鱼。

3. 按颜色、大小两重特征取木马卡片。

(1) 教师模拟呱嗒嗒的声音，出示木马卡片，教师："看，谁呱嗒嗒地跑来了？"幼儿回答："木马。"

(2) 教师提问："有小木马，还有什么马？"幼儿回答："大木马。"教师："哎呀，小马、大马在一块多危险啊，小马别被踩到了。我们快把小马、大马分出来，让小马在一块儿，大马在一块儿。"幼儿按木马的大、小分类摆放。

(3) 请幼儿取和教师手里颜色一样的木马。

(4) 听两重指令取相应的木马。教师举起一张卡片："这是什么颜色的什么木马？把和老师一样的木马找出来。"有的幼儿说出了黄色的大马（说错了），多数幼儿能找出和教师一样的木马，但不回答是什么颜色的什么木马。

(5) 游戏：骑木马。教师："小朋友想不想骑木马？"幼儿："想。"教师："请骑×色的×（大/小）木马"，幼儿取相应的木马听音乐下在场地周围跑，从教师面前经过时，教师检查是否取对，不对的就拉着幼儿问："你骑的是×色的×（大/小）木马吗？"

四、分析和反思

本次小班幼儿思维游戏活动，教师的指导策略，概括起来，突出了四多一少。

多夸张的表情和肢体动作。在活动中，教师对幼儿的指导语语速都比较慢，这是为了让小班这样年龄特别小的幼儿能听清听懂，但也不是慢得没有了语感，失去了语言本身的美，让人觉得别扭。教师在说话的同时还特别配以相应的较夸张的表情和肢体语言。比如，教师在唱"我是一只大猫"时，配以了表示大的手势，并且唱出的声音粗、大；在请幼儿把大木马放在一起时，用画圈的手势表示了集合的概念；当幼儿按指令找出小鱼喂小猫时，她又以小猫吃到小鱼的津津有味、幸福的表情对幼儿表示肯定……较慢速的语言、夸张的表情和肢体动作，都是为了帮助小班的幼儿理解教师的指导语和指导意图。

多朗朗上口的儿歌。在幼儿进活动室、坐小地毯、取卡片等环节，教师都自编了一些儿歌，让幼儿边念儿歌边操作，这主要是为养成幼儿良好的操作习惯和吸引幼儿的注意力而设计的。在养成幼儿从地毯间的间隙走到自己的地毯时，幼儿念"走，走小路"提示了幼儿不要踩到地毯；在坐小地毯时念"小地毯四方方，小朋友坐中央"教给了幼儿坐地毯的方法；在按教师的指令拿小鱼喂大猫时又念"大猫大猫别着急，我来喂你吃小鱼"，吸引了幼儿的注意力……朗朗上口的儿歌幼儿喜欢，而且符合小班幼儿边说边做或边做边说的思维行动特点。

多种感官参与游戏活动。多感官参与的学习活动是最有效的学习活动，学习者年龄越小，这种情况越突出。在这次小班的思维游戏活动中，为了达到让幼儿能分辨物体的大小、颜色特征的目的，幼儿看、听、说、摆弄，甚至跑跳的多感官的运作贯穿了游戏活动的始终。在辨别取小鱼喂大猫时，幼儿听"大猫还想吃一条小鱼"的游戏指令，边看边比较，一边念："大猫大猫别着急，我来喂你吃小鱼。"一边用手拿出小鱼喂大猫，其过程中听、看、说、做，动手动脑，尽可能地调动了幼儿的多种感官参与游戏的学习活动。这样的多感官参与游戏活动几乎贯穿了整个游戏活动的始终。

多大肌肉的活动。思维游戏活动一般是在以幼儿自身为中心的一个较局限的范围进行的一系列看、听、说、动手的操作活动。而小班幼儿的小肌肉的发育是很欠缺的，而且注意力又极易转移，所以要更多考虑幼儿大肌肉的活动。如在按物体两个特征取物时，教师并不是要求幼儿把具有这两个特征的卡片举起来检查，而是请幼儿骑着具有指令要求特性的木马在音乐下跑起来，幼儿拿着小小的纸片木马，骑得那么认真，那么快乐，当幼儿欢快地从教师身边跑过，教师也检查到了幼儿的木马卡片是否取对了。

少一问一答式学习模式。提问本是启发幼儿思考和活动深度推进的重要教育策略，可小班幼儿的语言具有片段性和自语性的特点，要他们很快听懂教师的要求并组织成完整的语句进行表达本身就是很困难的，而且，如果问题又是一个接一个，或拐了弯的复杂问句，幼儿思维跟不上或语言表达跟不上，教师两、三个问题之后，幼儿就会对枯燥的、困难学习失去兴趣，注意力就会分散或转移到别的事情上，所以，在小班幼儿的活动中，多让幼儿把思维的过程或结果用动作表示出来。如在比较大猫与小猫时，教师不是问幼儿："哪只是大猫？哪只是小猫？"让幼儿回答，而是游戏，教师学大猫大声叫，幼儿就同时观察比较自己的游戏卡片，拿出大猫；在最后按物体两个特征取物时，教师也没有问："哪一匹是红色的大马？"而是直接请幼儿骑红色的大马听音乐在活动室跑。避免了一问一答的枯燥，符合了幼儿思维直觉行动性的特点。

幼儿思维游戏活动不是简单地玩学具就能发展幼儿思维能力的活动，教师只有在对教材的深入挖掘、对幼儿针对性的了解后使用事宜的支持性指导策略，才能保证每一个思维游戏活动目标所指向的幼儿思维能力的发展。所以，每一次组织幼儿的思维游戏活动，教师都要用心地设计运用适宜的指导策略，特别是像小班这样低年龄段的幼儿，我们更要从实践出发，深入、系统地关注其思维游戏活动中的兴趣、注意力、操作方式、表达方法等学习特点，选择、设计、运用最能促进小班幼儿思维能力发展的教育策略，为幼儿思维的早期开发奠定坚实的基础。

3. 以提升幼儿的间接经验为目的，铺垫必要的游戏知识或技能

皮亚杰还主张通过认知冲突促进儿童思维结构的转换，动手操作和社会生活都是认知冲突发生的有效途径。根据杜易斯等新皮亚杰主义者对认知冲突理论的发展，在课程实施过程中，我们主张在注重幼儿自己动手操作游戏材料的同时，教师引入游戏情境，对幼儿有目的地提出问题，形成"学习任务"，从而帮助幼儿产生在个人操作活动中所不可能产生的更高水平上的认知冲突。

在游戏活动中教师给出情境、任务并示范玩法和规则，促使幼儿产生认知冲突，伴随着教师的支持性教学，幼儿借助对游戏材料的操作自己去探索、尝试错误和最终解决问题。

◆ 案例 5-7　　　　　中班思维游戏"可爱的图形"

一、设计意图

中班的幼儿已有了粗浅的几何概念，这一阶段的幼儿能正确地认识圆形、三角形、正方形、长方形，但他们对这些形状的特征并不十分了解，将这些图形和幼儿日常生活中熟悉的物体相对照，让幼儿在游戏中自由探索，感知不同图形的特征，激发幼儿积极探索的欲望。在教育手法上，采用观察法、操作法等让幼儿运用各种感官动手动脑，用适当的方式表达交流，从生活和游戏中感受事物的数量关系，并体验图形变化和组合的乐趣。

二、游戏目标

1. 巩固对各种图形的特征认识。
2. 通过动手操作，发展空间想象能力和创造能力。
3. 培养对数学活动的兴趣。

三、游戏准备

小纸箱一个，图两幅，记录纸每人一张，水彩笔每组一桶，固体胶每组一个，四种几何图形每组一盒。

四、游戏过程

"今天，老师带来了一个奇妙的箱子（出示纸箱），你们想不想知道里面藏了什么秘密啊？"

1. 游戏："奇妙箱"里找图形宝宝

（1）教师念儿歌："奇妙箱里东西多，让我先来摸一摸，摸出来看看是什么？"

拿出正方形，问："这是什么啊？日常生活中，我们见过哪些物品是正方形的？"（引导幼儿讨论）

（2）教师再念儿歌："奇妙箱里东西多，请某某小朋友来摸一摸。"

当幼儿摸出图形后，要求其说出图形名称和特征，并讲出生活中还有哪些

这样的物品。(游戏反复进行)

(3) 教师总结：奇妙箱里有三角形、正方形、长方形。三角形有三个角、三条边；正方形有四条边四个角，而且四个角一样大，四条边一样长。着重讲讲长方形和正方形的区别。

(4) 教师从奇妙箱又摸出圆形和梯形各一个，请幼儿说说生活中见到过的这种图形。

(5) 请幼儿到奇妙箱摸，幼儿说出特征，教师给予指导。

(6) 教师总结：梯形也有四条边，上下对面的两条边是平行边，旁边是两条斜边。圆形是圆圆的，没有角。

(7) 教师带来了两幅图(出示图片，体现所学的图形)，请幼儿看由哪些图形宝宝组成的。并说说它们分别有几个，并尝试记录下来。

2. 数数、分类，拼画活动

教师引导："大家想不想也用图形宝宝拼图？盘子里放着许多图形宝宝，请大家也拼出自己喜欢的图形。"

(1) 请幼儿数一数每种图形宝宝各有几个，并把它们分别记录下来。

(2) 请幼儿在这些图形上添画几笔变成其他有趣的物品，也可以用几个图形拼成其他各种物品或一幅画。让幼儿大胆想象，在几何图形上添画成另一物品。

(3) 教师将每组的画和统计表贴到黑板上，请幼儿说说每组用什么图形宝宝来拼的，拼成了什么。

五、游戏效果

大部分幼儿都能正确认识图形，还有部分幼儿会把正方形和长方形混起来，所以在活动中特别讲解了这两个图形，但是没有将两个图形进行对比，对比能让幼儿更直观地了解两者区别，让他们在初步认知的基础上加以深化和巩固，不但让幼儿了解它们的名称，认识它们的形状，还要让他们知道图形的特点。在第二个环节中，幼儿的兴趣非常浓厚，每拼出一个图形，就会高兴地和同伴和老师分享，特别是在和全班幼儿一起分享的时候，虽然表达还不是很清晰，但是语言中仍带着一份自信。拼图活动的自主性及趣味性使幼儿兴趣浓厚，活动气氛良好。

第二节　基于幼儿经验的思维游戏的实施

基于幼儿经验的思维游戏，主要在两个场地开展，一是思维游戏专用室；二是区域游戏活动区。由于游戏场地不同，投放的思维游戏材料以及教师的指导策略也就不同。

一、基于幼儿直接经验的思维游戏专用室思维游戏的阐释

（一）基于幼儿直接经验的思维游戏专用室的思维游戏

《指南》中指出，理解幼儿的学习方式和特点，幼儿的学习是以直接经验为基础，在游戏和日常生活中进行的。要珍视游戏和生活的独特价值，创设丰富的教育环境，合理安排一日生活，最大限度地支持和满足幼儿通过直接感知、实际操作和亲身体验获取经验的需要。因此我们以园本思维游戏为特色，打造思维游戏专用室，投入针对小班、中班、大班不同的思维游戏活动材料。除每周一次的思维特色游戏活动时间外，增加各班幼儿自主性思维游戏活动时间，利用思维游戏专用室，大力发展及支持思维特色游戏的开展。思维游戏专用室中开展的思维游戏活动，主要通过东方之星幼儿思维游戏活动材料包开展，是我们调动幼儿自主进行思维游戏的辅助方式。在基于幼儿直接经验的思维游戏设计与实践中，我们激发了幼儿游戏学习的主动性、积极性，提高了幼儿自我行为及情绪调控的能力，使不同层次的幼儿都能经常体验成功的喜悦，减轻了"知识灌输"的学习压力，从而提高了幼儿的思维能力，真正实现在思维游戏中乐思、乐学。因此，思维游戏专用室的思维游戏材料操作过程，充分帮助幼儿积累了思维游戏的直接经验。

（二）基于幼儿直接经验的思维游戏专用室思维游戏的操作模式

活动时间：小、中、大班思维游戏专用室活动时间按学年进行调整，每个班根据安排表每周一次，活动时间为40分钟。

活动场地：思维游戏专用室。

活动形式：小组活动为主。

活动准备：东方之星幼儿思维游戏材料包。

活动目的：调动幼儿自主进行思维游戏的兴趣，培养幼儿小组间合作游戏的能力。

指导形式：教师为主。

（三）基于幼儿直接经验的思维游戏专用室思维游戏的操作策略

开展思维游戏活动以来，我们就教师如何将单纯的传授者和管理者的身份转换为活动组织者、引导者和合作者及如何提高教师指导水平进行研究并提出以下策略：

1. 精心组织活动

教师通过交流、总结，提升组织能力。精心备课，规范组织集体教学活动，遵守教学原则，重视幼儿常规习惯的养成。对幼儿的操作进行评价和反思，形成心得；定期观察幼儿操作并记录，搜集课程理论资料，积极提升自身理论水平和实践水平。整理幼儿成果资料，进行分析总结，相互交流，探讨出更科学的教学方式方法。

2. 创设宽松的活动氛围，开展游戏教学活动

教师创设具体生动的情境，将知识寓于游戏之中，教师成为游戏活动的组织者，设计有助于幼儿探索交流的情境，把单调的教学过程变为艺术的游戏活动，有效地组织游戏活动的各个环节，让学生在游戏中学习，在玩中收获。

3. 典型示例引导、激发幼儿思考探索

教师在情境中进行操作，在适当的时候，让幼儿参与典型示例的思考和操作，而不是一味地告诉幼儿如何去操作。在幼儿出现问题时，及时点拨和引导。教师指导幼儿参与思维游戏活动，激发幼儿在游戏中思考和探索，不只是简单地模仿。

4. 融入幼儿群体，给予针对性的指导

在幼儿操作过程中，因个体差异，会产生各种各样的疑问，教师应成为活动中的一员，成为幼儿学习的朋友，和幼儿一起探索、研究，去感受体验幼儿的情感和认知，抓住教育契机，进行有针对性的指导。

5. 改进指导策略，促进幼儿主动学习

在集体教学活动中，强调以幼儿发现学习为主，并不是不要教师的指导，只是教师的作用由直接指导变为间接指导。要让幼儿真正成为学习的主人，就需要教师改进教育教学的指导策略，使幼儿成为学习的主体，充分挖掘幼儿的潜能，使其在主动作用于外部世界的过程中和谐发展。多年来，通过课题研究，我们根据学习内容的特点及幼儿的认知特征，对原指导策略进行改进，并探索和初步形成了与教学内容匹配的有效促进幼儿主动学习的适宜的教学指导策略。

（1）科学教学中，营造幼儿主动探索氛围的策略。① 让幼儿带着疑问去探索；② 在操作中不限制幼儿的自由讨论、随机提问；③ 允许幼儿走动探索，不仅让幼儿自己进行观察探索，还鼓励他们与同伴比较、分析、交流与合作；④ 随时捕捉幼儿不同的表现和发现。让幼儿在宽松的环境中自由、自主、自在地探索。

（2）科学教学操作活动中，引导幼儿主动学习的指导策略。① 幼儿自我感知在前，教师指导在后；② 教师指导在前，幼儿自我体验在后；③ 教师的指导贯穿于幼儿的整个学习进程之中，并随着幼儿学习的进展，教师的指导从显性转入隐性，或由多变少，或从有到无。让幼儿自然地感觉到不用教师"教"，自己也能"学"，从而树立自信。

（3）艺术教学活动过程中，促进幼儿主动学习的教学策略。① 理解并尊重幼儿艺术创造才能的发展水平；② 给幼儿提供足够的时间和机会，让幼儿从中得到真正的满足；③ 尽量不给幼儿提供从事艺术创造活动的模仿范例；④ 尽量少干涉幼儿的艺术创造活动，允许幼儿用自己喜欢的方式表现；⑤ 正确地评价幼儿的艺术创作过程。

（4）健康教学中，促进幼儿主动学习的教学策略。① 目标与幼儿水平相符；② 器材一物多用；③ 小步递进，少说多练；④ 赋予角色，生生互教；⑤ 配合竞赛，分享成功。

（5）对集体教学活动中幼儿生成问题的回应的指导策略。根据问题的类型及当时的实际情况，选择以下一种方式。① 即时回应，给予解答，以肯定其想法、思维的方向等；② 适当延缓，换个角度将问题再抛还给幼儿，促其继续思索、探究、深化思维、自主解决；③ 临时转移视线，留下任务，引导幼儿通过各种途径寻求答案，并提供适当的时机促使幼儿同伴互助解决。这样，在帮助幼儿吸收教师的策略的同时，逐步内化学习策略，获得真正的提高。

6. 及时给予爱的评价，激励幼儿操作自觉性

在幼儿的游戏过程中，教师放下"师道尊严"，一个会意的微笑，一句赞扬的话语，俯身与幼儿亲切交流，与幼儿亲昵的拥抱，让幼儿感受到爱与激励，获得成功的体验。使幼儿对自己的能力充满信心，成为激励幼儿自觉操作的强大推动力。

二、基于幼儿间接经验的区域思维游戏的阐释

（一）基于幼儿间接经验的区域思维游戏

区域游戏活动主要通过材料及其投放来传递和承载教育目标，是幼儿自主进行思维游戏的主要方式。我们开发的区域思维游戏的材料源于幼儿的日常生活，与一般教玩具作为游戏材料相比，更具有生活性和经验性，能够促使幼儿思维，将抽象概念具体形象化。再以幼儿在区域思维游戏"动物王国"的"欣赏小动物的照片"的游戏情境为例，将被分割成不同部分的动物照片重新拼合完整的过程中，将动物照片与动物概念联系起来，与同伴讨论交流，从而获得及加强了宝贵的间接经验，思维能力、发散思维、动手操作能力、语言表达能力也随之得到了锻炼和提高。

（二）基于幼儿间接经验的区域思维游戏的操作模式

活动时间：中、大班区域游戏时间为每周一、周四下午14：40—15：40（春秋季），14：50—15：40（冬季）；小班区域游戏时间为每周二、周五上午9：40—10：50（春秋季），9：50—10：50（冬季）。

活动场地：区域游戏活动区。

活动形式：个体活动为主。

活动准备：教师自制思维游戏活动材料。

活动目的：在区域游戏活动中，发现幼儿思维发展的闪光点，激发幼儿对思维游戏的兴趣。

指导形式：幼儿为主，教师为辅。

（三）基于幼儿间接经验的区域思维游戏的操作策略

在区域游戏活动中，幼儿的尝试性行为和重复性行为的频发率很高，幼儿表现出来的这一外显特征，恰恰反映了他们在思维游戏中那种自发探索、自发练习的"自发"倾向。以下给出相应的实施指导策略，以巩固和发展这种倾向。

◆ 案例 5-8　　　　　大班思维游戏"逗乌龟"

一、案例背景

大班的饲养角里养了两只大乌龟，幼儿很喜欢它们，每天都会有许多幼儿围在饲养角看乌龟。他们常常从家里带来精肉喂养乌龟，有些调皮的幼儿甚至会抓些蝌蚪来喂养它们。有时幼儿会将玻璃弹珠、海螺之类的东西放进玻璃缸里，给乌龟的家装点色彩。两只乌龟来大班已经好久了，幼儿始终看到的是在水里游着的大乌龟，却从没有让乌龟离开它们的家，在地上自由地做爬行运动。《幼儿园教育指导纲要（试行）》中明确指出，教师应成为幼儿学习活动的支持者、合作者、引导者。这与传统的灌输者、指挥者、领导者的教师角色有了很大的改变。因此，教师在学习《纲要》，转变观念的同时，应努力在自身的教育教学实践中体现教师角色的新内涵。我在大班的一次区域活动中进行了尝试和探索，并对此有了进一步的认识。

二、案例描述

我们想去看乌龟

下午吃完点心后，孩子们便进入了最喜欢的区域活动时间。我向孩子们逐一介绍了区域活动的内容后，孩子们就挂上了自己的游戏活动卡，到自己喜欢的活动区参加活动。这时，我发现小金和小皓在活动室乱逛，似乎没有想进活动区参加活动的意思。于是我就问他们："你们怎么了？今天想玩什么？""这里的我们都不想玩。""那想干什么？""去看乌龟。"小金轻声地答了一句。小皓使劲应和："对对对，我也想去看。"眼睛注视着我，好像担心着什么似的。"可以呀，去吧。"两个孩子很开心，转身冲向饲养角，同时也吸引了别的孩子的注意力。

能让乌龟出来爬一爬吗？

饲养角里一下子聚了五六个孩子，大家围着玻璃缸，边看边用手比划着，开心地谈论着。五分钟过去了，他们似乎有点站累了，便跪在了矮凳上，眼睛还是盯着乌龟看。我凑了上去："怎么样？你们发现什么了？""老师，乌龟游的时候头还是露出水面的。""老师，大的那只游得快。"亮亮说着便把手伸进了玻璃缸里拍了拍大乌龟的背。小金发现了亮亮的"违规"行为叫了起来："不可以碰的！"然后朝我看了看，亮亮也急忙缩回了手，看看我。我什么也没说，只是问："乌龟游泳的样子可爱吗？""可爱，但是乌龟爬起来还要滑稽呢！"亮亮说。"是的，我奶奶家有一只很小的乌龟爬得很快的，不知道这两只大乌龟爬得快不快。"小金说。"肯定是大的快。"雯雯说。"谁说的？"亮亮立即反驳。"老师，能不能让乌龟出来爬一爬？""可以啊！"这下孩子们可开心了，好多只手同时伸进了玻璃缸里去抓乌龟，也顾不得自己的衣袖会被弄湿。乌龟终于离开了它们的"家"到地上爬行。几个孩子围着乌龟蹲了下来，可是乌龟缩成一团，一动也不动。亮亮急了，用手去拨弄，可是无济于事。"别碰它，这样更不动了。"怎样才能让乌龟爬呢？孩子们七嘴八舌地讲起来："去掉它厚厚的外壳乌龟就不会太累，就能爬了。""不行不行，去掉外壳乌龟会死的。""嘿嘿，我有一个办法。这只是乌龟爸爸，我们在对面放只乌龟妈妈，那乌龟爸爸就会爬到乌龟妈妈那里去了。""我们把它放在地上然后假装不理它，它看见我们不在了就可能会向前爬了""我们可以用食物引诱它。"……孩子们想了许多让乌龟爬行的办法。"动了！动了！"孩子们的耐心终于感动了乌龟，只见它们先伸出头张望了一下，然后伸出四肢开始爬动。

我们也要看

"爬了！爬了！"孩子们兴奋的叫声又一次吸引了其他小朋友的注意，顿时，走廊上挤了十几个孩子，大家把乌龟围在了中间，可是孩子们只看到了乌龟缩成一团的样子。"快让开，乌龟害怕了。"雯雯分析着。孩子们自觉地散开了，眼睛还是盯着乌龟，这下乌龟爬得可真快。于是孩子们又出了个主意："我们让两只乌龟比赛谁爬得快，好吗？""好！"孩子们划好了赛场，自己也分成两组站在赛场两边，而我则被他们请当裁判。比赛开始了，孩子们急着为自己的运动员加油，三局后，大的那只乌龟取得了胜利。

我下次还要玩

随着"乌龟赛爬"的结束，我们的区域活动时间也到了。孩子们将两只乌龟送回了"家"，然后回到了活动室，开始向同伴介绍他们的趣事。小皓的声音最响，并告诉小朋友："真的很好玩，我下次还要玩。"

1. 营造民主化的学习环境，为幼儿搭建主动学习的平台

《纲要》明确指出，教师是幼儿学习活动的支持者、合作者、引导者。教学过程不只是师生之间进行信息交流的过程，更应该是师生之间进行情感交流的过程。在课堂上，教师要为幼儿积极创造一种民主、和谐、轻松、愉快的教学氛围，使幼儿获得我是学习的主人的体验，以激发他们的求知欲。

（1）营造民主、宽松、和谐的教学氛围，形成相互尊重、信任、理解、合作的新型师生关系。教师要树立师生平等的教学观，转变传统的思想观念，实现师生人格上平等，思想上交流，情感上相融。教师要正视幼儿的个体差异，对每个幼儿充满信任和理解，鼓励和支持幼儿积极参与活动，对幼儿的不同看法不主观否定，而是耐心地听取，积极地引导。如在教学过程中，幼儿答错可以重答，答得不完整的可以补充，没有想好的可以再想，不清楚的问题可以发问，不同意见可以争论，教师错了可以指正，甚至必要时还可以不举手自由发表意见。在这种民主的课堂气氛中，幼儿没有被同伴嘲笑的苦恼，没有被老师斥责的忧虑，学习活动是充分自由的，幼儿便会全力地投入学习，充分体会学习的乐趣。

（2）提供主动学习的时间和空间，把学习的主动权交还给幼儿。幼儿只有在课堂上拥有属于自己的时间和空间，才能真正主动地学习。因此，在集体教学中，教师应尽量减少对幼儿整齐划一的要求，不要对幼儿的思维活动设置过多的禁区，把提问权、选择权、参与权还给幼儿，减少预设，设计弹性化的教学方案，让每个幼儿感到这个活动的话题与自己有关，从而使人人真情投入，人人有所发展。

如教师在课堂上提出一些探究性的问题后，要留给幼儿思维的空间，不要以诱导或者暗示的方式，把幼儿的思路限制在教师为他们设计好的模式中，要给他们自主学习的机会。在操作活动中要多给幼儿提供自主探究、自主体验的机会，要学会"等待"，不要急于把现成答案抛给幼儿，要让幼儿尽情地探索、体验，在自主状态下主动建构知识与经验。

（3）尊重幼儿差异，给每位幼儿提供相同的学习机会。关心、信任每一位幼儿，相信所有的幼儿都能学习，都能学好。教师要给每一位幼儿提供相同的学习机会，尤其是对那些能力发展迟缓的幼儿，更要关怀备至，多为他们创造成功的机会，使他们都有成功的体验，都能得到较充分的发展。

2. 创造性地运用生活材料，为幼儿提供主动学习的材料

教材是教师用以教学的工具，应根据不同的教学对象，在具体教学情境下，对教材进行修正、开发和创造，以引导、促进幼儿主动学习。

首先，要关注幼儿的生活经验，要通过创设问题情境和教育情境，把要让幼儿学的内容转化成幼儿愿意学的内容，让学习的内容、学习的情境、学习的方式贴近生活，联系生活，表现生活，让幼儿的原有经验与新的认知相互作用，这样才能使幼儿真正要学，并且有兴趣学，学得轻松。如："各式各样的车"游戏创设了"你见过哪些车？它们是什么样的？有哪些特殊的本领？你最喜欢的是什么车？你想让这些车在做什么？"等问题情境，幼儿很自然地就带着问题去想象，不由自主地参与到活动中来。

其次，让幼儿主动参与学习内容的选定。让幼儿来确定学习活动的内容，有利于提高他们的学习主动性。因为是幼儿自行决定的内容，在情感上是幼儿最易接受、最易亲近的，因而幼儿学习的态度也是积极而主动的。为此，我们在各个年龄段预设教学内容时充分考虑到其灵活性与弹性，同时在幼儿的主动参与下，根据不同的季节、不同的环境，对原设的内容加以补充、选择、整合，生成了符合他们兴趣，能更好地促进他们创造性发展的学习内容。

再次，要根据对《纲要》要求的理解和幼儿的实际学习需要，对选用教材的内容作出适当处理，包括增删、换序、整合、新编等，使教材更符合幼儿的实际能力与水平。如《环保小卫士》是一首内容和旋律都较成人化的歌曲。教师反映此首歌很难教，幼儿也很不喜欢唱。可它与主题活动内容很贴切，于是，我们尝试着将其中的几句歌词改编成更贴近幼儿经验、更生活化的语句，如将"齐来装扮"改为"一起打扮"等，再配上适当的图谱，歌曲就如同一只"丑小鸭"变成了一只美丽的"白天鹅"，深受教师和幼儿的喜爱。

同时，教师提供的学习材料应更多地取材于现实生活，并且在很大程度上与问题解决联系在一起，让幼儿感觉到问题的存在，并学会利用材料中提供的各种信息或数据去进行分析、思考、寻找问题的答案，从中获得相关的知识和解决问题的办法。如科学活动"它能穿越管子吗"操作材料中有不同形状的白色弯管、直管，带螺帽的线，铅笔，打气筒，手电筒。先请幼儿猜测带螺帽的线、铅笔、打气筒里打出来的气、手电筒里照出来的光这四样东西能否穿越管子，然后让幼儿操作验证，再引导幼儿总结什么东西能穿越弯管，什么东西不能穿越弯管，后探讨为什么线和空气能穿越弯管，为什么铅笔和光线不能穿越弯管，并再次进行实验，最后得出结论。

3. 改变游戏方法，为幼儿提高主动学习的能力

教师要懂得在事前充分预知幼儿知识水平的基础上，结合教学内容的特点，设计操作性和能动性很强的教学方式，运用多种教学方法巧妙引发幼儿原有知识经验与新学习任务之间的冲突，既吸引了幼儿的注意，又在充分激活幼儿原有经验的同时，让幼儿有效地自主学习。

（1）让幼儿主动发现问题。教育家波利亚认为，学习任何知识的途径，都是由自己去发现，因为这种发现理解最深刻，也最容易掌握其中的内在规律、性质和联系。因此，为了使幼儿积极主动地参与教学过程中的各个环节，教师要引导他们利用已经获取的知识和生活经验，自己去发现新问题，学会探求知识的方法，品尝探究成功的喜悦，激发出渴望学习的内在动力。如科学活动"会滚的物体"，让幼儿自由玩弄物品去发现"什么东西会滚？什么东西不会滚？为什么？"对于幼儿来说，自己主动发现问题，探求新知，印象和感受最深刻，理解也最深刻。

（2）让幼儿主动提出问题。没有问题，就不会有解释问题和解决问题的思路和方法，问题是产生新思想、新方法、新知识的种子。因此，教师要在课堂上使幼儿敢于大胆质疑，鼓励幼儿多角度、全方位地思考问题，发展他们的类比、联想等发散思维能力，使幼儿不只是停留在所学内容的表层理解上，而是要利用所学的知识去探究和创造。

（3）让幼儿主动解决问题。幼儿学习的过程也是在教师的帮助下解决问题的过程。对于在课堂上出现的问题，教师要适时恰当地把握时机，选择有讨论价值的问题组织幼儿进行讨论，使他们各抒己见，互相启发，取长补短。同时，要积极引导幼儿在分析讨论的基础上，自己找出解决问题的办法，达到自主探究和学习的目的，从而进一步促进他们主动学习能力的提高。

4. 教给幼儿学习的方法，为幼儿创造主动学习的条件

从"教"转向"学"是当前幼儿园课程改革的新动向。因此，我们要把幼儿的"学"放在第一位思考，关注幼儿是如何学习的。

要使学习兴趣能持久、巩固，则莫过于见到自己学习的成果。学习成功是最足以使幼儿感到满意、快慰，愿意继续学习的一种动力。因此，教师不仅要在了解每个幼儿的基础上，给其提供成功的机会，创造成功的条件，使每个幼儿都能尝到成功的滋味，获得成功的体验。更重要的是要恰当地就教学内容设计出具有思考价值的问题，教给幼儿学习的方法。

如大班科学活动中的思维游戏"昆虫"，课前我们让幼儿准备一些关于昆虫的信息。这样，在父母的协助下，他们大多从杂志、报纸、电脑等渠道上获得各种各样的关于昆虫的信息，有的还直接带来和父母一起捕捉到的昆虫及昆虫的标本，这些准备过程，不仅丰富了幼儿的知识，扩大了感性认识，开阔了眼界，更重要的是让幼儿学会了收集信息的方法，培养了幼儿积极、主动、独立学习的乐趣与能力。

又如小班美术活动中的思维游戏"烤面包"，教学中教师将平涂的方法与蘸色的技巧融在一定的情境中。按情节发展，教师边演示边说："蘸点果酱，涂在面包上。果酱涂得满满的，面包的味道可好了。"以简洁的、游戏化的语言进行演示与讲解，使作画的每一个步骤和要求形象、具体。这样，幼儿在自然轻松的氛围中边听边看，边说边操作，不知不觉就学会了方法，从而也避免说教式的提要求和做示范，使活动达到好的效果。

再如大班数学活动"走迷宫"中的思维游戏，教师向幼儿介绍各种类型的迷宫图，让幼儿认识迷宫图上的标记（进出口标记等），然后给幼儿一张迷宫图请幼儿看看是什么类型的迷宫并快速找到它的进口与出口，若是线条迷宫，则让幼儿从进口开始沿开口的通道走向出口，先用手指比划，再画上行走的路线；若是数字迷宫或图形迷宫，则按指令从进口走向出口（一一连线）。这样，幼儿不仅能快速掌握走迷宫的方法，还能从中学习整体观察、全局思考。

第六章 基于幼儿活动的思维游戏

　　幼儿思维能力的发展与其主体性的发展是紧密联系的。幼儿的思维主体性表现是多元化的。基于"幼儿的思维发展需要多感官、多领域综合影响"、"思维发展的目标指向从单一关注逻辑思维转向综合培养逻辑思维与创新思维能力"、"解决不同类型的问题需要运用适宜的思维方式"、"快乐：幼儿思维游戏的活动诉求"等理论依据，我们开展的思维游戏分成两大类：结合主题活动的幼儿思维游戏和结合区域活动的幼儿思维游戏。

　　结合这些活动开展的思维游戏，是对幼儿进行思维教育的重要路径之一。不仅可以促进幼儿的思维发展，而且丰富了活动的内容，提高了活动的质量。本章就基于幼儿活动开展的思维游戏进行阐述。

第一节 基于主题活动的幼儿思维游戏

主题活动是幼儿园常见的活动,基于主题活动开展思维游戏,实际上是通过幼儿思维游戏与主题活动的整合来对幼儿进行思维教育,发展幼儿的思维。结合主题活动开展的思维游戏应该体现幼儿思维过程整合性和多元化的特征,体现思维能力培养目标在各个领域中的相互渗透;体现思维能力在不同方面的课程内容上的相互整合。因此,我们尝试以思维游戏课程为切入点,探究主题活动中思维能力培养的方法,在主题活动中渗透思维游戏并将其拓展为一个非常重要的内容,以思维发展促进幼儿各领域关键能力的发展。

一、基于主题活动实施思维游戏的原则

幼儿的思维主体性表现是多元化的,只有幼儿的独立意识和主体性发展起来了,他们才可能主动进行思考、探索,进行创造性活动,而一旦他们的思维能力、自我意识发展起来,他们将走上自觉发展的道路。所以我们以思维游戏策略和主题活动为切入点,将思维能力培养的内容和方法渗透到主题活动中,教给他们思考的方法,教会他们动脑,突出幼儿思维的主体性,有利于幼儿思维主体性的发展,提高幼儿的思维水平,让幼儿做思维主人。

基于主题活动开展思维游戏,能够调动幼儿学习的积极性,让幼儿学得更生动,更有效,更有利于发挥和发展幼儿的主体性,培养创新人才,因此在结合主题活动开展思维游戏时要遵循以下几个原则:

(一)预设性原则

预设原则是指教师对基于主题活动开展思维游戏应该有预设计划,在考虑主题活动方案时,多几种假设,多几种游戏发展的可能性。因为教师对本班幼儿年龄特点的把握,对本班幼儿发展水平的了解,对其行为意义的敏感和理解,对教育目标的宏观把握以及在活动过程中可能发生情况的预测,都是开展

生成式主题活动的基础，都需要教师事先有通盘的考虑和计划。

（二）差异性原则

注重个别引导，实施有差异的教育。每个幼儿都有不同的发展特点和水平。因此，在活动中，教师需尽最大可能为幼儿提供丰富而有层次性的材料，提出不同的要求，以促进幼儿有差异地发展。

（三）整合性原则

将视野转向幼儿，把幼儿的发展需求作为研究、选择游戏的依据，在主题活动中开展适合幼儿年龄特征和幼儿有兴趣的思维游戏，更全面地实现游戏内容、形式的整合，促进幼儿的全面发展。

（四）提升性原则

从幼儿的角度去关注理解他们的生成活动，了解他们的需求，判断生成活动的价值，及时予以支持和提升。当发现原定的活动时间、进度不符合实际情况时，不拘泥于原定计划，应顺应事情的自然发展，因势利导。

（五）操作性原则

注重思维游戏的可操作性，主题活动的生活化。动脑应和动手相结合，为幼儿创造操作的环境是思维培养的基本条件。幼儿借助对实物的操作，尝试解决问题。在动手操作的过程中，认知冲突不断发生，这就促使他们不断地调整自己已有的认知，并不断地获得新的认知，因此生活化和操作性是思维在主题活动中重要的途径。

二、思维游戏在主题活动中的实施

思维是智力的核心。学前期是人的思维能力奠基的重要时期，探索有效地培养幼儿思维能力的方法是一个意义重大的研究课题。思维能力的培养是幼儿素质的一个重要方面，思维能力的培养也是学前教育不可或缺的组成部分。

在主题活动中开展思维游戏应该体现幼儿思维过程整合性和多元化的特征，体现思维能力培养目标在各个领域中的相互渗透，体现思维能力在课程内容的不同方面的相互整合。

主题活动是围绕某一主题，打破学科之间的界限，将各种学习内容有机联系在一起的。学前教育可分为健康、语言、科学、艺术和社会五大领域，这五大领域教学又各有特点和要求，但又是相互联系和渗透的，它们往往又是以基于主题活动的思维游戏为主线，融会贯通，如图 6-1 所示。

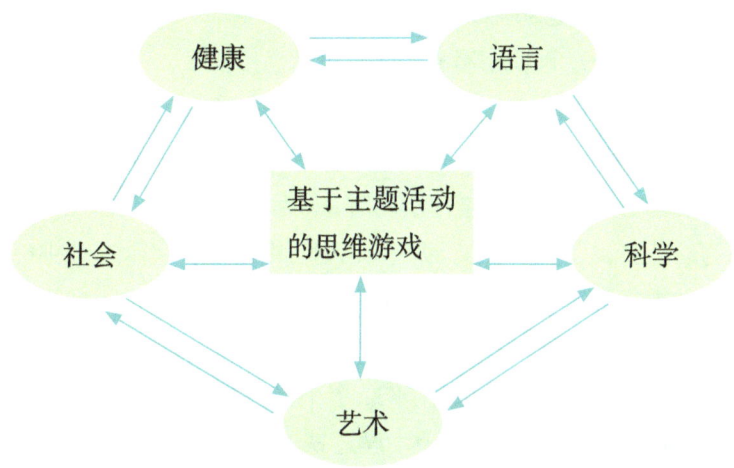

图 6-1 基于主题活动的思维游戏的横向结构示意图

如，以"美丽的春天"为主题，可以把语言、科学、艺术等领域教学整合起来，开展教学，达成促进幼儿发展的目标。但每个主题活动中的领域也是有侧重的，在侧重领域下的主题活动都能促进幼儿思维的发展，在幼儿活动中形成好玩的幼儿思维游戏。

幼儿的思维游戏可以与五大领域的各领域相结合，相互渗透，不仅有助于幼儿更好地掌握知识，更促进了幼儿多方面能力的发展，如认知、记忆、评价、聚敛、发散、语言等。

（一）在健康领域为主的主题活动中有效促进创新思维的发展

幼儿思维中潜藏着无穷创造力，幼儿精神世界充满着好奇、探索和幻想，他们的思维不受习惯的约束。培养健康、活泼的幼儿，是幼儿学前教育的一项重要任务，幼儿的健康活动包括了对幼儿进行以身体活动为手段的全部教育过程。将思维游戏融入健康活动中，就需要利用一切环境与条件，使幼儿发挥主观能动性，提高身体素质，增强体质，提高活动能力，掌握粗浅的技能，在这样潜移默化下，发展幼儿体能，拓展思维能力，渗透创新思想。

健康活动的类型有两类：体育活动和健康教育活动。通过在不同类型的健康活动中融入思维游戏可以有效加强幼儿对动作思维、创造性思维以及发散性等思维能力的发展。

1. 体育活动中的思维游戏

（1）通过创设良好的活动环境，促进幼儿的思维发展。

幼儿具有很强的模仿能力，他们想象力丰富，形象思维占主导地位，应遵循幼儿认知情感变化的规律，进行生动活泼的体育活动。如我们开展"学做解放军""当回建筑工"这样的体育活动时，将活动内容故事化、情境化。场地上，我们为幼儿创设了活动环境，那些在人们眼里废弃的纸盒、轮胎、平衡木、皮球、吃剩的酸奶瓶等，在这里变成了"解放军的营地""敌人的碉堡""弯曲的山路""密集的地雷阵""崎岖的山坡"，还有"石砖""水桶"。"解放军"戴上了小军帽，"建筑工"戴上了工作帽，个个投入到活动中。哥哥、姐姐与弟弟、妹妹，协同钻过山洞，跨过雷区，爬过铁丝网，登上山坡，奋力投掷，消灭"敌人"，个个表现得大胆勇敢。"建筑工地上"，幼儿更是忙得不亦乐乎，搬砖的，运沙的，砌墙的，桥上桥下推车忙，大路小路运输忙，幼儿在与环境的互动中自由活动着，爬、钻、跑、平衡、投、跳等运动综合能力得以充分发展。

在我园开展的大带小户外体育活动中，小班幼儿在大班幼儿的带领下，一起为建筑工地"运砖、运水"。如"在建筑工地上"，当幼儿遇到又大又沉的麻袋时，会想办法去招呼其他的玩伴，一起商量、合作着来搬运。他们都能从玩伴身上得到对材料操作与运用的启发，从而不断调整自己的运动方式与行为，获得更好的锻炼。这样不同年龄的幼儿活动，大大扩展了幼儿间的交往，使作为哥哥、姐姐的大班幼儿成为弟弟、妹妹学习的榜样，而小班幼儿则获得了身临其境的锻炼，使他们兴致高涨，乐趣无穷，既发展了体能，又培养了克服困难的精神，让幼儿充分感受到了运动带来的乐趣。

（2）提供不同活动材料，促进幼儿的思维能力进一步提高

游戏场地放置的一般是一些固定的常规运动设施，单个、零星地散布在开阔的草坪、土坪、塑胶地上，但每种设施只有一种功能，很少有机地联系在一起，不利于幼儿想象力的发挥，也不受幼儿欢迎。因此，我们在幼儿活动的场地上安放了多功能组合的运动设施，投放了可移动的设施和器械，我们本着实用、新颖的原则，因地制宜，就地取材，自制了许多体育活动器具，如用

胶纸制作手榴弹，这种又软又有点重的"手榴弹"既可锻炼幼儿的手臂投掷能力，又为幼儿体育游戏带来无穷乐趣，每次幼儿一边扔一边跑，就像在进行一场野战训练；塑料牛奶瓶也可让幼儿作为臂力器练习伸展运动，既美观又没有太大的负担；还有他们看到碎布包，就会尝试玩双脚夹着跳、背布娃娃、拎物等游戏。幼儿在不断的尝试中，大大增加了想象性、合作性、装扮性，提高了游戏的层次。

（3）结合废旧材料，开展体育思维游戏

我们在平时体育活动时也充分挖掘幼儿的想象力，如"有趣的纸板"，通过玩玩、看看、想象，使一根简单的纸板变成了奇怪的山脉、小溪、飞机的翅膀、飞碟等，同时他们又创造性地结合了"炸碉堡"，利用纸板挡住头部，身体则钻进纸箱里，手扔炸弹，游戏设计新颖、有趣，自始至终都是幼儿自编自导，是我们想不到的。又如"有趣的轮胎"，在同轮胎宝宝做游戏的过程中，有的幼儿坐在轮胎中心，另一幼儿拉车走；有的把轮胎推成小高山，爬轮胎山；有的把轮胎放成一定的图形进行跳跃练习；有的把轮胎竖起靠墙，当成梯子进行攀登……在一系列的体育活动中，幼儿的口头表达能力明显提高，其创造力、想象力及交往能力也有了很大的提高。

2. 健康教育活动中的思维游戏

了解了这些成因，在幼儿园健康教育中，教师就要更好地扮演好教育者、引导者的角色，及时了解、点拨和帮助幼儿，让幼儿正面、积极、健康地思考问题，正确判断事件。当幼儿在探索中出现不成熟的举动时，教师要宽容、理解和引导；当幼儿自发生成新构想时，教师更应该关注、欣赏和帮助；当幼儿在是非面前迷惑时，教师应及时明确地作出引导。

（1）以幼儿园活动为载体，帮助幼儿树立健康的思维

通过游戏渗透健康的思维教育理念。游戏是幼儿的主导活动，一切教育都在游戏中进行，游戏也是幼儿心理健康教育的主要渠道，应该赋予游戏以特定的内容和形式，通过游戏渗透健康思维教育。游戏不仅能让幼儿表现良好的道德行为，也可暴露幼儿行为中的缺陷，同时教师能通过挖掘其中潜在的品德心理教育因素，及时引导幼儿进行适应未来社会的需要。如在"做做玩玩"的活动中，幼儿是否尊敬他人的劳动，有责任心；在"小医院""美容院"等角色游

戏中是否能够共同作业，大胆表现。

（2）以幼儿园活动为载体，拓宽教养思路

在幼儿园的一日生活中渗透思维健康教育，营造幼儿身心发展的良好氛围。活动育人是我们根据新的教学思路所采取的教育手段之一，因此科学安排幼儿的一日生活，精心设计组织丰富多彩的活动也很重要。为给幼儿营造思维健康发展的良好氛围，教师应从幼儿上午入园的那一刻起，就开始为他们营造一种温暖、关爱、民主的气氛。如在活动室门口设三种不同脸部表情的"表情牌"分别放在三个小桶里，幼儿每天进园要在自己的名字下面放一个表情牌。如果不高兴，就选沮丧的表情牌，心情一般，就挂一个表情一般的牌子。幼儿纯真，不会掩饰自己的内心世界，教师如果发现哪个幼儿连续几天不高兴，就可以与家长一起寻找原因，设法改变幼儿的情绪，让幼儿心情愉快地生活。

（二）在语言领域为主的主题活动中有效促进创造性思维的发展

在《指南》提到，语言领域中，语言是交流和思维的工具。幼儿期是语言发展，特别是口语发展的重要时期。幼儿语言的发展贯穿于各个领域，也对其他领域的学习与发展有着重要的影响。幼儿的语言学习需要相应的社会经验支持，应通过多种活动，扩展幼儿的生活经验，丰富他们的语言，增强幼儿理解和表达能力。应在生活情境和阅读活动中引导幼儿自然而然地产生对语言的兴趣，用机械记忆和强化训练的方式让幼儿过早识字不符合其学习特点和接受能力。

丰富多彩的语言活动可以促进幼儿创造性思维的发展。语言的发展为幼儿创造性思维的萌发和发展起到了推动作用。幼儿的创造性思维主要借助想象来进行，幼儿可以凭借语言想象、理解某个情境，并且运用语言表达新颖、独特的想法。

幼儿思维有具体形象思维和抽象概括的逻辑思维两种。具体形象思维是根据事物的具体形象来进行联想的，即依靠感知和自身动作进行思维，离开动作，思维就终止。而抽象概括的逻辑思维是以概念、判断、推理来进行的，使思维具有一定的目的性、方向性和灵活性。语言是思维的工具，幼儿语言的发展直接影响着思维的发展。幼儿的思维与语言的发展具有密切的关系。为了发展思维，就要让幼儿自己找出解决问题的方法并通过语言表达出来，使这种方法能够被幼儿应用到许多类似的情境中。

因此,思维虽在感觉、知觉、记忆等过程的基础上产生,却远远超过这些过程,它反映的是事物的本质特点,是事物之间的内在联系。

在学前教育中,语言教育无疑应占据重要位置。因为,幼儿时期是语言发展的关键时期。而且,在人的智力中,仅从语言和思维的关系来看:深刻的思维从形成到表达都必须借助语言这一人类独特的符号系统,语言的贫乏无疑会影响思维能力的发展。如在语言领域为主的主题活动"有趣的梦"中,就蕴含了有趣的思维游戏,此游戏也促进了幼儿创造性思维发展。

思维游戏可以融入语言领域中。语言活动的类型有很多,包括文学作品类、听说游戏类、手指游戏类等。在这些不同类型的语言活动中,都可以融入不同的思维游戏。通过在不同类型的语言活动中融入思维游戏,可以有效加强对幼儿思维方式、思维能力的培养。

1. 文学作品类

语言活动中的思维游戏以文学作品类居多。学前幼儿文学作品是指那些与0~6岁幼儿心理发展水平及接受能力和阅读能力相适应的各类文学作品的总称。它包括寓言、童话、故事、儿歌、诗歌、谜语诗、绕口令、散文、小说、科学文艺等多种体裁。这些不同体裁的文学作品可以帮助幼儿加强理解分析能力,还能发展创造力、想象力和语言表述力。因此,文学作品类的幼儿思维游戏对幼儿发展思维能力影响很大。

学前幼儿文学作品是教育目标的载体,又是活动的依据,作品选得好,教育目标的实施就有了保证。选择作品时,既要考虑到作品的教育功能,又要考虑到学前幼儿的欣赏趣味和欣赏能力。无论哪种体裁,都要选择适合幼儿年龄特点的、幼儿喜爱的作品。如大班思维游戏"曹冲称象",就是文学作品类的语言活动。

◆ 案例6-1　　　　大班思维游戏"曹冲称象"

"曹冲称象"来源于一个历史小故事。幼儿喜欢听故事,善于观察,乐于思考,勤于动手。活动恰好巧妙地利用了幼儿自然成长的要求,让他们在自由的活动中发现问题,解决问题。从而有利于挖掘幼儿潜力,开发幼儿智力,培养幼儿创新思维的独特性和灵活性，促进其身心和谐发展。

教师预先在活动范围内投放各种材料，让幼儿在游戏中发现问题，然后在实物操作中分析解决问题；再以幼儿帮助饲养员叔叔测量东北虎的体重设置问题，激发幼儿兴趣，幼儿在先前积累的经验的基础上处理问题；最后在《曹冲称象》的故事中提升幼儿智力。在教师的引导下，幼儿分层次扩散思维。"测出较小物体的重量，怎么测？测出体积很大的物体重量，怎么测？除了用秤来称，还可以用什么方法？"活动中，幼儿积极献计献策，通过分组实践，使创新思维得到了证实，肯定了自我。

大班的幼儿语言表达能力不断发展，并且积累了一定的知识经验，有了一定的分析判断能力；对周围的事物充满了强烈的好奇心，遇事追根问底，喜欢探索；乐于帮助别人。本次活动，以用不同的方法测量出物体的重量为线索，让幼儿大胆地进行创新思维活动。幼儿在由浅入深的实践中不断获取经验，在经验的基础上再大胆展开想象，由此形成良性循环。幼儿在潜移默化、循序渐进中进步。

大班思维游戏"曹冲称象"的目标是培养幼儿善于观察、乐于思考的品质。理解故事内容，让幼儿了解曹冲解决问题的巧妙办法，培养幼儿创新思维的灵活性和敏捷性。

一、游戏设计

1. 导入部分：开心游戏，发现问题

教师与幼儿到活动场地玩跷跷板，幼儿一边玩一边观察。教师提出问题："为什么跷跷板两端会上下不停摆动呢？"引导幼儿说出跷跷板中间有固定轴，两边各坐有一名幼儿；教师坐上跷跷板，幼儿观察：一名幼儿的重量很难让跷跷板保持平衡，必须要有两名长得高大的幼儿或三名普通体重的幼儿才能抵得上教师的重量。幼儿初步理解重量的等量关系。

2. 展开部分：实践操作，理解问题

带着问题，教师与幼儿回到科学观察室。幼儿通过操作寻求答案：如何测出一颗豆子、一粒纽扣、一块橡皮等的重量（幼儿经过实践会选择天平和砝码、小杆秤等）；如何测出一小袋豆子、几个西红柿、一个铅笔盒等的重量（幼儿通过实践会选择小杆秤、弹簧秤、电子秤、滑轮等）；如何测出一袋面粉、一箱饼干、一大捆书等的重量（幼儿通过实践会选择一些机动灵活的方法来测量。比如借助天平、弹簧秤、电子秤、滑轮等一点一点地称，再将重量加起来或利用跷跷板、滑轮找出等重物体从而知道其重量等）。

3. 经验提升，机智处理问题

教师和幼儿坐下休息。大屏幕播放：饲养员叔叔需要记录东北虎的成长体重，他正在为不知道怎样称量而发愁呢。请小朋友开动小脑筋，帮饲养员叔叔想想办法。

幼儿首先想到的有可能是用秤来称。

教师指导：东北虎体型庞大，用秤来称太困难。我们想想还有别的好方法吗？

幼儿讨论：用跷跷板找出与东北虎相同重量的物体，然后再一点一点称出物体的重量；用滑轮找出等重物体再测重；在地面上挖一个与老虎一样大的坑，然后测量挖出的泥土重量；把老虎赶进装满水的水池，测量水池里溢出来的水的重量……（幼儿的这些奇思妙想，虽然有些幼稚，但蕴含了一定的道理）

4. 故事启智，判断总结问题

大屏幕播放故事《曹冲称象》，幼儿分组讨论，说出自己的方法，各组派代表进行说明。

（1）故事中有几种称大象的方法？

（2）你认为哪种方法好？为什么这种方法好？好在哪里呢？

（3）你还有什么好方法吗？

5. 结束部分

教师小结：小朋友想出了这么多与众不同的好办法，假如曹冲知道了一定会很高兴！在我们的生活中，经常会遇到一些难题，只要我们积极动脑筋，就会想出解决的办法。

幼儿向曹冲说再见，活动结束。

二、游戏点评

本活动符合大班幼儿年龄特点，内容层层深入：从发现问题、分析问题、理解问题、处理问题、判断总结问题，紧紧围绕教学目标展开。游戏、故事贯穿始终。幼儿通过动脑筋想办法，不仅能够测量体积较小、质量较轻的物体；

对于一些体积较大、测量重量有难度的物体，也能够想出好方法。虽然有的方法略显稚嫩，却是幼儿积极动手动脑的实践结晶，是一笔宝贵的经验财富。本活动将故事《曹冲称象》放在最后，旨在不框梏幼儿的思想。曹冲看到青蛙跳到荷叶上得到了启迪，而活动中教师也很好地运用了游戏与操作进行前奏启智。幼儿不仅运用了一种方法，还能够利用多种方法进行测量，精神保持兴奋状态。每个幼儿都能够积极参与、大胆表达，体现了活动中幼儿是主体，教师是主导的教育理念。

2. 听说游戏类

语言活动中的思维游戏还有听说游戏类。听说游戏类幼儿思维游戏的目标以培养幼儿倾听和表述能力为主，活动的内容主要集中在听、说的理解和表达方面。它是用游戏的方式组织幼儿进行思维游戏，含有较多的规则游戏的成分，能够较好地吸引幼儿参与，并在积极愉快的思维游戏中完成语言学习、发展创造性思维的任务。

（1）语音练习游戏

这类游戏以训练幼儿正确发音，提高幼儿辨音能力为目的。它的形式和结构都较简单。听说游戏着重为幼儿提供练习发音的机会，以利于幼儿学习或复习巩固发音。如为了区分"li"的声调，可以组织幼儿开展听说游戏"柿子、李子、栗子、梨"，就能较好地利用游戏帮助幼儿掌握这些发音。

（2）词汇练习游戏

这类游戏以丰富幼儿的词汇和正确运用词汇为目的。这类集中学习词汇的游戏，着重引导幼儿练习词汇运用的经验。如同类词组词类活动中，让幼儿做扩大增加词汇的练习，鼓励幼儿在听说游戏过程中按照一定的规则去组织扩展。如"怎样走"的听说游戏要求幼儿用一定的副词描述怎样走的动作，幼儿可以说"快快地走""慢慢地走""一蹦一跳地走"等，要边说边做，既要说对又要做对动作，采用这样的方式间接地发展幼儿的发散性思维。

（3）句子与语法练习游戏

学前幼儿在语言学习过程中，大量地积累句型，按语法规则组词成句，学前阶段是他们语法习得和发展的重要阶段。一般来说，该类游戏引导幼儿从说简单句过渡到说复合句。例如大班思维游戏"盖房子"中,幼儿通过用"……越来越……"和"……越……,……越……"的句式学习句型。在游戏中学习句型,有一定的激励机制,幼儿可以产生较高的积极性。同时在句子与语法练习游戏中也锻炼了幼儿的逻辑思维。

(4)描述练习游戏

这类游戏以训练幼儿用比较连贯的语言,具体形象地描述事物,提高口语表达能力为目的。它要求幼儿语言完整、连贯,具有一定的描述能力。如大班听说游戏"金锁银",让幼儿以对答的形式念儿歌,帮助幼儿学习用简短而有节奏的词语形容和描述一件事物。此类游戏主要在大班进行,可以促进幼儿抽象逻辑思维的萌发。

◆ 案例 6-2　　　　中班思维游戏"有趣的梦"

一、游戏目标

1. 激发幼儿创新思维的兴趣。
2. 发展幼儿的想象力和创新能力。
3. 通过二维、多维视觉想象引导幼儿发散思维,并且大胆想象表达各种各样的梦。

二、游戏过程

(一)欣赏老师做的梦,由一点向多点引发幼儿发散思维

1. 师:昨天晚上,王老师做了一个奇妙的梦,下雨了,(放课件)滴答滴答……小雨点越下越大,越下越大,小雨点变成了一条条的直线(出示定格直线)。教师引发幼儿想象思维:小朋友,你们快来看一看,小雨点连成的这些直线像你们见过的什么啊?(启发引导幼儿展开想象)。

2. 师:小朋友说得真棒,我的梦还没讲完呢!

就在我睡得正香的时候,"轰隆隆",雷公公"打雷了",差一点把我给吵醒了,这时候,突然有一个"小不点"蹦蹦跳跳地过来了,是谁呢?(出示半圆形)原来是半圆形宝宝!它看起来像什么啊?

半圆形宝宝,还笑眯眯地对我说:"我要和直线宝宝交好朋友。"原来,半圆形加上直线就能变成一样新的东西。它们手拉手,跳起了变形舞,跳呀跳,变

呀变,一下子变成了好多好玩的东西,老师越看越开心,乐得咯咯地笑了起来。

3. 师:小朋友们,半圆形宝宝和直线宝宝在一起,究竟会变成什么呢?(启发幼儿分层次展开想象思维)

(1)一个半圆形宝宝和一条直线宝宝手拉手,能变成什么呢?请小朋友把小椅子下面的画板和笔拿出来,在已经画好的半圆形宝宝身上添画上一条直线,试试看,它们能变成什么,画好的小朋友拿着画板到前面来给大家看一看。

(2)小朋友真聪明,一个半圆形宝宝和一条直线宝宝手拉手,就能变成这么多有趣的东西,那咱们再来试试看,一个半圆形宝宝和许多条直线宝宝手拉手,又能变成什么呢?(幼儿操作画板继续尝试添画)

(3)一个半圆形宝宝很孤单,又来了一个半圆形宝宝,看一看两个半圆形宝宝和许多直线宝宝在一起能变成什么呢?快动动脑筋,讲给你身边的朋友听一听。(请个别幼儿讲给大家听)

(4)又有许多的半圆形宝宝来和直线宝宝跳舞了,猜猜看,这么多半圆形宝宝和直线宝宝在一起能变成什么呢?(幼儿回答后教师小结)小朋友想得太棒了,半圆形宝宝和直线宝宝能变成这么多好玩有趣的东西,看看老师的梦中,他们又都变成了什么?(出示课件各种组合物体,提问个别幼儿)

(二)启发想象,引导幼儿讲述自己的梦

老师爱做梦,小朋友一定也喜欢做梦,你们都做过什么样的梦?来说一说,和你的好朋友分享一下。(教师鼓励幼儿大胆讲述自己的梦)

(三)扩展联想,引导幼儿想象并讲述不同物体的梦

小朋友做的梦真美,老师和小朋友们都爱做梦,想一想还有谁也爱做梦呢?

1. 师:(放课件出示小草)看,小草睡得多香,小草爱做梦,它的梦会是什么样子的呢?

教师引导幼儿说出小草的梦:长长的、绿绿的、片片的。说完整:小草的梦是……的。

2. 师:(出示小花)看,小花也睡得正香,小花也爱做梦,它的梦会是什么样子的呢?

教师引导幼儿说出小花的梦:红红的、香香的、美美的……

3. 师:(出示小青蛙)小青蛙也爱做梦,它的梦会是什么样子的呢?

教师引导幼儿说出小青蛙的梦：绿绿的、自由自在地游玩的……

4. 师：有许多的水果宝宝和动物宝宝也睡着了，咱们悄悄地走进它们的梦境，看看它们正在做着什么样的梦？（幼儿随意拿卡片分组相互讨论）。

教师引导：香蕉爱做梦，梦是××的？小白兔爱做梦，梦是××的？

三、教师反思

每个人都有梦，梦往往伴随着我们每一个人成长的轨迹，特别是幼儿时期，幼儿的梦是多姿多彩的，有的异想天开，有的滑稽可笑，有的神奇有趣……爱做梦又是天真可爱的幼儿感受生活、发现生活的一种想象思维方式，有梦才有未来。围绕梦开展创新思维活动，将会让幼儿在生活经验的基础上感受创新思维的乐趣，培养幼儿良好的创新思维习惯。幼儿对活动很感兴趣，我的第一个提问：小雨点连成的这些直线像你们见过的什么？幼儿的发言非常踊跃，想象力丰富，说出了很多答案（数字1、铅笔、粉笔、吸管、绳子、树干、金箍棒、头发、马路上的横道线、水管子等），在问到半圆形像什么？因为中班的幼儿有一定的生活经验，也说出了很多答案（眼镜片、切开的西瓜、碗、帽子、头盔、半个月亮、乌龟壳、山等）。在活动分层次想象填画环节中，幼儿的思维想象能力有了明显差异。最后的扩展联想不同物体的梦，幼儿缺乏一定的想象和语言表达能力。

梦对幼儿来说富有神秘感，而且幼儿的梦充满了丰富的色彩和内容，无拘无束，自由自在，非常具有想象发展的空间，这对于中班幼儿来说是培养幼儿创新思维能力，激发幼儿体验创新思维乐趣的良好载体。

围绕梦开展创新思维活动，将会让幼儿在生活经验的基础上感受创新思维的乐趣，培养幼儿良好的创新思维习惯。在活动中，我创设一种独特的梦的游戏情境，启发幼儿由一点向多点分层次展开想象思维："小雨点连成的直线看起来像什么？小不点半圆形像什么？直线和一个半圆、两个半圆、多个半圆在一起又分别能变成什么？"在幼儿的想象中就会像好多生活中见到的东西。这样非常符合幼儿年龄特点和创新思维特点。

然后进行想象讲述，启发幼儿讲述自己和不同物体的梦。使发散思维活动环节层层递进，进一步提高幼儿想象和语言能力。不足之处在于课前的准备活动时应丰富幼儿对不同物体特征的了解；猜想不同物体的梦时，应给幼儿充足的时间来想象、讲述,并互相合作创新、交流。在创新活动中还应适当抛出问题,逐步提升幼儿创新思考的能力和技巧。

3. 手指游戏类

语言活动中的幼儿思维游戏的最后一类是手指游戏。它是一种一边念诵儿歌或者韵律,一边协调双手动作变化的游戏。玩手指游戏的时候,幼儿手做动作,口念儿歌,眼作协调,幼儿的注意力、记忆力、感觉统合能力、节奏感和韵律感同时得到了训练,多种思维得到了发展。

在人类进化的过程中,双手的活动引发了大脑的思维,大脑的思维又通过双手的活动来完善,手是人类的"第二个大脑",创造了人类璀璨的文明。动手做事是幼儿成长的基础,手指游戏让幼儿学会动手、勤于动手、爱上动手。同时,手指游戏也是亲子间交流最好的游戏。

◆ 案例 6-3　　　　　　思维游戏"手指变变变"

"一个手指头呀(食指),变变变(手指放在胸前转圈),变成一条毛毛虫,上爬爬,下爬爬,左爬爬,右爬爬;两个手指头呀(食指、中指),变变变,变成一把小剪刀,上剪剪,下剪剪,左剪剪,右剪剪;三个手指头呀(食指、中指、无名指),变变变,变成一把小刷子,上刷刷,下刷刷,左刷刷,右刷刷;四个手指头呀,变变变,变成一只小花猫,喵喵喵,喵喵喵;五个手指头呀,变变变,变成一只大老虎(老师扮成大老虎去吃小朋友,但不吃低头靠在手上的小朋友)。"

通过这个游戏活动,幼儿对手指游戏有浓厚的兴趣,每个幼儿的手都动了起来,而且学得非常认真,"手指变变变"拓展了幼儿的想象力,幼儿边念儿歌边做动作,在此他们注意力、记忆力都得到了提高,更重要的是,多种思维能力得到了提升。

幼儿思维游戏提供了语言表达的环境,思维游戏中同伴的交流使他们能够相互表白,逐渐学会表达,丰富词汇,而语言活动中的幼儿思维游戏中的儿歌更趣味性强,有节奏性,琅琅上口,幼儿边唱儿歌边动作,使他们心情愉快,增进了同伴间的情感交流和语言表达能力。因此促进幼儿思维发展的幼儿思维游戏无疑能辅助幼儿语言的快速有效发展。

（三）在社会领域为主的主题活动中有效促进经验思维的发展

《纲要》中明确指出，尊重幼儿身心发展的规律和学习特点，以游戏为基础，保教并重，关注个别差异，促进每个幼儿富有个性的发展。它是幼儿教育的基本要求和指导原则。在社会快速发展的今天，帮助幼儿建构优秀的学习能力、解决问题的能力、创新问题的能力和社会性能力是帮助幼儿形成终身学习、可持续性发展能力和未来生存优势的重要保障。幼儿的发展是一个整体协调的过程，思维能力的发展绝不是单一线性发展的过程，越来越多的研究证明了社会性发展与思维发展的相互作用与影响。因此，社会活动可以有效促进经验思维发展。

思维能力的发展是这些能力的核心，也是重中之重。幼儿的思维是在与客观事物的相互接触中，通过有意识地培养而发展的。3～6岁是幼儿具体形象思维和逻辑抽象思维出现和开始形成的关键时期，思维能力的培养是幼儿素质教育的目的。幼儿思维游戏正可以培养幼儿这种思维能力。而之前也阐述了社会活动对促进幼儿经验思维有很大影响，因此，我们需要将幼儿思维游戏融入社会活动中。但如何在社会活动中组织和实施好思维游戏，让幼儿增强在游戏中的自主性，满足他们的社会性需求，培养和发展他们的思维能力，还需要我们更多地发现与挖掘思维游戏课程中社会性发展价值，从而进一步将思维游戏与幼儿园的社会领域的课程进行适当的融合。

在思维游戏活动中，游戏性是活动的典型特征，这种特征正是基于我们对幼儿年龄特点的考虑，给幼儿提供了一个丰富又适宜的情境。每个单元的游戏都围绕一个情境展开，4～6个活动为一单元，在这一系列的活动中，幼儿的情绪情感都沉浸在某个游戏情境中，教师可充分利用这些游戏情境，让幼儿在完成一定的思维目标的同时，将自己的感受或者情境中人物、动物的感受用语言、动作、操作活动来表达出来。游戏情境对于幼儿的作用不容小视，尤其是对于低年龄幼儿，教师应避免为了实现某个单一的思维目标，而忽视游戏情境的作用。幼儿常常会沉浸于某些看似与实现思维目标"无关"的情节中，教师对于这种情况不应该完全制止，而应在适当的时候给幼儿释放和表达的机会，游戏情境对于幼儿来说是一个情绪体验和情绪表达的重要场所，幼儿可以体验情境中人物或动物的情绪，同时也可以与自己的愿望建立联结，一个好的教师则应该鼓励幼儿创造性地表达出这种体验和联结。

1. 社会规则类

社会规则类游戏可增强幼儿对规则的理解，促进幼儿社会规则意识的形成。对社会规则的认知是幼儿社会化的主要任务之一，幼儿在不同的社会情境中会遇到各种各样的社会规则和社会期望，幼儿要成为未来社会的合格成员就必须理解这些规则。学前阶段是幼儿秩序感发展的关键期，也是规则意识形成的敏感期。游戏本质上都是带有一定规则的，参与思维游戏本身即为幼儿提供了规则认知的机会：幼儿在游戏中按照一定规则来进行操作活动，在遇到困难时仍旧能够依据规则行事，最终克服困难，完成任务，在这个过程中，幼儿不仅锻炼了思维能力，还将游戏的规则进行了内部转化和自我控制。通过这样一系列的规则游戏活动，可以强化幼儿对规则的理解，这种理解能力将帮助幼儿逐步迁移到对社会规则的认知与理解中。

◆ 案例 6-4　　　　小班思维游戏"小精灵到小镇"

在小班思维游戏"小精灵到小镇"中，需要幼儿理解游戏规则，根据需要选择出"最近路线"，虽然每次的目的地有所不同，但幼儿始终要遵循"最近路线"的规则，不断寻找符合这一规则的路线。

开始游戏时，幼儿可能会不按规则选择路线，或选择的路线不是最近的，但幼儿渐渐会发现不按照规则将不能最快到达目的地，不能赢得卡片，所以幼儿需要逐渐调整自己的操作，从而按照规则来进行游戏。经过这样的游戏过程，幼儿对规则的理解与认识逐渐内化，再遇到类似的游戏将会意识到遵守规则的重要性。对幼儿来说，在脑海中已经形成了一定的规则意识，这种意识将有利于幼儿对社会规则的理解与社会规则意识的形成。

教师在组织思维游戏过程中，还可以给幼儿适当的机会参与规则的制订，在思维游戏中，有许多游戏具有灵活可变化性，教师可鼓励大班幼儿自己来设计规则与游戏玩法。

2. 人际交往类

人际交往类游戏可引导幼儿建立良好的同伴关系，促进幼儿同伴交往能力的发展。同伴在幼儿社会化和身心全面发展过程中起着成人无法替代的作用，良好的同伴关系能使幼儿具有安全感和归属感，有利于情绪的社会化，有利于培养幼儿对环境进行积极探索的精神，对自我概念和人格发展具有重要作用。

在《纲要》中也明确提出幼儿社会领域的发展目标应是培养幼儿"乐于与人交往，学习互助、合作和分享"。思维游戏课程不仅关注幼儿的个体操作，而且为幼儿提供了大量的同伴交往的机会，需要幼儿合作或竞赛的方式来完成。

在合作形式的思维游戏中，幼儿的行为是相互依存的，有着共同的目标，合作游戏鼓励幼儿以合作的态度对待同伴，这种游戏可以促进同伴关系的建立，在发散类的思维游戏中尤其有效。

3. 自我认知类

自我认知类游戏可发展幼儿自我控制能力，促进幼儿自我意识的形成与发展。自我控制能力是自我意识的一个重要方面，个体社会化的结果之一是形成自我意识。思维游戏是具有明确的目标，且玩法完整的一种游戏形式，幼儿借助操作材料进行探索，并最终达成目标的过程也是一个克服困难的问题解决的过程，所以思维游戏的游戏性和问题解决的本质本身就为幼儿提出了自我控制的要求。

（1）利用操作性特点进行常规培养提高幼儿自我控制能力

在思维游戏中的常规是指遵守相应的"规则"，懂得操作材料的使用规则，遵守良好的秩序，养成良好的操作习惯。思维游戏为幼儿提供了丰富的操作材料，为幼儿的思维探索提供了有效地支撑，但操作材料的使用秩序也为幼儿和教师提出了一定的挑战。如何引导幼儿有秩序地收放材料，在不同游戏环节转换时选择材料与更换材料，在操作过程中根据要求有序操作等，这些都是思维游戏隐含的教育价值，也为教师的教学指导与专业水平的提高提供了空间。值得高兴的是，在思维游戏实施过程中，教师探索出了许多适宜本班幼儿的材料使用的方法，培养了幼儿良好的操作常规。需要说明的是，这种常规培养的价值不仅仅是在于优化思维活动过程，它对于幼儿的自我控制能力的形成与发展也具有重要作用，具备良好的操作常规的幼儿需要依据游戏的目标，克服无关刺激的干扰和诱惑,并适时地控制和调节自己的行为,有条不紊地进行既定目的的操作活动,在这个过程中,幼儿的自我控制能力也就相应地得到了提高。

(2)适当运用言语调节策略帮助幼儿提高自我控制能力

使用言语调节策略能够让幼儿有效抵制外界诱惑和冲动,使他们更好地专注于自己的思维操作活动。研究发现,个体的言语对幼儿的自我控制能力的发展具有重要作用,言语对幼儿有提醒作用,同时有利于幼儿保持记忆中的行为信息,所以在教学指导过程中,教师可以采用言语调节的方式来提高幼儿的自我控制能力。例如适当提醒幼儿"还可以这样做……""你再坚持坚持就能看到结果了""你这样表现很好"等,或者指导幼儿学会使用"我要这样做……""我应该先……再……""我不能……"等自我言语来帮助控制自己的行为。例如在大班思维游戏"图案乐园"中,在幼儿寻找图案序列中的规律时,教师可以提示幼儿边找边说"红、黄、绿、红、黄、绿……"或者"黄方块、绿三角、黄方块、绿三角……"这时语言的协助可以很好地帮助幼儿发现序列规律,同时也利于帮助幼儿控制自己的注意力,而不至于由于材料的复杂多变和游戏难度增加而分散注意力或放弃对游戏的探索。当然,并非所有的思维活动类型都适宜用言语辅助操作,这种言语调节策略应该建立在不干扰幼儿思维操作的基础上,所以教师应注意言语提示的时机和频率,同时避免幼儿之间的互相干扰,否则不仅不能对幼儿自控能力起到作用,反倒会影响幼儿的正常思维操作。同时教师还应考虑到幼儿的年龄特点,研究发现,4岁左右的幼儿可以利用外部言语来进行自我调节与控制自己的行为,6岁时转化为内部言语的调节,所以教师可以更多地在中大班幼儿的思维活动中适当采用出声言语调节策略。

(四)在科学领域为主的主题活动中有效促进逻辑思维的发展

幼儿园科学教育是对幼儿进行科学启蒙教育的一门学科,是激发幼儿好奇心和探究欲望,发展幼儿思维能力的重要途径。在幼儿园科学教育活动中培养幼儿的思维能力,必须以问题来贯穿科学教育的全过程,让幼儿带着问题进行探究与思考,有效激发幼儿的好奇心和探究欲望。

幼儿园科学教育强调对幼儿的启蒙性,帮助幼儿建立独立思考、发现问题、解决问题的潜在科学习惯。这些科学习惯的培养和建立恰恰正是思维教育所倡导和擅长的。思维教育注重的不仅仅是知识的学习，更重要的是在学习的过程中对学习方法的培养，是让幼儿通过思考与建构而得的完整的知识体系。从而培养逻辑思维发展。

思维游戏还可以融入科学领域中。一些比较难融合的单元，我们就把它融合在其他科学活动中。如在将每个单元的活动融入区域活动的科学区中，将一些有关科学的内容直接渗透到主题中；在汽车城的主题活动中，我们直接把思维游戏列入了主题活动中。科学活动的类型也有很多。有观察认识型、比较分类型、形象探索型、测量探索型、整合探索型等。

1. 观察认识型

观察认识型活动利用多感官观察，发展幼儿多角度认知事物的能力。观察在思维教育中属于图形认知方面的能力。图形是通过我们的视觉、嗅觉、听觉、味觉、触觉等感官能够感知到的事物，因此这里的观察所指的就是通过多种感官感知事物的特征。如盲人就是通过嗅觉、听觉、味觉、触觉等感官来感知事物的特征。

比如，在"观察岩石"的活动中，通过对岩石特点的观察，引导幼儿学会运用多种感官观察的方法。教师在课前可与幼儿一起收集各式岩石，然后将收集的岩石集中在一起认识它们的特性。教师可先引导幼儿通过视觉来了解岩石的颜色、形状等外部特征；通过触觉了解岩石的光滑度、质地和温度等。待幼儿掌握了这些最基本的观察方法后，教师进一步引导幼儿通过闻岩石的气味，听岩互相石撞击或落地的声音等了解岩石的特性。最后，请幼儿将观察到的内容记录在"岩石观察记录表"中，加深对岩石性质的认识。

在进行完这一活动后，教师可引导幼儿在日常生活中反复练习运用多感官观察的方法。如，每天到幼儿园与大家分享早上出门看到的事物、听到的声音、闻到的气味等，这样不但有助于幼儿练习运用多感官观察事物的方法，发展图形认知的能力，还能养成善于观察的好习惯。

2. 比较分类型

比较分类型活动利用对事物多层次分类，发展幼儿的发散能力和创新能力。分类是贯穿整个科学活动的基本能力，幼儿在对事物的现象进行观察、假设、验证和总结时都会用到这方面的能力。在幼儿园的科学活动中也经常会用到分类的方法。

根据不同条件分类的方法在思维教育中属于发散能力，我们常用的有语义发散和图形发散，分别指的是人们在处理语言信息、具体形象时的创造性思维能力。幼儿可以在活动中以多层次、多角度分类的方法更深入地了解物质的特性，同时发展幼儿的发散能力和创新能力。在这个过程中，没有正确或错误的答案，请幼儿说出自己答案背后的原因远比评判他们的答案正确与否更有意义。

在科学活动"认识叶子"中，教师可先与幼儿一起收集各式各样的叶子，将其混合后再根据一定的条件分类。幼儿可能根据叶子的外形，如叶片的颜色、形状、薄厚分类；可能根据叶脉的纹路、清晰度分类；可能根据叶柄的长短、粗细分类；可能根据叶子的属性，如针叶和阔叶、植被生活的地带、树木的品种等分类；可能还会有很多我们意想不到的分类标准，如叶子上是否有虫蛀过、叶子边缘是否有锯齿、叶片是否光滑等。教师在引导幼儿总结时只要求幼儿说出分类的理由即可，不要评判分类方式的正确与否。在这个过程中，幼儿一般只会根据叶子的一种属性分类，教师可在总结后引导幼儿根据不同的维度进行二级或三级分类，让幼儿对叶子的不同属性有更深入的认识。

对同种事物多层次、多角度的分类是培养幼儿发散能力和创造性思维的有效途径。教师可随时引导幼儿对生活中见到的事物进行多层次、多角度的比较分类。如食物、家具、玩具等。

3. 形象探索型

形象探索型活动运用图形、符号类信息，发展幼儿多途径与人交流的能力。不同的人对同一问题会有不同的探索方法，而通过交流分享可以发现每个人思考方式的弱点与长处。在幼儿的科学活动中，应该包含大量不同类型的交流活动，如做手势、画画、表演等，以便幼儿有更多的机会以别人能够理解的方式表达自己的思想。在思维教育中，这种非语言的交流方式常用到图形认知和符号认知两方面的能力。

比如，在"电路"活动中，教师为幼儿提供电源、导线、开关、灯泡等物品（还可提供几种小型电器）。教师可先请幼儿自由探索几种物品的连接方式。幼儿们会发现利用导线可将几种物品连接起来，但大家的连接方式会有所不同。在活动结束后，教师可请幼儿展示自己的连接方式，以手势和动作与大家交流。

4. 测量探索型

测量探索型就是重视并利用测量活动，发展幼儿多途径解决问题的能力。在科学活动中，测量是量化结果、进行比较、记录的必要过程。在思维教育中，测量属于图形聚敛和符号聚敛方面的能力。图形聚敛能力，是解决图形类问题的能力，如拼图。符号聚敛能力，是解决有关数字、字母等符号问题的能力，如以符号替代某种事物。在幼儿科学活动中，教师引导幼儿用非标准测量的方法进行测量，即以幼儿熟悉的实物为单位长度的测量，以发展幼儿运用多种途径解决问题的能力。

例如，在科学活动"种植"中，幼儿需要长时间观察与测量幼苗生长的情况。教师引导幼儿每周固定一天以图形替代长度，用自制的标尺记录幼苗生长的高度，或用一个新的纸条比照幼苗的高度剪裁，然后将这些纸条按记录的时间依次粘贴在记录单上，两个月后观察并总结幼苗生长的情况。教师还可请幼儿自己想办法测量和记录幼苗生长的情况，两个月后进行交流，总结这段时间幼苗生长的情况，如每阶段生长的速度，不同幼苗间生长速度的差异等。在这个过程中，同品种的幼苗可能出现生长速度不一致的情况，幼儿可根据记录的情况找出原因。

在幼儿熟悉以上非标准测量的基本方法后，教师可进一步以幼儿熟悉的物品为单位长度进行测量。教师可将幼儿分组，每组分到的被测量物相同（如相同的长度）而测量物不同，如不同长短的积木。引导幼儿将积木拼成一条直线测量，并记录积木的个数。在交流测量结果时，幼儿会发现每组测量的结果不一样，通过讨论，幼儿会发现越长的积木测量出的单位个数越少。教师可请幼儿想办法统一结果，如比较几个长积木与几个短积木所测量的长度是相等的，通过这种方法了解单位换算的基本原理。

教师可鼓励幼儿在日常生活中练习使用非标准测量的方法，如用自己的手掌宽度测量一本书的长度，或用自己的步长测量教室或家中某两点之间的距离等。此外，非标准测量的方法还可以用来测量重量、体积、温度和时间等。

5. 整合探索型

整合探索型就是整合多种信息，发展幼儿发现问题、解决问题的聚敛能力。推断是人们根据一系列条件对某事发生的原因所做的最佳猜测。在科学活动中，我们能直接观察到的现象不需要用到推断。如向气球内吹气，气球就鼓了起来。但是大多数情况下，我们不能直接观察到现象的发生，这时候就需要根据已知信息来进行推断。

在思维教育中，根据已知信息推断结果属于聚敛方面的能力。如将聚敛的目标融入科学活动中，培养幼儿主动发现问题、解决问题的思维习惯，对发展幼儿以探究的方式"做科学"有着推动的作用。

教师在幼儿的日常生活中可随时引导幼儿做这方面的训练。如引导幼儿观察户外大树晃动的幅度来推断是否有风、风有多大；根据户外人们的穿着来推断室外温度的高低；从室外回来的人带了把伞，根据伞面的干湿程度推断室外是否在下雨，等等。

◆ 案例 6-5　　　　　思维游戏"有趣的夹子"

夹子是日常生活中常见的物品，色彩鲜艳，种类多样，并且容易操作，是幼儿感兴趣的玩具之一。"有趣的夹子"这一活动力求通过多元途径挖掘幼儿对身边熟悉物品的多种玩法，让幼儿在自主操作活动中动手动脑，开发潜能。

一、游戏目标
1. 能用夹子串夹变成各种物品。
2. 发展想象力及动手操作能力。

二、材料准备
彩色的夹子（红、黄、蓝）若干，已经夹完的作品 1~2 件。

三、游戏玩法
1. 意愿夹（较适合托班和小班幼儿）
投放各种动物图片，让幼儿给小动物夹耳朵，夹羽毛等。促进幼儿小肌肉动作的协调发展。

2. 排序夹（较适合中、大班幼儿）
引导幼儿观察已完成的作品。启发幼儿还能将夹子变什么？如变成动物、飞机、树……用夹子串夹变成各种物品。

四、游戏反思

幼儿都知道夹子是用来夹东西的，我们则启发、引导幼儿用夹子造型来发挥幼儿各自的潜能。小丫来到了活动区，他一下拿了一大把夹子，开始用夹子拼搭，先是搭了个楼梯，后又拼了棵大树，玩得很高兴。夹子夹在动物图案上使动物变成新造型为幼儿所喜爱，也是锻炼他们口语能力的好教具。看，小雯拿着夹子张开嘴巴学着老虎叫声和小欣玩，一个说："老虎来了，吼！吼！"一个说："狮子来了，快跑啊！"楠楠拿着"小鸟"夹子对着同伴说："蜜蜂姐姐，早上好，我和你做朋友好吗？"

在这个活动中，幼儿一直处于很愉快的情绪中，处于积极的探索状态中，他们的主动性、积极性都得到了很好的激发。我觉得活动很成功，原因是较好地捕捉了幼儿在活动中的反应，抓住了幼儿真正的兴趣点。幼儿对夹子有着强烈的探索欲望，这种欲望就是他们最佳的学习动力。作为一名教师，要适时地满足他们的探索欲望，引导他们进一步探究，以达到提高的目的。《纲要》指出，要善于发现幼儿感兴趣的事物、游戏和偶发事件中所隐含的教育价值，把握时机，积极引导；关注幼儿在活动中的表现和反应，敏感地察觉他们的需要，及时以适当的方式应答，形成合作探究式的师生互动。本次活动正是体现了这样的理念，在幼儿自己创造思维火花的引发下，在教师的合理支持下，生成了这样一个活动，使幼儿在玩的过程中探索的欲望得到满足，动手动脑的能力得到发展，情绪得到愉悦。

（五）在艺术领域为主的主题活动中有效促进多种思维的发展

幼儿的艺术活动是一种手、眼、脑等全身并用的活动，它需要幼儿用多种感官去感知审美对象，仔细去观察对象，然后再去想象、理解、加工审美意象，然后用动作或语言和其他非语言的方式去表达自己的审美感受，用手对工具和材料的操作表现自己的思想情感和所见所闻。

想象是思维的花朵，创造是艺术的灵魂。艺术活动不是靠概念、判断、推理来进行的，而是靠想象来进行的，而创造性思维活动是人的潜在能力的表现。幼儿在艺术活动过程中，可以打破和超越知觉对象所加给审美感知的某些时空和心理限制，达到一种如临其境、如见其人、如闻其声、如触其物、如嗅其味的设身处地的境界，并且伴随着极其强烈的情感体验活动。这种情感体验是引发幼儿灵感的动力，幼儿通过良好的启迪和引导，其幻想的翅膀能超越时空，迈越古今。他们能大胆、浪漫、无拘无束地表现童心、童趣。通过不拘一格的新奇创意，使自己的思维超然物外，超越时空，完成出超乎寻常的作品。

在艺术活动中，幼儿聚精会神地围绕自己独特的情感线索，展开丰富的想象和创造，沉浸在艺术所带来的愉悦之中。除了用语言来叙述这种愉悦之外，幼儿还会用动作、表情等来表达这种自然和真实的感受。教师就要提供他们一个情感沟通与满足的表现机会。他们会用唱歌、跳舞、绘画或手工这种外在的符号形式尽情地、自由地表达自己的观点，抒发内心的情感，感受用艺术与他人交流的喜悦，从而获得一种精神上的满足，一种因自我肯定而产生的愉悦感，并由艺术这种符号化的人类情感形式泛化到生活的其他领域，丰富和发展其情感世界，使其人格得到健全完善的发展，从中促进创造性思维的发展。

心理学、脑科学的研究表明，艺术教育有助于幼儿大脑潜能的开发，对于促进幼儿思维能力的发展，尤其是创造性思维能力的发展具有重要作用。将思维教育的图形、语义、行为等方面的目标渗透到幼儿园艺术活动中，可以有效地促进幼儿的理解力、判断力、创造性等思维能力的发展。

因此，思维游戏还可以融入艺术领域中。艺术活动又分为音乐活动和美术活动。音乐活动和美术活动还可以分很多类型。通过不同类型的艺术活动中融入的思维游戏可以有效加强幼儿对艺术思维和创造性思维的培养，还可以加强感受艺术的美。

1. 以音乐活动为主的思维游戏

音乐活动为主的思维游戏又可以分别根据音乐活动内容设计和音乐活动中的图谱设计进行分类。

（1）基于音乐活动内容设计的思维游戏

这类思维游戏主要有四种具体的类型。

① 歌词替换型

歌词替换在思维活动中属于发散活动。发散是创造性思维的重要因素，它是一种从不同的方向、途径和角度去设想、探求多种答案，最终使问题圆满解决的思维方法。而歌词替换活动能较好地体现创造的流畅性、多端性、灵活性、新颖性等特点。如在小班进行"在农场里"歌唱活动时，幼儿在熟练掌握基本歌词后，教师可启发幼儿想一想"农场里还会有哪些小动物。它们都会发出什么样的声音。"幼儿就会想到"小猫在农场里喵喵，小狗在农场里汪汪"等。在这里，幼儿发散的点有两个，一是动物，二是动物相应的叫声。幼儿可以用任何动物进行替换，而动物的叫声需要和动物相对应。再如《两只老虎》这首儿歌，幼儿可以将老虎替换成其他动物，而对应替换的是身体部位及器官。或者将数字进行替换，如"三只老虎"，而对应替换的两个数字之和必须是三，那样就可以成为"一只没有脑袋，两只没有尾巴"教师也可以选择其他儿歌，在不改变句式的前提下替换名词、动词、数量词或形容词。

② 和声歌唱型

幼儿园生活以集体生活为主，集体活动使幼儿在一起学习、游戏，音乐活动中的交往与合作表现得更加频繁。幼儿园的音乐活动以歌唱为主，尤以集体合唱为多。我们常常发现，集体歌唱活动中会出现有人唱得慢，有人声音特别响，有人音色特别突出等情况，而幼儿园的集体歌唱通常是齐唱，即集体开始、集体结束，幼儿只须学会唱歌即可，为此，我们通过运用思维方式的引导，加入和声歌唱练习，幼儿就能够逐步开始注意自己的声音与他人声音的关系，并使自己逐渐融入集体中。

幼儿园中的和声演唱可以是简单的分声部合唱或轮唱。分声部合唱是两个或多个不同声部相配合的集体演唱形式。它是以特定的形式把两个以上声部的歌唱巧妙结合起来，形成了悦耳动听的和声效果，能引起幼儿浓厚的学习兴趣。轮唱是由二至四个声部演唱同一个旋律，但不是同时开始的齐唱，而是先后相距一拍或一小节出现，形成此起彼伏、连续不断的模仿效果。

在演唱时，幼儿要在众多的声音中学会分辨出自己的声音，判断演唱时是否符合声部的要求；倾听周围同伴的声音，判断自己与同伴音调的高和低、快和慢、先与后、长与短等诸多位置关系；还要聆听音乐的伴奏，判断在准确位置上跟进音乐歌唱。这个过程实际上也是一个创造艺术美的过程，更是创造性思维能力的培养过程。

③ 乐曲配器型

对音乐的旋律、节奏、速度、力度等的感受，能够在培养幼儿音乐审美能力的同时，行之有效地形成创造性思维特征。教师引导幼儿欣赏一首曲子后，给幼儿提供几种打击乐器，让幼儿根据曲子的节奏、情境、内容等编配旋律。这是思维活动中的一种评价能力，思维活动中的评价是指在相似的、不确切的信息中做出选择和判断。在音乐活动中，评价能力的培养可以帮助幼儿更准确地对音高、音色、音长、节奏等诸多综合元素进行分辨，分辨的越细微，听觉的辨别能力就越强。

例如，学习歌曲《走路》时，先让幼儿通过拍打节奏来感受小兔、小鸭、小乌龟、小花猫、大象、小鸟等动物走路的不同节奏特点，再让幼儿在这一基础上用乐器表现这些特点，如用大鼓表现大象，用响板表现小鸭子，用串铃表现小鸟等。每个幼儿的选择都会有所不同，有的幼儿可能会用大鼓来表现小猫，教师不用急于纠正，可以通过大家一起欣赏评鉴后判断出最适合的一种表现方式。幼儿不仅要熟悉小动物的特征，还要熟悉乐器的特征，再把这两种事物相结合，在已知的信息中进行判断，找到两者之间的相似特性，再进行一一对应的匹配。丰富多变的节奏，加上动听的旋律及形象生动的动物特征，能够唤起幼儿学习的兴趣，在激发幼儿内在情感的同时发展他们的创造性思维能力。

④ 身体表现型

在音乐活动中，幼儿用身体来表现音乐即用简单的形体动作创编舞蹈，创编活动在思维教育中包含来了认知、转换、评价、发散等多重思维能力。其中认知活动是各种活动的基础，幼儿首先要理解音乐语言，然后将音乐语言转换为脑中可见的形象，在对音乐与形象进行基本的评价、判断后，幼儿即可用身体动作进行表现。在思维教育目标中，发散是由给定的信息生成的，重点在于产生不同的、各种性质的产物，在这里，我们给定了音乐旋律，而幼儿的身体动作即为配合旋律的发散点。

例如，在创编舞蹈《乌龟》的活动中，幼儿要根据乐曲大胆想象音乐所表现的场景，再通过观察和模仿对乌龟进食、爬行以及蜷缩身体的各种动作进行认知，然后引导幼儿互相交流和分享乌龟跳舞的故事，最好把乌龟的动作加工、提炼、转换，并创编出一个完整的舞蹈。在这一过程中，幼儿的认知、转换、评价、发散等思维能力等得到了提高和发展。

我们还可以选择一些节奏与旋律简单的歌曲，让每个幼儿选择一个音符，先比较音的高低与长短，然后根据音的高低、长短，用自己身体的变化做出快速反应，这样就仿佛形成了可见的音乐旋律。在进行此活动时，让幼儿排成各种队形，如横排、竖排、圆圈等，更能体现这种活动的趣味性、流动性、变化性。

（2）以音乐活动中的图谱设计的思维游戏

这类思维游戏主要有两种类型。

① 图谱转化型

思维教育中的图形指的是我们通过感官可以感知到的信息，比如物体、形状和声音等。对声音的认知在思维教育中则可视为对图形的认知，即接受并理解听觉信息的一种能力。图谱转换认知就是把已发现、了解、识别的图形信息转化为另一种形式的图形信息，或者从另一个视角重新认识已知的图形信息。图谱转换认知也是创造性解决问题的一种基础能力。电影《音乐之声》中的女教师将每个音都比作一种事物，如"哆是一只小母鹿，来是金色的阳光"，这就是把抽象的事物转换成具体符号的过程，这种转换可以有效帮助幼儿认知和理解陌生事物。

在打击乐活动中，因为乐器种类较多，节奏较为复杂，幼儿识别、把握节拍时常常会遇到记忆和理解的困难。教师可以和幼儿一起制作打击乐图谱，将音乐符号转化为幼儿容易识记、理解的图形标志。如，用1个苹果表示1拍，2个樱桃表示1拍的2个半拍，1个苹果拍1下，2个樱桃就拍2下。在这一活动中，幼儿首先要理解苹果代表整拍，樱桃代表半拍，在这以后，幼儿还要用行为把节拍表达出来，这是一种思维的双重转换过程。

② 图谱描绘型

唱歌是幼儿园中常见的音乐活动，教师在组织此类活动时，通常要一遍遍地范唱，以加深幼儿对歌词的理解和记忆。如果我们使用思维教育中图谱认知的方法，幼儿则会更容易掌握。图谱认知即对具体形象信息的理解，在组织唱歌活动时，用线条、色彩、绘画等形式去表达音乐作品的意境或音乐形象，幼儿就可以在轻松记住这些图案的同时，理解并学会唱一首歌。

例如，教唱歌曲《春天在哪里》时，歌词中反复出现了"红花、绿草、小鸟",教师可将歌词中的事物用图案表现,当这些图案出现在黑板上时,幼儿不用记住歌词,只需看图案就知道要唱什么了。教师可以边唱歌边画出这些形象,不用画得很好,只要能够被幼儿识记即可。幼儿时期的学习都是以具体形象思维为主的,有了具体形象的支持,歌词中的抽象事物会更易于幼儿理解和记忆,运用视觉、听觉等多感觉通道的学习途径,会使学习的效果事半功倍。教师还可以引导幼儿在听了歌曲后,自己画出歌曲中描写的情境和事物,这样在认知的基础上,又提高了幼儿的发散性思维能力。

思维能力的培养与音乐活动的结合,使幼儿在智力方面得到发展的同时,还给幼儿提供了自主探索和充分发挥的空间,在幼儿体验自由欢乐的音乐氛围后,就能有效地激发他们潜在的创造性、表现力和想象力,使他们的思维在轻松愉快的活动中得以发展,最大限度地体现幼儿活动的主动性,让幼儿在游戏中感悟,在快乐中成长。

2. 以美术活动内容设计的思维游戏

美术活动的类型有很多,我们设计的思维游戏主要有三大类。

(1)绘画活动中的思维游戏

绘画活动可以帮助幼儿理解空间关系,提高幼儿对图形转换与图形关系的理解能力。图形转换认知就是把已发现、了解、识别的图形信息转化为另一种形式的图形信息,或者从另一个视角重新认识已知的图形信息,图形转换认知能力是创造性解决问题的一种基础能力。教师在绘画和手工活动中应注意为幼儿提供转换认知的机会,比如教师在引导幼儿画一个花瓶的时候,可以突破以往仅从正面这一个角度来画的方式,让幼儿从不同角度进行观察,分别选择正面、背面、侧面、俯面等角度来画花瓶,也可让幼儿把同一个花瓶从不同的角度来画,在绘画完成后,再让幼儿观察不同角度画出来的物体有什么不同,帮助幼儿学会不受角度变化的影响来认识事物,以此来帮助幼儿理解物体的空间守恒性。

美术作品中蕴含了丰富的图形关系,教师可利用这些图形信息,发展幼儿对图形关系的理解能力。例如在绘画活动中,我们经常会看到幼儿在构图方面较为随意,画面内容多以罗列的形式随意摆放,看上去缺乏"空间感",这与幼儿对图形关系的认知能力发展有关,幼儿还不能很好地理解空间中的各种关系，如上下、前后、里外等。教师在尊重幼儿这个时期的绘画作品特点的同时，要注意观察幼儿绘画作品中图案的布局和构图特点，及时捕捉和发现幼儿尚未掌握或尚不清楚的图形关系，然后有重点地去引导幼儿进行练习。如中班幼儿的作品《周末》，画面中描绘了幼儿自己周末外出看到的事物，画中有飞机、救护车、小女孩、小房子，但是各个物体完全是无空间感的罗列，幼儿并没有认识到"小女孩站在路旁，救护车在路上走，小房子在飞机下面，飞机在天空中飞"，教师可以根据幼儿的实际情况，有目的地开展绘画活动，帮助幼儿逐步理解其中的位置关系"旁边、上方、下方、上面"，即使幼儿还不能用语言准确地表达这些位置关系，教师也可给幼儿提供实践机会，让幼儿在图形层面上通过图画作品表现出来。

（2）美术欣赏活动中的思维游戏

在美术欣赏活动中可以引导幼儿对图形信息进行观察与判断，发展幼儿的图形评价能力。在美术欣赏活动时，教师可引导幼儿对画面信息进行观察、判断，从而更好地理解作者的意图和作品所要传达的信息。例如毕加索的作品《梦》和《哭泣的女子》，教师可引导幼儿通过对比的方式，让幼儿对两幅作品的颜色、线条、人物表情等方面进行观察、比较和判断，从而体验画面所传递的快乐与不快乐的两种感觉。

幼儿的美术活动为幼儿提供了丰富的图形信息，幼儿经常需要对这些信息进行比较、判断和评价，在美术欣赏活动中，通过对作品的表现手法、表现形式和表现风格的比较，可以提高幼儿对作品的审美感受和判断能力。例如在蒙克作品《呐喊》的欣赏活动中，画家表现同样的形式、内容、情绪，却用了木刻、蛋彩画的表现手法，教师可引导幼儿比较同类作品，感受不同表现手法带来的视觉效果。又如，教师在帮助幼儿了解不同绘画工具的使用效果时，可以将彩笔画、水粉画、水墨画等图画作品对比呈现，让幼儿去观察、评价其效果的相同点和不同点。同样，为了帮助幼儿更好地理解色彩的使用特点，教师可让幼儿观察和对比同一作品的不同着色特点，从而判断哪种颜色更加适宜。这些都在潜移默化中发展了幼儿的图形评价能力。

（3）美术创作活动中的思维游戏

在美术创作活动中可以激发幼儿思维的发散性、创新性，发展幼儿的创造性思维。美术活动中是一种最易开展的创造性活动，最容易激发幼儿思维的发散性与创新性。幼儿从涂鸦期的乱涂乱画到象征性地再造不完整形象，再到图式期用画来表达概念等，都显示了幼儿的创造性思维。在美术活动中，教师示范，幼儿依葫芦画瓢的方法一定程度上发展了幼儿绘画技能，使幼儿掌握了一些绘画的基本方法，但是这种方式往往会造成幼儿绘画的模式化，限制幼儿思维的发散性和想象力的发挥。在开展绘画活动时，应给幼儿充分的自主性，让幼儿画其所爱、画其所想，但是发散并不是无目的、无方向的发散。在以创作为主的绘画和手工活动中，教师应引导幼儿按照一定的要求进行发散活动。如在绘画活动中，可运用"添画"的方式，为幼儿提供某种图形（如圆形或三角形）或手工材料（如纸盒或鸡蛋壳），让幼儿在此基础上进行创作出尽可能多的物体。教师可为幼儿提供几个半圆形的图案，让幼儿通过自己的添画，将半圆形图案变出尽可能多的、会爬行的动物或能吃的东西，看看谁的创意最新颖，创作出来的作品最多，在这个过程中，幼儿的发散思维是以结果为导向展开的。

再如在美术创作活动中，教师可指定一个主题"我为妈妈做衣服"，让幼儿选择自己最喜爱的材料和手法来完成这个主题，可以任意选择剪纸、编制、泥塑、布艺等方式，只要最终完成一件衣服的制作即可，在这个过程中，幼儿的发散思维是以过程为导向的。通过更多这样的练习，幼儿可以逐渐学会开放地理解事物，自如地产生新的观念和方法。

◆ 案例 6-6　　　　　　中班思维游戏"玩电线"

一、游戏目标

1. 任意弯折电线，大胆表现富有创意的造型，激发探索兴趣。
2. 尝试运用多种材料、多种方法，让电线站起来。
3. 培养大胆尝试，勇于探索表达的精神。

二、材料准备

长短、粗细、颜色不同的废旧电线，辅助材料。

三、游戏玩法

幼儿对一根直直的电线通过任意弯折的方法来进行造型，看谁变得多，变得特别。大胆表现富有创意的电线造型，并尝试运用多种辅助材料让电线造型站起来。

四、游戏过程及反思

幼儿尝试操作，让电线造型站立起来。轩轩介绍他借助胶带把做好的小树站了起来："插入彩泥，让自己做好的作品站起来。"电线是常见的生活用品，本次活动是和幼儿生活相关的，更容易激发幼儿创造的兴趣。废旧电线颜色多样，易弯折伸直，变化万千，在幼儿操作活动时，提供这一素材，不仅能充分调动幼儿的各种感官，还能为幼儿丰富想象力构建舞台。

教师根据中班幼儿的身心发展水平，借助电线色彩鲜艳，可随意造型等特点，以观察性、开放性提问为中介，以诱发积极思维，大胆操作，自主表达为核心，通过动手、动口、动脑，促进幼儿全面发展，让幼儿在探索中吸取新的知识。

教师还可让幼儿丰富一些知识经验，并在活动结束时肯定幼儿的作品，让幼儿有一种小小的成就感，更能激发幼儿创作的兴趣。

幼儿美术活动本身蕴含了幼儿思维发展的多方面因素，可以说，幼儿的美术活动是幼儿思维发展的一个侧面，幼儿可以通过美术活动获得多方面的发展与进步。教师应结合教学的实际情况和自身经验，将思维教育的目标和内容巧妙地融入其中，不仅利于提高幼儿参与美术活动的兴趣，而且是促进幼儿图形、语义、行为等方面的思维能力发展的有效途径。

第二节　基于区域活动的幼儿思维游戏

美国教育家杜威曾经指出："在教育上，人格比学科重要。知识并不是目标，只有个人的自我实现才是目标。"虽然杜威的言论有实用主义哲学的个人中心倾向，但他对人自身价值的强调却是有积极意义的。区域活动是幼儿自我学习、自我探索、自我发现、自我完善的活动，有相对宽松的活动气氛，能满足处于不同发展阶段幼儿的需要。区域活动还是幼儿获得经验、发展思维、提高能力的主要方式，它是具有教育性、趣味性、操作性、创造性、探索性的，在自由宽松的学习环境中自主探索学习的非正式的教育活动。它是幼儿开展学习的有效形式，它与探索型主题活动相互联系，相互补充。教师根据教育目标，创设具有良好氛围和不同特点、不同要求的教育环境群，通过幼儿与材料、环境、师生间、生生间的相互作用，来达到促进幼儿身心发展的目的。它赋予了幼儿极大的自由度，使幼儿能够按自己的意愿，独立自主地进行活动，既为幼儿自主习惯和能力养成发展提供了条件，也为幼儿建立社会关系创造了机会。因此，区域活动的开展成了幼儿思维游戏的主要方式之一。

区域活动是以快乐和满足为目的，以操作、摆弄为途径的自主性学习活动。它是幼儿主动地寻求解决问题的一种独特方式，其活动动机由内部动机支配而非来自外部的命令，表现为"我要游戏"，而不是"要我游戏"。自主性是结合区域活动的幼儿思维游戏的内在特征，充分体现了幼儿身心发展的特点，可满足幼儿结合区域活动的幼儿思维游戏的需要，更好地促进了幼儿自然、自由、快乐、健康地成长，实现"玩中学，做中学"。

在区域活动的幼儿思维游戏中，幼儿参与性高，能积极动脑、大胆操作。通过观察，我们发现区域活动能有效提升幼儿对思维游戏的喜好度和认可度，促进幼儿良好个性的发展。同时，幼儿通过互相交往，互相合作，互相商讨，处理、解决问题，一些在基于主题活动的幼儿思维游戏中幼儿无法进行操作和完成的活动需要也能在区域活动中得到满足。

《纲要》指出，教育活动的组织与实施过程是教师创造性地开展工作的过程。幼儿的知识是在操作与探索中通过自身的活动获得的。在区域活动中，教师可收集大量思维游戏的操作材料放入活动区，并且考虑幼儿的年龄特点及安全因素等进行合理投放。在区域活动时，教师可有计划、有目的地引导幼儿在区域游戏时大胆想象和创造。本节就基于幼儿园活动开展思维游戏进行阐述。

一、基于区域活动实施思维游戏的原则

依据幼儿的年龄及思维发展特点，要寻求思维在区域活动中的位置，找到

适合幼儿思维发展的方法，寻求与区域活动相关的一切人、一切事物、一切活动，从而提高幼儿思维的敏捷性、深刻性、创造性、灵活性等品质，提高幼儿分析问题、解决问题的能力以及创造性思维能力，以有效促进幼儿思维发展。结合区域活动开展思维游戏，能够调动幼儿学习的积极性，让幼儿学得更生动、更有效，有利于发挥和发展幼儿的主体性，培养创新人才，因此在结合区域活动开展思维游戏时要遵循以下几个原则：

（一）目标性原则

目标性原则是区域活动中创设区域、投放材料的依据，也是指导活动、评价效果的依据。贯彻这一原则，教师应做到以下几点：

1. 教师要根据本班教学计划、幼儿的年龄特点，分周分月拟定区域活动目标。区域活动的材料要紧扣目标，根据目标提供操作材料，通过材料调控幼儿的操作行为，以达到教育目的。

2. 活动目标要适度。如小班幼儿对雪花插塑的颜色感兴趣，因此，他们在活动时，只求什么颜色和什么颜色插在一起好看，而不考虑插出来的物体像什么。但中、大班的幼儿则对活动结果感兴趣，追求的是我的像座小房子，你的像架小飞机等。因此，活动目标要适度，以免因目标过高使幼儿失去信心，或因目标过低而压抑幼儿创造性思维的发展等。

3. 活动目标要具体。如语言区域活动的活动目标，确定为培养幼儿的美感和语言表达能力，教师就要引导幼儿正确理解美，并将其准确表达出来。

4. 在目标制订与实施过程中，可实行一个目标通过不同的区角来实施或一个区角可以达到几个不同的目标的方式，实现目标实施的灵活性。

（二）自主性原则

教师在开展区域活动时，所设计的内容、提供的材料要符合幼儿的能力水平及兴趣爱好，使幼儿产生活动的愿望。教师不要过多干预，要让幼儿自主选择活动内容、材料、伙伴，让幼儿自己决定玩什么、怎么玩等，只有当幼儿遇到困难和问题时，教师才适当介入，提供适时适度的帮助，给幼儿充分的自主性。

幼儿活动主要不是服从目标，而是服从兴趣和自身的需要，也就是说，幼儿的学习活动主要是由兴趣和需要维持的，他们还不具备为适应教师的教学方法来主动调节自己的学习方法的意识和能力。当前倡导的素质教育的主要特征，就是使幼儿主动、活泼地学习，强调的是幼儿在学习与发展中的主体地位，让幼儿成为学习的主人，只有这样，幼儿的内部潜能、思维能力才能充分发挥出来。因此，在区域活动中，教师不能硬性要求幼儿按照条条框框去做，使幼儿只是被动地接受，完全失去了自我，而应充分尊重、信任幼儿，把幼儿当作独立的个体，以此唤起幼儿的主体意识，让他们按照自己喜欢的方式方法参与活动，寻找乐趣，获得发展。

（三）差异性原则

1. 不同年龄的差异。同一内容，各年龄班制定的区域活动的目标也应各不相同。幼儿园各年龄班幼儿现有的活动能力和水平是不同的，因此，同一活动区域的同一活动内容在各年龄班的活动目标往往是不同的。这样既可满足不同年龄幼儿的探索愿望，又能充分发挥各种材料的教育功能。

2. 幼儿个体的差异。在同种活动区域里，教师提供的材料也千万不能"一刀切"，而应考虑到幼儿本身的能力不同，使活动材料体现出层次性，以满足不同水平幼儿的活动需要，使幼儿都能得到较好的发展。即便是同一年龄班级的幼儿之间，其个体的能力与水平也是各不相同的。因此，在区域活动的材料投放中，必须考虑到上述因素。如我们为小班健康区域活动准备了多种材料，雪花插塑适于给年龄较小、手部动作欠准确、灵活的幼儿拿用与活动，而乐高插塑则适于给身体素质较好的幼儿使用，因为他们的身体发育较快，各关节活动较为灵活，稍大一点的材料可以满足他们的需要。

总而言之，不同的幼儿原有的知识水平、认识能力以及个体活动方式等都存在差异，教师在实施区域活动的过程中，必须要关注幼儿的个性差异，因材施教。教师可采取小组或个别活动的形式，让幼儿既有个体自主活动，又有小组交流合作，满足不同水平幼儿的发展需要。对不同水平、不同个性的幼儿可以提出不同的要求，使每个幼儿都能在区域活动中获得快乐的成长、思维的发展。

（四）安全性原则

对幼儿进行的各种区域活动，都必须建立在确保幼儿身心安全的基础上，这是开展区域活动的根本前提。为此，教师在区域活动的过程中应做到以下几点：

1. 提供的活动材料或设施必须符合幼儿活动的各种安全指标。从材料或设施的质量上、性能上及用材的选择上（如是否是环保、安全、无害材料等）都要严格把关，避免在幼儿活动过程中，给他们造成不良的影响。

2. 活动的安排上，要确保使幼儿的活动是在教师的周密组织与科学指导下进行。通过教师适时有效地参与指导，一方面，使活动更好更快地向已定的目标发展，另一方面，使幼儿的身心安全得到很好的保障。

3. 管理上，应及时制订工具和材料的安全摆放和使用规则，注意操作安全，以免发生意外。

二、思维游戏在区域活动中的实施

皮亚杰理论表明，幼儿的思维源于感知，感知是思维赖以发展的必要前提，要想把幼儿培养成为一个充满创造力的人，就应尽量让他们尝试各种事物，让幼儿主动摆弄、体验，在实际操作中不断积累经验。区域活动注重的就是幼儿的动手操作，能让幼儿在操作材料的过程中获得信息，积累经验和发展能力。思维游戏的材料是开展区域活动的物质基础，是促进幼儿发展的载体。在区域活动中，在准备思维游戏材料时，可以在更换一部分材料的基础上，尝试在材料原有状态下做一些迁移调整，赋予材料新的面貌和价值，以挖掘材料的潜力，达到物尽其用的效果。

将思维的内容或思维的目标融入区域活动中。有些区域活动的内容表面上很少与思维训练有关，但在这些内容具体展开的过程中，在具体的教与学的过程中，隐含的所需的思维能力却充分反映了出来。幼儿在思维游戏与区域渗透的活动中，把思维的一些方法、内容、经验带进了幼儿园，带进了自己的学习过程中。另外，思维游戏给幼儿更多观察、思维的方法的展现机会，这些都是隐性的。

基于区域活动的思维游戏也可以与五大领域的各领域相结合，相互渗透。为此可以将区域活动划分为健康区域活动、语言区域活动、社会区域活动、科学区域活动、艺术区域活动。在这五大区域中都可以放入思维游戏元素，将思维单元的内容、材料、游戏的方法融入区域活动中，组织幼儿在区域活动中，发展创造性思维。

基于区域活动思维游戏与五大领域相结合、相渗透的关系如图 6-2 所示。

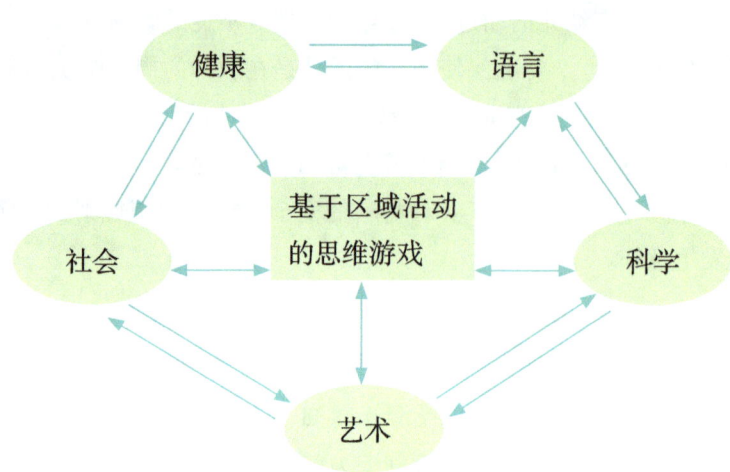

图 6-2　基于区域活动的思维游戏的横向结构示意图

（一）健康区域活动中的思维游戏

《纲要》明确指出尊重幼儿在发展水平、能力、经验等方面的个体差异，因人施教，努力使每一个幼儿获得满足和成功的理念。在开展健康区域活动中，材料的投放很重要，这时就需要根据幼儿的体质差异、运动量大小等年龄特点，投放符合各年龄幼儿年龄特点的材料，可以投放自制的体育器械，如滚筒、纸棒球、自制保龄球等，还可以投放生活化材料，如梯子、鞋盒、轮胎、瓶子等。投放这些可操作的材料后，教师通过有目的、有计划、有层次的指导，使幼儿在健康区域中自主探索、发现，在玩中学、学中玩，从中体验活动的快乐，同时，促进幼儿的发散思维、创新思维等多种能力的发展。

◆ 案例 6-7　　　　　大班思维游戏"好玩的鞋盒"

班级活动区里有很多鞋盒，供幼儿搭建楼房。一次，一名幼儿把纸盒放在地上跳着玩，引起了其他幼儿的注意。他们把盒子放在地上跳，顶在头上走，有的还会对盒子进行分类。鞋盒是一种具有可变性的材料，它能激起幼儿的想象力和创造力。大班幼儿经过小班和中班的学习，在健康活动中已经积累了不少运动经验,所以我想通过健康区域活动的形式让幼儿经过自己尝试,发现问题,大胆创新,体验健康区域活动带来的快乐,让幼儿在一物多玩的探索游戏中玩出智慧,玩出精彩,在健康区域活动中促进幼儿创造性思维的发展。

一、游戏目标

1. 大胆想象,利用鞋盒一物多玩,学会跨、跳、绕的基本动作。
2. 在游戏中培养意志力和合作能力。
3. 在游戏过程中促进创造性思维的发展。

二、材料准备

师生共同收集大小不同的鞋盒、各类绳子、沙包。

三、游戏玩法

鞋盒轻巧,安全。可以连接拼搭,可以利用多种辅助材料进行串联,还可以把盒子堆高玩跨跳等游戏,有着很强的可变性。它的这个特点给幼儿提供了想象和创造的空间,激起了幼儿很多的奇思妙想。于是我让幼儿利用鞋盒一起来玩游戏。同时还为他们提供了多种辅助材料,例如长短、粗细不一的绳子、沙包等,鼓励幼儿想一想可以怎样玩鞋盒,比一比谁的玩法多,大家合作又能想出哪些有趣的玩法。

活动中,有的幼儿把脚放进鞋盒把鞋盒当大拖鞋用;有的幼儿把鞋盒当成推土机来玩;有的把鞋盒当作球来踢;有的将鞋盒放在地上跳来跳去;有的用绳子把鞋盒串起拖拉鞋盒。(见图 6-3)

朵朵发现她的鞋盒上有个小洞,用绳子穿过正好可以把盒子穿起来,拉着绳子的一头,把鞋盒放在地上拉着跑也很有意思。边上的幼儿也发现了这个秘密。于是他们利用这些投放的材料做了许多拖拉小车,拖拉着鞋盒相互奔跑追赶。(见图 6-4)

两个幼儿在玩推盒子的游戏,边上的小 C 正抱着盒子犹豫着是否要加入他们的时候,正在推盒子的小童忽然就对小 C 发出了邀请:"你来帮我一下。"于是,小 C 加入到了推盒子的队伍中,和同伴一起玩起了推盒子比赛的游戏。

■ 图6-3 鞋盒的各种玩法

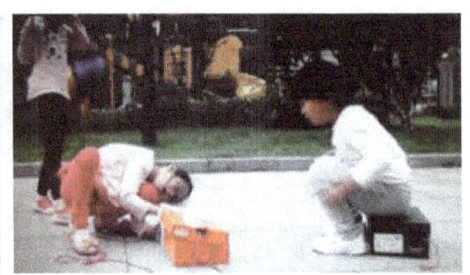

■ 图6-4 朵朵发现了鞋盒的秘密

随着比赛的进行,参加推盒子游戏的幼儿慢慢增加了。从开始的2个人推盒子发展到最多7个人一起推。(见图6-5)

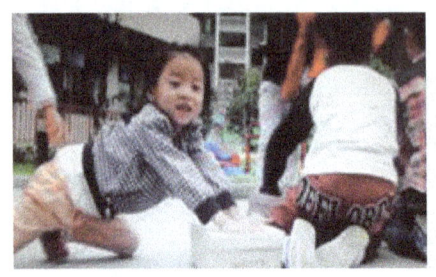

■ 图6-5 推盒子比赛

■ 图6-6 幼儿把鞋盒一个个堆高，进行跨跳游戏

四、活动反思

在《指南》有关健康领域的教育建议中指出，要激发幼儿参加体育活动的兴趣，养成锻炼的习惯。如为幼儿准备多种健康活动材料，鼓励他自己选择喜欢的材料开展活动；经常和幼儿一起在户外运动和游戏，鼓励幼儿和同伴一起开展健康活动，利用多种活动发展身体平衡和协调能力。所以我想在材料的投放方面是否可以在提供鞋盒的基础上再为幼儿提供些绳子、沙包等材料，使鞋盒的玩法变得更加丰富多样。但绳子可能会在幼儿游戏时对他们造成威胁，沙包在投掷的过程中也有可能会有危险，所以在活动前，针对材料的特性，我对幼儿做了安全教育工作，告诉幼儿在活动场地的哪些地方可以玩绳子的拖拉以及需要注意的问题以及玩沙包投掷的时候需要注意的事项等，以确保幼儿在快乐游戏活动中的安全，提高幼儿的自我保护意识。

在分析了所选材料的特性后，我给幼儿提供了想象和创造的空间，激发起幼儿的奇思妙想，激起幼儿对健康区域活动的兴趣，促进了幼儿身体运动能力和创新思维的发展。

1. 主副材料的搭配

主、副材料的合理搭配使用会给幼儿创设更多选择和组合的空间。可以增强游戏的有趣性，丰富游戏的内容。出于这样的考虑，我在投放主材料鞋盒后，还给幼儿提供了副材料绳子和沙包以满足幼儿延伸和游戏创新的需要。

2. 材料投放的安全性

安全是幼儿开展运动的前提。我特意选择较大的户外场地进行游戏。我在给幼儿提供副材料绳子和沙包时也事先考虑到绳子可能会绊到幼儿，沙包可能会砸到幼儿。所以我在活动前对幼儿做了安全教育工作。提醒幼儿避开危险地带，避免相撞，躲避他人扔过来的沙包。

3. 材料投放的层次性

幼儿的个体差异决定了幼儿的认知经验、运动能力、兴趣爱好都不同。所以材料投放要凸显层次性，使每个幼儿都能根据自己的需要来选择材料。如用高矮、大小不同的鞋盒，用不同的方式组成游戏线路等。

4. 材料投放的适度挑战性

在活动内容和场景中适度设置一些困难，使运动环境具有一定的挑战性。满足不同幼儿的需要，培养幼儿挑战自我的精神。

5. 材料投放的发展性

在健康区域活动中，幼儿的能力、兴趣往往会随着游戏进程而变化，会出现新的需要。这就要求我们教师，不断观察幼儿对游戏材料的利用情况和兴趣点。当原有内容已经不能满足幼儿的发展水平和兴趣需要时，要适当添加辅助材料，调整游戏内容，满足幼儿的新挑战和新需要。

陈鹤琴提出："儿童以游戏为生活""儿童既喜欢游戏，我们就可以利用游戏来支配他的动作，来养成他的习惯。"因此，我们在了解了幼儿已有经验的基础上，为幼儿创设良好的游戏环境，为幼儿提供丰富的游戏材料，让幼儿按自己的意愿自由选择游戏，以自己的方式进行游戏，在与材料和伙伴的相互作用中，共同分享游戏带来的快乐和学习彼此的经验，促进幼儿主动性、独立性、创造性的发展。

从健康区域活动中的思维游戏中，教师捕捉到了许多平时没有注意到的事情，只要我们认真去观察，在尊重幼儿的基础上，鼓励幼儿观察、模仿、解决同伴间的争执和冲突并自己制定游戏规则，幼儿的游戏就会越玩越丰富，越玩越有价值，幼儿的思维能力就能有所提升。

◆ 案例 6-8　　　　大班思维游戏"好玩的轮胎"

"轮胎"是幼儿比较熟悉的一样东西，为了使幼儿能在玩中得到更多的乐趣，结合幼儿园开展的健康区域中的思维游戏，我们给幼儿创设了一个自由的空间，投放了收集的废弃轮胎，让幼儿在探索的过程中发现轮胎的多种玩法，并培养他们与同伴合作的意识;让幼儿体验创造的乐趣,敢于创新,增强自信,发展幼儿的思维能力。

一、游戏目标

1. 通过主动尝试,利用平衡、钻爬和推拉等基本技能,探索轮胎的不同玩法。

2. 在游戏过程中促进创造性思维能力的发展。

二、材料准备

轮胎、绳子、呼啦圈、软布飞盘和塑料彩石。

三、游戏玩法

在游戏过程中幼儿积极尝试轮胎的多种玩法,发展了走、跑、跳、钻等基本技能。

1. 玩法一

幼儿把轮胎堆叠在一起,做成一个"大城堡",然后"住"在里面玩娃娃家的游戏。这个游戏进行了没多久,琪琪说:"打地鼠,谁来打地鼠?"当时并没有幼儿响应,在边上的我马上接上说:"我来打地鼠。"找来了软布飞盘,把它当做是打地鼠的工具,我自己当"猎

图 6-7 打地鼠真有趣

人"。游戏开始了,躲在洞里的"小地鼠"一上一下地逃窜,"猎人"负责拍打逃出"洞口"的"小地鼠"。这个游戏玩法不一会就激起边上幼儿的兴趣。大家纷纷加入到打地鼠游戏中。(图6-7)

在打地鼠游戏中,幼儿们碰到了"地洞"不够的问题。一只地鼠住的"地洞"大概需要4个左右的轮胎,"猎人"们也想转换角色去当"小地鼠",可"小地鼠"却不太愿意换角色。这就出现了"人多鼠少"的局面。问题出现了,该怎么

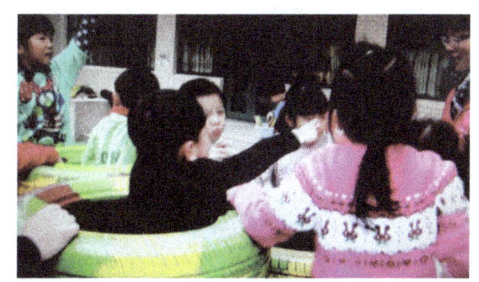

图 6-8 点兵点将选出新的小地鼠

办呢?幼儿向我寻求帮助时,我将这个问题又抛还给了他们。"你们说怎么办呢?我听你们的。"我说。这时有幼儿提出用"点兵点将"的方法(图6-8)来选"小地鼠",大家都同意了,用这个方法选出了新的小地鼠。

一只"小黑鼠"遇到困难了(图6-9),有两个"猎人"围在他的边上一直"拍打",就连他躲在"洞中"不出来时,也不放过。"小黑鼠"在没办法的情况下向我寻求帮助。我请"小黑鼠"向"猎人"说清楚事情的经过。小黑鼠说:"我躲在下面时,他们还是打我。"我说:"所以呢?意思就是……"小黑鼠

图6-9 "小黑鼠"很烦恼

图6-10 轮胎桥上走

接着说:"我在里面时,你们不能打我。"边上的"猎人"明白了,接着按照规则继续玩下去。

2. 玩法二

幼儿们把几个轮胎连接着放在地上,摆成轮胎桥(图6-10)。从这有一端走到另一端,保持身体平衡不掉下来。为了增加难度,轮胎被叠高到两层。偶尔有几个幼儿会走不稳,但基本都能马上调整好自己的身体,继续在轮胎上行走。

几个幼儿排成直线,把轮胎竖放在地上,筑起一条长长的通道,游戏开始,幼儿从轮胎中间一个一个钻爬过去。小C在钻爬过通道后说:"太空桥要关闭了。"他还拿出一个蓝色的软布飞盘来做"信号灯"挡在通道口,提醒在后面钻爬的幼儿。后面钻爬的幼儿迅速进入了游戏情境中,看到"信号灯"时停止动作,在没有"信号灯"时快速

图6-11 穿越"太空桥"

地爬出"太空桥"。（图6-11）

"太空桥"的游戏持续的时间并不长，很多幼儿玩过一次后纷纷带着自己的轮胎离开了。只有小童和两个女孩子留在了那里。在没有人帮忙扶住竖放轮胎的情况下，小童尝试搭建新的通道（图6-12），尝试和调整了很多次后终于成功搭建了"无人扶通道"。我走到小童边上时，他骄傲地向我展示了他的成果，露出了成功的喜悦。

■ 图6-12 尝试搭建"无人扶通道"

一一和几个小伙伴一起将三个轮胎叠高后再放一个竖立着的轮胎。结合沙包、软布飞盘这些辅助性材料来投掷。一一的一个飞盘在轮胎的圆洞中穿过时，他高兴地叫了起来，然后继续投掷。没过多久，又一个飞盘从轮胎的圆洞中穿过，一一很兴奋。这时来玩投掷的幼儿渐渐多了起来，一一投掷完手中的飞盘后就到队伍的后面排队。

为了减少幼儿等待，在我的帮助下，幼儿又建了一个"矮"一点的投掷区，然后排队有序地投掷。（图6-13）

■ 图6-13 一起来投掷

四、游戏反思

在玩轮胎游戏时，教师不能当游戏的局外人，发号施令，也不能事事包办代替。因此，教师在游戏过程中的正确引导尤为重要，应适时介入到幼儿的游戏中，以不干扰幼儿玩游戏为前提，帮助、引导幼儿解决困难，促进游戏更好地开展。

1. 细致的"观察"

"观察"是教师进行正确指导的基础与前提，盲目的指导不但会使教育不能发挥原有作用，还可能会阻碍幼儿的发展，所以在每一次的游戏中，教师要善于观察，勤于观察，这样才能了解每一个幼儿的活动情况，有针对性地主动介入，正确发挥指导教育作用，避免教师因不了解游戏情况而产生的干扰幼儿游戏的指导行为。

2. 适时的"等待"

教师适时、适度的"等待"，有时是一种很好的教学策略。当幼儿在活动中遇到疑惑或是困难时，不要急于去帮助，要对幼儿的能力有信心，给予幼儿时间和空间，在等待中，幼儿有可能在多次尝试失败后，改进方法，获得最后的成功；也可能通过互相的思维碰撞，找到解决问题的途径和方法。而这些通过幼儿自己的努力获得的经验，远比成人给予的经验更深刻，更有价值。如在过轮胎小桥时，小米走得不是很顺利，有几次都从小桥上掉下来了。但小米并没有放弃，爬起来后又继续走。我看到后决定"等"一会儿，小米又一次上桥后，小心翼翼地迈着步子，调整着身体的平衡，最终通过了轮胎桥。我看到小米脸上胜利的笑容，很庆幸没有过去扶她，小米在自己的努力下体验到成功的乐趣，她将变得更加自信。

3. 积极的"引导"

玩轮胎是我们提供给幼儿的自由活动，幼儿是活动的主体，但这并不意味着教师就可以做"局外人"，相反，教师应该更好地起主导作用，积极引导幼儿的活动，提高幼儿的游戏技能。如在轮胎的数量不能满足幼儿当"地鼠"角色的需要时，我请幼儿一起帮忙再去寻找一些轮胎，引导幼儿轮流玩耍并启发幼儿寻找新的玩法。

4. 主动的"参与"

在游戏活动中，教师有时是旁观者，有时是引导者，有时是支持者，还有时是幼儿游戏的伙伴。当教师以伙伴的角色出现时，更能激发幼儿的探索兴趣，引导游戏的进程。如琪琪向大家发出玩"打地鼠"游戏邀请时，边上的幼儿并没有马上参与，教师以角色的身份参与引导，不仅缩短了师生距离，而且使幼儿产生了愉快的情感体验，增加了活动兴趣。

5. 及时的"鼓励"

教育家曾说过"表扬和赞美"是教育成功的金钥匙，确实如此。在玩轮胎的游戏中，幼儿往往会遇到这样或那样的困难，教师简单的一句话语，甚至是一个微笑，都有可能会成为幼儿获得成功的动力。幼儿受到鼓励，看到由于自己的努力取得了成果，自信心增强了，积极性也提高了。这时教师再对他们提出进一步的要求，他们就更乐于接受，能够勇于尝试以获得新的成功。

（二）语言区域活动中的思维游戏

幼儿语言区域活动就是发展幼儿语言的有效途径之一。语言区域活动开展的形式多样，可以是以手指游戏为主，可以是角色游戏为主，可以是听说游戏，可以是早期阅读形式，还可以是续编游戏等。在组织开展语言区域活动中的思维游戏时，融入"阅读"，创设宽松舒适的环境，设置丰富的游戏内容和材料，通过教师有目的、有计划、有层次的指导，使幼儿可以在语言区域中尽情地看、读、玩、说、交流和表演。下面的案例就是一个以续编为主的语言区域活动中的思维游戏。

◆ 案例6-9　　　　　中班思维游戏"续编故事"

《树林里的怪事》是一篇奇妙的、充满想象力的故事。第一天，小鼹鼠看到了一件奇怪的事情：树叶走来走去。当发现原因后，他觉得这个游戏好玩。第二天，小鼹鼠也想了一个好玩的游戏。接下来几天，树林里每天都有奇怪的事发生。到第四天，天空上有一块花手帕在飘来飘去，一直没有掉下来。让幼儿来想想是怎么回事。故事中大胆的想象引领幼儿走进神奇的童趣世界，接下来让幼儿续编第五天、第六天等。在想象和讲述的游戏过程中发展幼儿的想象力和语言表述能力。

一、游戏目标

1. 运用已有的生活经验展开想象，并运用语言大胆讲述。
2. 在活动中能与同伴互动，在快乐的氛围中大胆想象、讲述。
3. 能创造性地运用不同形式表现创编故事。

二、材料提供

故事录音、树林大背景、故事图片、幼儿操作小图片。

三、游戏玩法

1. 以奇怪的事为线索，设置悬念。

这几天树林里发生了一连串的奇怪事，想知道发生了什么事吗？（播放故

事录音）

2. 通过小图片，引导幼儿回忆故事情节，想象故事结果。

（1）树林里发生了几件奇怪事？请幼儿根据自己的想法拿取小图片。

（2）猜猜看，这些奇怪的事到底是怎么回事呢？（幼儿讨论）

3. 了解故事中悬念的答案，练习对话，发现故事情节发展的规律。

（1）想知道故事里的答案吗？我们再来听一听故事中的第一天。请幼儿说一说第一天发生的奇怪事到底是怎么回事。

（2）听一听故事中的第二天。请幼儿说一说第二天发生的奇怪事到底是怎么回事。

（3）听一听故事中的第三天，引导幼儿对第三天发生的奇怪事进行猜测，启发幼儿发现故事情节发展的规律。（猜一猜，说一说）

4. 完整欣赏故事。

5. 根据提供的线索，续编第四天发生的奇怪事。

（1）第四天，一只正在游泳的小青蛙看见天上有块花手帕在飘来飘去，老也掉不下来，你知道是怎么回事吗？（出示小图片）

（2）请小朋友把第四天发生的奇怪事编出来，讲给大家听。幼儿自由编故事，请两位幼儿讲述。

6. 幼儿操作小图片并续编第五天的奇怪事。

（1）小青蛙也学会这个有趣的游戏，那第五天树林里又会发生什么奇怪事呢？

（2）提出操作要求：小朋友先想想会发生什么事，再猜猜会被谁看见呢？想好了选自己需要的小指偶，把故事编出来。幼儿自由创编故事。

（3）把编的奇怪事和大家一起分享！（请幼儿相互讲述）。

四、游戏反思

这是一个运用大胆想象、发散思维的活动，我着力为幼儿创设了一个想象和讲述的空间。活动一开始，以奇怪的事为线索，设置悬念"树叶怎么会走来走去呢？""袜子怎么会跑来跑去呢？"等，让幼儿运用已有的生活经验展开想象，并运用语言大胆讲述。到了第四天，一块花手帕在天上飘来飘去，小青蛙看见了，设计了一些发散性的提问，为幼儿展开了自由想象的空间。另外，图片教具的运用为幼儿理解发现线索作了很好的铺垫,指偶学具的运用进一步提高了幼儿想象和讲述的兴趣。

幼儿两人一组的你讲我猜,并互换角色,始终在快乐、轻松的氛围中积极地与教师、同伴互动,他们兴趣浓厚,思维活跃。小雨在理解故事情节和角色特点的基础上,创造性地运用绘画来续编故事。他在绘画的过程中是愉悦的、投入的,也充分发挥了想象力,做到了敢想、敢画。

◆ 案例 6-10　　　　大班思维游戏"分享阅读"

阅读能力是学习的基础,每一门学问都从阅读书籍开始。对于幼儿来说,阅读不仅仅是视觉的,也是听觉的、口语的,甚至是触觉的,分享阅读活动就是注重以幼儿为中心,尊重幼儿身心发展的规律和学习特点,尊重幼儿现有的经验,让幼儿成为活动的发起者、组织者和行动者,重视个体的差异,创设良好的阅读环境,提供与生活相关的有意义的跨不同发展领域的学习经验。凡幼儿视野所及的内容,凡幼儿亲身体验的内容,都可以转化成阅读材料,"分享阅读"活动就是语言区域活动中的一种,在"分享阅读"活动中,可以丰富延伸幼儿的语言、阅读兴趣、习惯与能力,从而有效提高思维能力。

一、游戏目标

1. 认真仔细阅读,与同伴交流。
2. 提高语言表达能力和逻辑思维水平。

二、游戏材料投放

各类图书若干(包括幼儿自带的图书)。

三、游戏观察记录

扬扬来到图书区很兴奋地拿起《恐龙大灾难》,从第一页开始认认真真地看了起来,看了四页后,他开始皱眉头,然后拿着书去找伦伦,说:"伦伦这本书是你带来的,能给我讲一讲吗?我看了一半后面看不懂了。"伦伦把自己的玩具收好,来到图书区给扬扬一页一页地讲起来,两个人边讲边交谈:"对,我在自然博物馆见过这种化石。""这个是蛇颈龙,我知道的。""没错,这是食草性恐龙。""这个是三角龙,很凶猛的呢。"还不时地来回翻着图书,研究着不同恐龙的相似之处,一次又一次地关注自己喜欢的恐龙。整个活动区时间里,他俩都在反复翻看这本书，还有别的感兴趣的幼儿加入，和他们一起讨论关于恐龙的话题。

四、游戏延伸

班级根据幼儿的早期阅读特点进行了"家园阅读合作行动"。图书区经常投放幼儿自带的有趣图书。幼儿已熟悉从家里带来的图书，故事内容爸爸妈妈已经给他们讲了很多遍，带到幼儿园后，幼儿就成了伙伴们的小老师，为大家讲述，帮助大家阅读，这对于带书幼儿及全体幼儿都会有很大收益。在幼儿相互交流的过程中，语言表达能力及逻辑思维水平都会有相应提高，而且我们还可以看出幼儿感兴趣的内容，熟悉的故事情节仍然是他们主动阅读的前提与契机。在幼儿园开展"分享阅读"的活动，旨在增进幼儿的生活体验，为幼儿想象力、创造力的发挥和发展创设良好的环境。我们期望通过幼儿生活中开展"分享阅读"拓展活动的实践研究，将阅读能力的培养和其他教学目标结合在一起，帮助幼儿打通经验通道，激发幼儿的阅读兴趣，使幼儿由个体阅读经验建构到社会经验共建，产生经验连接点，使幼儿会迁移、运用阅读经验，能够在拓展活动中大胆表现，促使多元智能的提高。

五、游戏点评

阅读无处不在，促进整体发展。通过对"分享阅读"拓展活动的研究，我们更加宽泛了阅读的概念，脱离了阅读作为一种书本阅读的局限性，将"阅读"融入幼儿园的一日生活之中。阅读活动和其他活动有机地结合起来，有的作为导入阅读，有的作为结束交流分享，有的作为活动中间提示回答，也有的在活动前后呼应，给幼儿更多遐想的空间。阅读拓展活动不仅包括正规的学习活动，也包括融入幼儿园一日生活各环节的非正规的学习活动，可以说阅读无处不在，渗透在一日活动之中，也渗透在每个人的心中，阅读已经变成每个人自觉的行为习惯。

阅读能力是任何学习的基础，因为每一门学问都从阅读书籍开始。而对幼儿进行早期阅读的培养，让幼儿养成良好的阅读习惯，可以为以后的正式阅读打下良好而坚实的基础。将阅读拓展作为班里的特色课程，和基础课程相结合，在基础课程的基础上构建主题式的拓展系列，注重幼儿的主动表现。通过语言区域活动中的思维游戏的开展，帮助幼儿提高思维能力。

（三）社会区域活动中的思维游戏

社会区域活动为幼儿创设了一个小小的社会形式，营造了宽松、自然的活动氛围。幼儿在与环境、教师、同伴的交往中，获得一些社会性的认知，形成典型的行为方式。因此，如何充分利用区域活动这一活动形式，引导幼儿主动发展健康的社会认知系统，从而提高幼儿在日常生活中的一些交往等方面的思维能力，使幼儿的社会性发展得以良性循环，应该引起教育者的关注与重视。

◆ 案例 6-11　　　　　　大班思维游戏"趣味棋"

大班社会区域活动中的思维游戏"趣味棋"使幼儿各方面的能力得到不同程度的提高，尤其是创造力和想象力。首先，幼儿最初接触的围棋、军旗、象棋、跳棋、飞行棋等一些传统的棋类游戏，棋子有着不同的形状，方形、圆形、S形等，规则也是五花八门。幼儿通过这些启发，在自制棋谱中，开拓思维，创造出属于他们的棋子，如三角形、梯形等，在规则的设计中想象力得到充分的发展，自制出了许多非常有价值的棋类游戏。其次，在对弈过程中，幼儿要发挥自己的聪明才智，不断地闯关，才能取得胜利。每一次下棋都会碰到不同的问题，不断地经历失败与成功，会激励他们去探索和思考，逐渐养成爱动脑筋的好习惯。最后，当对手在解答难题时，幼儿同时又是裁判，在裁定对手是否前进时，自己的思维就在不断运作，在相互的交流中，丰富经验，巩固提升这些经验，想象力和创造力得到极大限度的释放，真正激活了思维。

一、游戏目标

1. 瓶盖棋学拼图，增强想象力和创造力。
2. 通过同伴的合作游戏，培养规则意识。

二、材料准备

教师和幼儿共同收集的瓶盖，自制棋盘若干（颜色不限）。

三、游戏玩法

幼儿在自制的棋盘上用瓶盖棋拼摆出各种图、形、物等图案。这一玩法，需要幼儿通过想象，动手操作而创造出一定的图案，也可以两三个人合作较复杂的图案，如小帆船、花、小桌子等。

瓶盖棋的摆放、更换、更改都十分方便，也能较快地取得效果。因此，用瓶盖棋学拼图有利于激发幼儿玩棋的兴趣,增强想象创造能力,活跃思维。

四、游戏反思

社会区域活动中的思维游戏不同于其他游戏的最明显的区别是合作。社会区域活动中的思维游戏"趣味棋"可以一个人也可以两个人以上进行,赢了会帮助他人,输了也不气馁。除了以上的玩法之外,还可以延伸,用瓶盖棋学习数数,动手动脑懂得快。既方便幼儿的操作,其红、白瓶盖在棋盘上的摆放又能使幼儿清楚、轻松、迅速地掌握数学概念。用瓶盖棋学排列,观察判断促思维。教幼儿学排列,即让幼儿看着已有的棋排列图案,从中观察出排列的规律,再给这一排列中的空缺填上正确的排列结果。用棋学排列,有利于培养幼儿的观察、分析、推理和判断等能力,在下棋这一社会交往活动中有效地促进幼儿逻辑思维的发展。

(四)科学区域活动中的思维游戏

幼儿园的区域活动作为一种幼儿自我学习、自我探索、自我发现、自我完善的活动形式,已成为开展幼儿园教学任务的有效手段及推动幼教改革的一种重要教育活动形式。

科学区域活动中的思维游戏主要帮助幼儿发现、了解并展开探讨,区域中的材料不同,幼儿的操作方法不同,幼儿在活动过程中所获得的知识经验也就不同。

科学区域中有很多丰富的材料,如电池、电线、拼图、棋子,幼儿在其中可以自主选择材料,在探索中发展想象、创造等思维品质。

◆ 案例 6-12　　大班思维游戏"有趣的电动玩具"

玩具是幼儿从婴儿开始就少不了的玩伴。从普通的玩具到会唱、会跑、会飞的玩具,再到各种功能俱全的电动玩具,幼儿都并不陌生,然而他们为什么会唱、会跑、会飞呢? 恐怕没有几个幼儿能明白。前段时间,幼儿在区域游戏活动区里玩玩具时,有一个电动玩具的电池盖突然掉了,电池滚了出来,玩具不动了。他们捡起电池和玩具,想把电池装回去,试了两次,玩具还是没有动。幼儿纷纷问玩具为什么不动呢? 是不是电池没电了,幼儿的探索欲望高涨，于是我抓住这个契机，设计了科学区域活动"有趣的电动玩具"。旨在激发幼儿对电的作用与奥秘的探究兴趣，对生活中一切事物的探索、发现的愿望。

一、游戏目标

1. 乐于探索电动玩具的基本原理，感受活动的快乐。
2. 发现电池的秘密，尝试正确安装使用电池。
3. 有继续探索玩具的愿望与兴趣。

二、材料准备

幼儿有玩电动玩具的经历，师生共同收集各种不同的电动玩具和大小、种类不一的电池。

三、游戏玩法

首先，我让妮妮、添添、成成等几名幼儿自由玩电动玩具，提出问题"为什么玩具会动？"引出电池这一主线，让幼儿对电池产生兴趣，让他们更愿意去探索电池和玩具的关系。然后，我让幼儿拆下玩具里的电池，将电池都放在玩具的旁边，让幼儿观察电池，用提问"电池上有什么小秘密？"引导幼儿探索电池的正负极，这样就能为下一步装电池进行铺垫。添添拿起一个玩具开始装电池，见他装来装去弄不好，聪明的妮妮说："你会不会装反了？"几名幼儿围在一起开始研究起来。然后，我请幼儿装电池，有些幼儿的玩具马上就动起来了，有些却动不起来。这时，我赶紧将问题抛给幼儿"为什么有些会动？有些不会动？"让幼儿了解装电池也是有学问的。

四、游戏延伸

游戏活动的结束不是学习的结束，而是探索的开始。所以，我把游戏活动作了进一步的延伸：让幼儿回家寻找哪些小家电需要电池，并用今天所学的装上电池。通过继续体验，发展幼儿的观察、比较、分析、动手、创造能力，从而萌发幼儿爱科学的积极情感。

五、游戏反思

幼儿好玩，注意力容易分散，为了更好地激发他们的好奇心，给幼儿营造一个有探究氛围的环境。活动中，我把区域游戏活动区布置成一个玩具厂，让幼儿在这一环境中自由玩玩具，让幼儿与幼儿，幼儿与教师之间都可以畅所欲言，各自发表自己的意见。活动中，我让幼儿自由摸一摸，拆一拆，玩一玩这些玩具，找出这些玩具有什么共同点，并把自己的发现告诉好朋友和老师。这样的游戏活动可以让幼儿带着目的去玩，培养他们的观察能力。活动中，大部分幼儿都知道电动玩具不动是因为没有电池的缘故。接着在幼儿初步了解电池作用的基础上，要让幼儿学会正确使用电池，我就先请幼儿给没有电池的电动玩具安装电池，激发幼儿积极参与的兴趣，通过再一次操作去发现问题：为什么有的玩具装了电池仍无法动起来？这时我在旁边给他们提出建议，让他们去看看会动的玩具的电池是怎样安装的。由他们观察出来的结果引入到观察电池的外部特征，如请玩具不动的幼儿想一想：你是怎样安装电池的？你安装的方法跟别人有什么不一样？再请玩具会动的幼儿示范安装电池。通过这些提问，让幼儿注意观察，发现自己的方法与别人方法的不同之处，培养他们的观察能力，让他们讲述自己的意见，这样就可体现幼儿在活动中的主体性。

电池在我们的生活中应用十分普遍，幼儿经常能够接触到，如各种电动玩具、遥控器等，而对于电池的神奇力量，幼儿感到很新奇，也很有趣，为了激发他们的认识兴趣和探究欲望，培养他们乐于尝试、勤于动手的习惯。我设计了尝试性、操作性和探索性较强的区域活动"好玩的电动玩具"。活动主要让幼儿通过各种各样的玩具和不断地探索，一步步地揭开电池的各种秘密，在轻松愉快的环境中认识电池并学会安装电池的方法。

在区域活动的思维游戏操作中，幼儿由于社会经验和知识有限，在建构过程中会出现不少问题，他们没有一定的建构目的，存在着很大的随意性，教师要及时了解幼儿的心理，运用对话、情感、行为鼓励幼儿发散思维，从而使幼儿把思维游戏开展起来，达到一定的目的。

在科学区中除了提供电池、拼图，还可以提供各种大小的罐子，幼儿在玩有趣的罐子中，获得大小等生活化的概念，如案例6-13。

◆ 案例 6-13　　　小班思维游戏"有趣的罐子"

我们创设了一个新的活动区域"彩罐世界"，投放了大小不同的罐子，希望幼儿在其中活动时能区分罐子的大中小。"大""中""小"是通过比较得来得一组相对概念，幼儿不仅要在学习中获得这些相对的概念，还要将

"大""中""小"的概念应用到他们的日常生活中。本设计以此为活动内容,使幼儿在"大""中""小"的惊喜探索中获得丰富的感性认识,并初步学习从不同的角度去观察和思考的方法。

一、游戏目标

1. 学会目测有明显大中小差异的物体,懂得物体的大中小是通过比较来认识的。

2. 初步体会由大到小和由小到大之间的转变,初步发展多向思维。

二、材料投放

各种大小的罐子、豆子等。

图6-14 幼儿将豆豆放入罐子

三、游戏玩法

幼儿自由玩各种不同大小的罐子,看看这些罐子有什么不同,让幼儿区分大、中、小罐子,并将罐子从大到小排列。大的罐子里放入白芸豆,中的罐子里放入花生,小的罐子里放入红豆,对应放入,最后比一比,谁放得最多,谁放得最好,提醒幼儿不要把豆子撒到地下。

四、游戏反思

游戏内容的选择注意到了发展性原则,循序渐进,步步深入。我时时为小班幼儿的创造潜能而惊讶和感动;他们会数一数,比一比,还会想出许多玩法,在和幼儿互动的过程中,我从中学到了许多的知识,这些活动使我的教学实践焕发出新的生命力。这是个从基础入手形成大小相对概念的游戏活动,重点是让幼儿在掌握大中小概念的过程中发展多向思维。

(五)艺术区域活动中的思维游戏

艺术区域活动中的思维游戏主要包括音乐区域活动中的思维游戏和美术区域活动中的思维游戏这两大类。在音乐区域活动的思维游戏中,幼儿感受音乐,理解音乐,对培养幼儿的一些综合能力帮助很大,幼儿在歌唱、律动、节奏、欣赏与表演中有效地学习音乐技能,发展音乐智能,从而促进多种思维能力的发展。在美术区域活动的思维游戏中，幼儿在宽松、愉快的环境中尽情发挥想象力，教师也能够更关注幼儿的创造性表现，发掘幼儿的创造性思维能力的发展。

1. 音乐区域活动中的思维游戏

音乐区域活动开展的形式多样，音乐区域游戏中渗透思维游戏的主要手段是图谱设计，引导幼儿自主设计音乐图谱，在自主中发展幼儿音乐的思维能力。图谱的设计在音乐区域材料中最为重要，能给予幼儿更多的自主性。这种自主性音乐区域游戏弥补了音乐教学活动的局限性，为幼儿创设了一个自主的舞台，两者相辅相成，促进幼儿的发展。

◆ 案例 6-14　　　　大班思维游戏"节奏恰恰恰"

幼儿生活在声音的世界里，节奏无处不在，无处不有，有各种物体运动时发出的声音，钟表的嘀嗒声、拍球的嘭嘭声、跳绳的啪嗒声、炒菜的嚓嚓声；有各种动物的叫声，小猫的喵喵声、小狗的汪汪声、公鸡的喔喔声；有各种大自然的声音，呼呼的风声、哗啦啦的雨声、沙沙的树叶声等。在生活中，幼儿对各种不同质地的物品通过敲打发出的有节奏的声音很感兴趣。于是我将各种奇妙的声音作为音乐素材，设计了大班音乐区域思维游戏"节奏恰恰恰"，通过让幼儿自由选择日常生活中的物品作为节奏乐器进行演奏，充分给幼儿自由表现音乐的机会，培养幼儿的节奏感及对节奏游戏的兴趣。同时，引导幼儿发现隐藏在节奏图谱中的排序规律，并尝试不断变化延伸序列的规律，使他们的创造性思维能力得到充分的展现。

一、游戏目标

1. 根据音乐的性质尝试用生活化的节奏乐器按节奏图谱进行演奏。
2. 感知发现节奏图谱里的排序规律，尝试不断变化延伸序列的规律。
3. 发展想象力、创造力和初步的推理能力。

二、材料投放

1. 带有各种声响的音乐，节奏图谱，水果、动物等幼儿喜欢的形象节奏卡。
2. 生活中的瓶瓶罐罐，废旧的锅、碗、盆、蝶、汤匙、筷子、小石子、豆子、沙粒、果核等。

三、游戏玩法

1. 听一听带有各种声响的音乐,说一说"听到了什么声音""感觉到这些声音是什么节奏的""我们可以用什么样的节奏表现"。

2. 结合音乐用自己的肢体动作、声音、语言进行有节奏的再现。

3. 观察发现教师提供的节奏图谱里的排列规律,自选生活化的节奏乐器进行演奏。

4. 自选形象节奏卡,按一定规律创编节奏图谱并进行演奏、轮奏。

音乐是一门听觉艺术,节奏是音乐构成的三大要素之一,是音乐艺术的重要表现手法,节奏感是音乐能力的重要组成部分,对幼儿进行节奏训练,培养幼儿节奏感是十分必要的。幼儿园节奏活动的首选是打击乐器,而从生活中寻找"打击乐器"更富有挑战性和创造性,使用得好则充满趣味,更能激发幼儿对节奏活动的兴趣,学习效果不仅能与正规乐器媲美,甚至有过之而无不及,更有意想不到的收获。在音乐区域思维游戏"节奏恰恰恰"中,幼儿尽情发挥、自由创造,他们通过不断地欣赏、观察、模仿、再现、交流,在头脑中将原本抽象的音乐演变成了生动、有趣、具体的事物或形象。他们由起初的自由、无目的的敲打逐渐过渡到按一定的节奏有意识的敲打,最后到根据自己创编的节奏进行演奏;由起初的个人尝试逐渐过渡到找同伴交流,最后到小组共同演奏或轮奏。在这个过程中,他们发现了隐藏在节奏图谱中的数学知识,发现了节奏排列变化的规律并尝试延伸、创造,他们在创造中体验、感受到了节奏活动的乐趣和节奏活动内容的多样性,进一步发挥了自己的想象力、创造力。

再例如,在"森林音乐会"的音乐教学活动后,可以将上课时用的图谱投放到音乐区域中,并且准备一些带动物图案和乐器图案的磁铁供幼儿开展音乐区域活动中的思维游戏。在游戏中,幼儿再次倾听熟悉的旋律节奏,然后告诉幼儿可以用动物图案设计图谱。这样的引导就给了幼儿一个根据自己对音乐作品,特别是音乐形象的理解,自主设计图谱的机会。这些设计图谱的材料图案也都是从《森林音乐会》的乐曲本身所塑造的音乐形象出发,如青蛙、鸭子、孔雀,通过大小不同的动物设计,可以让幼儿了解到不同的节奏并通过自由分组、小组讨论,参与到游戏中,起到自主设计图谱的目的,提高了幼儿的自主性。

当幼儿自主设计图谱时,教师就有机会观察和考量幼儿在图谱设计和乐器演奏等方面的水平。在这样开放、放松的状态下,幼儿这种自然的发展状况就能较好地呈现出来,也为教师比较客观地了解幼儿在图谱创作和演奏方面以及幼儿之间相互协调和合作能力方面提供了观察机会。

在自主设计和比较倾听的过程中,幼儿逐渐地提升了对音乐的理解和感受,同时,学会了分析音乐旋律节奏,加深了对音乐的敏感性,从而提高了音乐的思维能力。

音乐区域活动还可以在乐器、表演服饰上给予幼儿自主的活动材料,在幼儿自主选择配乐表演时,就会逐渐形成音乐中的思维方式。

2. 美术区域活动中的思维游戏

《纲要》中提出,幼儿的创作过程和作品是他们表达自己的认识和情感的重要方式,应支持幼儿富有个性和创造性的表达,克服过分强调技能和标准化要求的偏向。与主题活动相比,区域活动为幼儿创设了自由创造、表达与表现的环境。美术区域活动中的思维游戏更能有效发展幼儿的创造力、创造性思维。

美术区域活动中的思维游戏可以提供多种材料,如线、瓶子等,幼儿可以自主选择材料,在自主选择中,就可以培养锻炼发展创造性思维能力。

◆ 案例 6-15　　　　中班思维游戏"有趣的圆形"

圆形是中班幼儿最熟悉的图形之一,在小班的时候,幼儿已经认识和学画过圆形。发挥幼儿的想象,在圆形的基础上添画事物,能激起了幼儿的兴趣。中班幼儿想象丰富,有绘画线条与简单形象的基础,能将单一的形象进行适当地组合,变成一幅画,通过让幼儿充分感知生活中随处可见的圆形的物品,如西瓜、太阳、苹果、饼干、球等,激发幼儿想象,让大胆地创作和大胆地表现。丰富幼儿的感性经验,激发他们表现美、创造美的兴趣,使他们体验自由表达和创造的快乐。

一、游戏目标

1. 发挥想象,创造性地在一个、两个或多个圆形上进行添画,完成太阳、小鸡、花朵等图案。

2. 初步学习将多个单一的形象在一幅画面上进行合理布局。

3. 乐于参与，感知绘画的乐趣。

二、材料投放

大小不同的圆形、油画棒、水彩笔。

三、游戏玩法

我们今天来学圆形变变变的魔术（教师出示材料），老师为小朋友准备了各种颜色、大小的圆。请小朋友先想好你想用几个圆变成什么东西，然后找到你需要的圆，把它添画好。

我们小朋友把圆变好了，可以互相参观，说说你把几个圆变成什么东西了。

四、游戏反思

幼儿在美术区域活动中，通过添画，把圆形变成了很多图形，在此过程中，幼儿发挥了想象力，发展了创造性思维。

◆ 案例 6-16　　　　大班思维游戏"会说话的脸"

美术区域活动首先要简单，操作起点低，使幼儿能够联系已有的经验参与活动。但是起点低并不等于一直在低起点上徘徊，教师要思考如何创设推动幼儿发展的空间，怎样根据幼儿的个体差异提供不同层次的材料，让幼儿在宽松的环境中自主选择材料进行活动，更有效地发掘幼儿的创造潜力。我们设计的大班美术区域思维游戏"会说话的脸"，让幼儿通过尝试识别各种水果的切面图（横切面、竖切面、扇形切面），装饰娃娃脸的各个部位，在表现形态各异的娃娃脸的过程中施展自己的创造才能。就"五官"活动而言，在小班主要是引导幼儿分辨五官的名称和位置，中班则是在观察比较中发现五官特征的变化，而大班则是以装扮幼儿熟悉的五官为载体，其重点放在发现事物特征的多样性，采取找相关的方法，培养幼儿的创造性思维能力。

有趣的水果脸

一、设计意图

多角度观察，发现事物特征的多样性。大多数幼儿对物体的认识局限于"一个物体呈现一个图像"，如对于苹果，幼儿认识的只是苹果的外形，如果按不同的切面切开苹果，幼儿时常就不能分辨。为此，我们先为幼儿提供各种不同水果切面图片，引导幼儿找到匹配的水果。当幼儿不能分辨或分辨错误时，就将实物当场切开来加以证实，如苹果芯的五角星是怎样切出来的，怎样切猕猴桃能变化出不同的图案等。幼儿在活动中通过实际观察，饶有兴趣地发现同一水果的不同切面会呈现不同图像，打破了幼儿对"一个物体呈现一个图像"的固有认识。

二、活动材料

1. 各种水果的切面图（横切面、竖切面、扇形切面）。
2. 不同娃娃脸的底板等。

三、玩法

1. 幼儿将各种水果的切面图按水果品种进行归类。
2. 自选水果切面图装饰娃娃脸。
3. 为找一找用了哪些水果装饰娃娃脸。

四、活动反思

幼儿在装饰娃娃脸时，不但会发现同一种水果可以装饰娃娃脸的不同部位，还会发现同一水果的不同切面的形状和颜色不同，可以装饰的范围就大得多。在装饰娃娃脸以后，幼儿又对每一个水果娃娃用了哪些水果进行统计，由此进一步发现一种水果可以装饰不同的五官，不同的水果又可以装饰同一五官。在讨论中，幼儿将水果延伸到周围事物，在多角度观察周围事物的过程中，发现周围事物的多样性。

盘子娃娃

一、设计意图

从归类到相关，进一步扩大创造范围。归类和相关是两个不同的概念，归类是把同类物品放在一起，而相关既可以是同一类别的物品，也可以是在特定情境下不同类别物品的组合。两者比较，相关较之归类的创造范围更为广泛。为此，在活动"有趣的水果脸"之后，我们适时地改变材料和玩法，引导幼儿从"找相关"中进一步扩大创造范围。

二、活动材料

各种造型的仿真橡皮、彩泥、不同形状的彩色盘子。

三、玩法

1. 任选一块或两块橡皮放在彩色盘子上，成为脸部的某一五官。
2. 思考哪些事物与橡皮有关，用彩泥塑造脸部的其他部分。
3. 为盘子娃娃起名字。

四、活动反思

起初幼儿还是在找同类，如橡皮是钉子形，他们就用榔头、钳子等工具装扮娃娃脸；橡皮是蛋糕形，他们就用饼干和巧克力等，装扮成"食品脸"。通过多次尝试，幼儿发现有的橡皮并不容易找到同类，他们开始进行新的探索，一名幼儿找来一块蝴蝶橡皮，配上了叶子、云彩和花朵，这些不能归为同类的材料放在一张脸上可以叫什么名字呢？经过讨论，大家发现这些材料都可以在花园里找到，"花园脸"的名字就诞生了。由此，幼儿发现周围有好多东西虽然不是同类却有关联。彩泥的多变性特点，更为他们按自己的想象寻找关联的物品提供了方便，于是"郊游脸""套餐脸"甚至"修理交通灯"等许多奇特的"脸"应运而生。

朋友牌

一、设计意图

运用前期经验，大胆创造想象。玩了一段时间的"盘子娃娃"后，我们发现各种造型橡皮已不能满足幼儿的创造需要，于是请幼儿从家里带来识字卡片，玩起了找关联的两人游戏，起名为"朋友牌"。

二、活动材料

识字卡片若干。

三、玩法

A、B两人各自选1张牌，轮流出牌，第3张牌仍由A选。选出牌后，必须将3张牌合起来命名，说对就可以拿走牌，说错则将牌放回原处，然后交换出牌顺序。

四、活动反思

很多幼儿刚开始玩的时候，都是找同类的牌，当找不到同类的牌时，他们就会有意识地从找关联的角度选牌。玩熟练以后，他们发现要使对方不易拿走牌，B最好不出同类的牌，A的第3张牌也很关键，必须与前两张牌有关联才能命名。在玩"朋友牌"的过程中，幼儿的思路越来越拓展，连看似不相关的东西，幼儿都找到了内在联系，如树、火山、人，幼儿将其命名为"火山爆发"，即火山喷火了，树烧焦了，人疏散了。

通过开展美术区域活动的思维游戏，幼儿的创造热情高涨。由此可见，培养幼儿的创造性思维能力其实与教授多少美术技能没有直接关系，而是要创设空间，提供机会，让幼儿尽情发挥创造潜能。

区域活动中的思维游戏对培养幼儿的创新精神是非常有利的，在区域活动观察中，我们重点放在区域活动的探索上，力图把区域活动这一涵盖面广、功能独特的教育形式融入现有课程体系，让区域活动成为幼儿探索发现的殿堂。

第七章　幼儿思维游戏的实践成效

　　我园开展幼儿思维游戏已有多年。从思考到实践，从单个思维游戏的设计到形成涵盖大、中、小班不同年龄段的思维游戏系列。其间，有困惑，也有收获；有艰辛，也有成功。在实践研究中，我们积极运用多种有效途径，充分利用各种有利资源，不断排疑解惑，无论是思维游戏的主体——幼儿，还是思维游戏的主导者——教师，或是推动思维游戏不断成熟、完善的幼儿园本身都获得了显著的进步与发展。

　　今天，当看到幼儿的成长、教师的成长，以及家长的成长时，我们充满了喜悦之情。在此，我们将近几年从事思维游戏的具体成效进行简单梳理和实践探讨，以此促进思维游戏活动朝着更科学、更务实的方向发展。

第一节　思维游戏的研究有效促进了
幼儿思维能力的发展

思维游戏活动的开展，在各个方面都起到了显著的促进作用，既唤醒了幼儿积极开展思维活动的意识，养成了幼儿良好的思维习惯，促进了幼儿思维能力的提高，也转变了家长的家庭教育观念。

一、幼儿的思维活动意识更加积极

幼儿的思维游戏活动既源于幼儿的生活，又拓展了幼儿的经验和视野，充分调动了幼儿参与活动、自主探究的积极性。游戏中渗透了废旧材料再利用的理念，潜移默化地培养了幼儿珍惜资源、生态发展的意识。

在思维游戏中，生活化思维材料与幼儿的生活经验密切联系，幼儿在思维游戏的运用过程中既有熟悉、亲切的成分，又存在拓展、创新的元素，这些都深深地吸引着幼儿去自主摸索、大胆摆弄、积极探究，从而激发幼儿对生活化思维游戏的浓厚兴趣。如筷子变成了幼儿拼数字、搭图形的好帮手，电线变成了幼儿变化造型、创意添画的好伙伴，扑克牌变成了幼儿认识数字、了解花色、锻炼记忆的好工具，我们基于幼儿生活经验，以生活材料为基石，广开思路，巧手制备，形成了一系列具有思维特色且利于幼儿操作游戏的活动材料。幼儿在生活经验的基础上开展活动，能够更好、更快地进入游戏的情境，提高了生活材料在游戏活动中的使用效率。

思维游戏是开放的，是预设与生成相结合的活动。（可根据幼儿的年龄特点、经验基础、发展阶段等因素，适度调整；可根据游戏材料的基本特性、收集难易、多样利用等因素，灵活替代；可随着游戏的不断深入、延伸、拓展等，主动创新）这都充分激发了幼儿对思维游戏的深入探究与创新精神，对生活化材料的敏感性与收集兴趣，对生活小事的认真态度和敏捷思维。如在"百变筷子"游戏后，幼儿对厨房里的勺子打起了"主意"，先在家中玩起了"百变勺子"，随后和同伴一起收集各种勺子，在区域中展开"筷子、勺子百变PK"游戏，后来，单一材料的变化又发展到与画笔相结合，玩起了"勺子添画"游戏，游戏不断深入，创意无限拓展。又如很多家长向教师反映自己的孩子视"垃圾"如"宝"，饮料罐、纸筒芯、鞋盒、牙膏盒、广告纸都不给扔，都说可以当玩具，可以做成各种漂亮的手工，带到幼儿园和小朋友一起开动脑筋做出有用的东西。我们抓住沟通的契机，以家长会、家长学校、家园联系等方式向家长介绍生活化思维材料，指导家长开展亲子思维游戏，鼓励家长和幼儿一起进行废旧材料的收集、整理和再利用的各类游戏。幼儿能用简单的语言和稚嫩的双手做到他们力所能及的事，尽他们的力量去珍爱身边的事物，厉行节约，不言浪费。没有宣言，没有灌输，这种珍惜资源、生态发展的意识都在潜移默化的游戏中形成，并在家园联手的教育和参与中不断发展。

二、幼儿的良好思维习惯自然养成

在思维游戏活动中，有丰富操作材料，有具体的活动要求，而且经常有互动的环节，它是集体教学与自主探究相结合的活动。这就需要幼儿建立良好的规则意识和执行规则的能力，认真观察，仔细倾听，主动交流，积极寻求方法，自主解决问题，这些良好的行为反复而持续地发生，并成为一种定式，良好的思维习惯也就自然养成了，这为幼儿一生学会学习，学会探究，学会发展奠定良好的基础。自开展思维游戏活动以来，我们十分关注培养幼儿良好的思维习惯，并且运用多种方式，进行潜移默化地培养，取得了非常好的效果。

（一）规则游戏，快乐练习

规则都是具体细致的，幼儿理解了规则后还要不断进行练习，如果只是在语言上对幼儿提出要求，对他们来说只是"纸上谈兵"。如"物归原处"规则，教师先用游戏的口吻说明规则的标准要求：根据分类摆放要求，分别将不同材料放回原来的位置。当然在实践要求中需要分步骤指导：组织幼儿观察原来物品的摆放规律，取物游戏后先回忆摆放规律，再整理材料，放回原处。从语言指导和行动示范两方面到单方面的语言指导，最后养成习惯，幼儿通过连续多次、层层递进的练习，能够做到动作迅速、整齐有序地物归原处。

（二）细心观察，多元指导

在思维游戏活动中，幼儿的表现具有个体差异性，有的幼儿易于接受良好的规则意识，而有的则不易接受，自控能力相对较弱，甚至影响同伴的学习。我们细致观察、了解每一个幼儿，采取最适合的方式进行指导。比如有的幼儿只需教师的一个眼神、一个手势提醒即可；有的需要走近，进行语言、动作指导；有的可以讲讲道理，听听相关的故事、看看视频等，教师须以幼儿容易接受的方式帮助幼儿理解并接受良好的规则意识，从而反复、有效地执行并养成习惯。

（三）正面影响，积极汲取

幼儿园就是一个小小的社会，幼儿思维游戏活动亦是小小社会中的交往舞台，幼儿更适合从正面受到影响，从而树立自信心，在及时的鼓励和肯定中，幼儿不断实践、巩固和强化良好行为，从而形成良好的习惯。我们每个幼儿都能经常、及时地获得教师的肯定与鼓励，每个幼儿都拥有值得同伴表扬和赞美的地方，即使是那些能力稍欠或者某些方面还未达到基本要求的幼儿，教师也会用欣赏的眼光去挖掘他们身上的闪光点。教师用发现的眼光，放大幼儿身上本来很细小的优点，突出优点，由点及面。幼儿在积极的环境中不断汲取正面的引导，从而获得明显的进步。当然，我们的教育对象是一群来自不同家庭、不同性格、不同背景的幼儿，教育不能一刀切，要因材施教，因人而异，这需要教师在日常的生活和游戏中细心观察，要耐心、细致地研究针对其开展有效的个案研究，要关注班级全体，尽可能地惠及每一个幼儿，从而让每一位幼儿都形成自信、快乐的心理品质，激发幼儿积极主动地学习、大胆自信地面对生活。

（四）树立榜样，模仿学习

榜样的力量是无穷的，幼儿身边的榜样更是魅力无限。而用发现的眼光会看到每个幼儿都是榜样。教师如果在活动中树立榜样，会收到意想不到的效果。如"兔耳朵之星""亮眼睛之星""甜嘴巴之星""合作之星""坚持之星"等。每次活动后的发现时间，让幼儿说说自己的发现，表扬同伴，让他们学会用欣赏的眼光看同伴，学习同伴身上的优点，从而确立直观的模仿对象作为学习目标，不断去模仿和实践，体验成功的乐趣并以一种习惯被幼儿保持。

当然，幼儿良好思维习惯的培养，不是一朝一夕就能完成并见效的，它需要长期、反复的引导，只要我们能坚持科学的教育方法，持之以恒，一定能让幼儿养成自主、自觉、持续的良好思维习惯，使我们思维游戏活动的效果更显著，让幼儿的思维能力得到更好的发展。

三、幼儿的思维能力显著提高

根据幼儿的年龄特点，我们设计了有关幼儿思维领域评价指标体系（见表7-1），每学期参照评价指标体系对幼儿思维发展进行评估。

表 7-1　各年龄段幼儿思维能力发展评价指标

评价内容	具体细则	4 岁（小班）	5 岁（中班）	6 岁（大班）
表征能力、分类能力发展及概念形成	具有初步的表征能力	1. 能辨认出自己、父母及熟悉的人 2. 乐于自己创造各种符号代表不同事物	1. 能在照片、视频等影像中辨认出自己身边熟悉的人 2. 合理说出自己创造的符号与事物间的关系	1. 能准确区分自己熟悉的人和陌生人，根据不同称谓打招呼 2. 形象地创造符号代表事物或事件
	具有初步的分类能力	1. 有初步的分类概念 2. 乐于交流表达自己的分类理由	1. 能通过自己的知觉感知物体的基本特征并进行分类 2. 尝试根据物体的功能或主题关系进行分类	1. 能根据物体的功能或主题关系进行分类 2. 能基于物体的概念，进行有逻辑的分类
	概念初步形成	1. 掌握猫、狗等常见动物的概念 2. 掌握花草树木等较抽象的概念 3. 有初步的数的概念	1. 掌握动物等更抽象的概念 2. 掌握桃花、菊花、荷花、柳树、桂花树等较具体的概念 3. 知道 5 以内数的实际意义及数的顺序	1. 在分类活动中，尝试根据物体的概念进行分类 2. 知道 10 以内数的实际意义、数的顺序及数的组成

（续表）

评价内容	具体细则	4岁（小班）	5岁（中班）	6岁（大班）
问题解决能力、思维策略及推理能力的发展	问题解决能力与思维策略初步发展	1. 尝试记住一个目标，解决简单的问题 2. 乐于制定策略，解决问题	1. 能记住至少一个目标，解决较复杂的问题 2. 能制定有效的策略，解决问题	1. 能同时记住二至三个目标，努力解决复杂问题 2. 尝试综合运用多种策略，有效解决问题
	推理能力初步发展	1. 能根据知觉进行推理，如看见三个碗，推测有三个人 2. 尝试根据事物的名称进行归纳推论，如金鱼是鱼，鲫鱼也是鱼	1. 能根据知觉的相似性或关系的相似性进行类比推理，如狗—小狗；猫—小猫 2. 能根据事物的名称进行归纳推论	1. 能从多方面注意事物的一致性，从而提高类比推理的效率 2. 能灵活根据事物的名称进行归纳推论，有一定的辨析能力，如金鱼是鱼，鲫鱼也是鱼，但是章鱼不是鱼

为了横向观察比较参与思维游戏活动与未参与思维游戏活动的幼儿在思维能力发展方面的差异，我们分别在我园的钱江苑园区与庆春园区选取了小、中、大班共90名幼儿，进行对照评估，结果如图7-1所示。

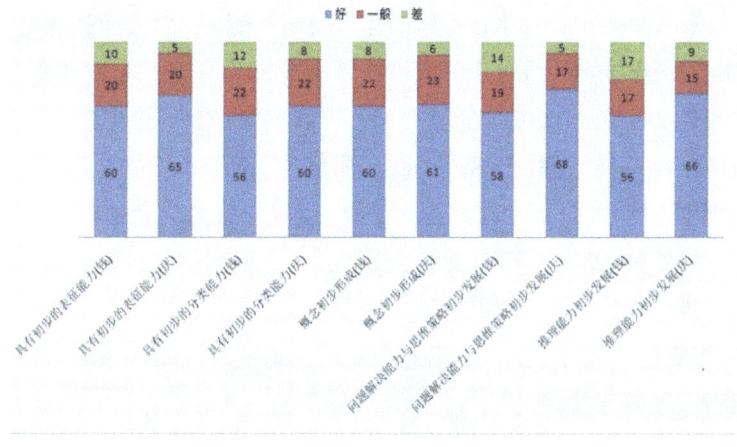

图7-1 两园区幼儿思维能力发展对照示意图

图中"钱"代表没有开展思维游戏活动的钱江苑园区的幼儿,"庆"代表开展思维游戏的庆春园区的幼儿。如图 7-1 所示,庆春园区幼儿的五项评估指标中的能力发展总体优于钱江苑园区的幼儿。同时,在一些凸显幼儿思维能力的指标,如分类能力、问题解决能力与推理能力方面,庆春园区的幼儿更是明显优于钱江苑园区幼儿。

第二节 思维游戏的研究有效促进了教师的专业发展

幼儿思维游戏活动的研究与实践也推动了教师积极转变教学观念,悄然改变自己角色作用,在自身的成长和专业提升等方面取得了显著的成效。

一、教师的教学观念积极转变

在素质教育理念的指导下,教师的教学观念与时俱进。现代教育不再是简单的"1+1=2"的过程,《纲要》中明确指出,素质教育要"为幼儿一生的发展打好基础",幼儿园的教育要"以游戏为基本活动","促进每个幼儿有个性的发展"。在未来的社会中,引导幼儿建构优秀的学习能力、解决问题的能力、创新能力和社会性能力是帮助幼儿形成可持续发展能力和未来生存优势的重要保证,而思维能力正是这些能力的核心能力。我们意识到,幼儿教育的目的在于培养头脑灵活、身体健康、性格开朗、品质优秀、人格健全的全面发展的幼儿,为此我们始终以幼儿自身发展为最终目的,幼儿思维游戏就是在这种教育观念的转变过程中迅速萌发并不断发展、成熟的。我们积极了解幼儿的实际情况,从幼儿的实际情况出发,更切实地从班级自身出发,以幼儿为活动的主体,关注幼儿的需要和兴趣点,把由生活而来的幼儿思维游戏融入教学活动中,并且再回归生活,便利于生活。

（一）幼儿教育观念的转变直接影响到教育内容的转变

依照现行的《纲要》，基于生活经验的幼儿思维游戏内容没有简单的归属于某一领域，它是全面的、启蒙性的，是灵活有机地融入健康、语言、社会、科学、艺术五个领域，而且在特定条件下，可以单独归属于"思维"领域。幼儿思维游戏活动与幼儿的生活经验相融合、渗透，从不同的角度促进幼儿情感、态度、能力、知识、技能等的全面发展，并且能更实际、更灵活地将所学运用到生活中，学以致用。

（二）幼儿教育观念的转变直接影响到教育方式的转变

我们解放了原有教育方式对于幼儿的身心发展造成的限制和束缚，逐步摒弃了刻板的、不适应幼儿身心发展需要的教学方式，开始采用灵活多样的教学方式——允许幼儿自由自主地选择活动的内容和活动的方式，自由选择伙伴，有自己的见解；推行赏识教育，尽量发现幼儿的闪光点并加以鼓励，引导幼儿探索和创新。尤其是利用先进的教学技术，幼儿园引进了多媒体教育手段，使幼儿园的课堂更加生动活泼。改变以前的"家园不同步"的现象，加强与家长的沟通，努力做到家园同步，发挥幼儿教育的最大作用。同时最大限度地利用社会其他资源为幼儿园教育服务。从总体上讲，基于生活经验的幼儿思维游戏活动教育方式是多种多样的，而且能较好地为教育目的服务。

（三）幼儿教育观念的转变直接影响到师生关系的转变

我们消除"教师是权威的化身"的观念，提倡一种与幼儿对话的师幼观，强调建立民主、平等的师幼关系，要求教师"蹲下来与幼儿说话"，当然这种"蹲下来"的主张并非只是形式上的蹲下来，实际上，这要求教师彻底转变自己的幼儿观和师幼观，把幼儿当成真正具有自己的思想和见解的人，尊重幼儿的观念和选择。建构积极的师幼互动，真正实现教师与幼儿人格上的平等。

二、提升了教师的专业水平

教师在充分掌握幼儿的年龄特点与思维活动方式，有效运用幼儿身边有价值的生活经验，积极创设生动有趣的游戏情境，深入研究幼儿的行为表现与情感体验，切实促进幼儿思维发展的同时，专业能力不断提升。

（一）教师专业的提升促进思维游戏设计的改进

对幼儿的充分了解和对思维发展规律的掌握，促使教师能更积极、更合理地改进活动设计，让思维游戏能更加适应幼儿的发展需要，从幼儿的整体水平和个体差异出发，因地制宜，因时制宜，将思维游戏和生活材料更有机、巧妙地联系起来，通过对幼儿兴趣点的把握，将预设与生成有机结合，共同达到寓教于乐的游戏目的。近三年来，教师们参加各级教学活动展示，分别获得省级二等奖1人次，三等奖1人次；市级交流展示1人次；区级一等奖5人次，二等奖8人次，三等奖11人次。

（二）教师专业的提升激发有效回应能力的提高

专业能力的提升，要求教师们在对游戏活动目标、重难点的把握，对幼儿兴趣点、原有经验、最近发展区的了解，对思维方法、策略的运用等各方面有不断的吸收和提升。这些都有助于教师们对活动过程的整体架构，对幼儿收获的及时肯定与概括提升，对幼儿困惑的耐心等待与层层引导，对突发事件的及时回应与智慧处理等，因此，一线教师在思维游戏活动的实践教学中，专业的提升不断地激发着他们有效回应能力的迅速提升。

（三）教师专业的提升促进反思分析能力的发展

教师将幼儿自身原有的思维能力作为观察、描述幼儿思维发展的比较对象，通过及时分析和评价幼儿的纵向发展来研究幼儿行为特点、思维发展水平及倾向，努力观察，认真观摩，真实记录，根据观察、分析幼儿的具体行为表现，在积极探讨与交流互动中，教师们相师相长，扬长补短，挑战自我，不断成长。我园教师的教学经验在市级交流有4人次，在区级交流有9人次，都获得了幼教专家和一线教师的充分肯定和借鉴学习。

三、促进教师自身的成长

在对幼儿思维的理论学习和研究以及在实际教学中的实践运用和不断调整、完善的过程中，教师自身对思维的理解和运用方面得到积极地拓展和不断地完善。

（一）拓宽了对思维的认知视野

教师们从思维的基本概念、特征，思维发展的特点，思维与感知觉的关系，思维与语言的关系，思维与行为的联系等方面加强对思维的认知，在实践观察和案例学习中拓宽了对思维认知的实效性。从而将思维与人们的行为、语言、能力理性地联系起来，帮助教师更科学、更正确地进行评价和分析。

（二）丰富了思维方法的运用

教师们不仅了解了常用的思维方法：发散思维法、聚合思维法、目标思维法、移植思维法、联想思维法、形象思维法、演绎思维法等，而且在了解这些思维方法的基础上，有效地将其运用到自己的生活和教学工作中，从而让教师们在处理事情和解决问题上更加科学高效了。

（三）明确思维发展的价值目标

思维的发展遵循从感性上升到理性，从具体上升到抽象的规律，而幼儿园教师基本是由女性组成的群体，在生活中往往习惯于对事物进行感性的认知和判断。如何转变女性教师对思维方式的选择性取向，运用理性思维促进幼儿发展，这就需要明确思维发展的价值目标。在瑞吉欧方案教学的报告中，有这么一句话：帮孩子的眼睛越过围墙。这意味着教师不仅要越过禁锢自己思维定式的"围墙"，更要带领幼儿走出现实生活中的"围墙"。这句话也非常适用于我们教师，正是在带领幼儿越过"围墙"的同时，教师自身的思维也变得更加理性。

（四）学会理性分析

透过现象看本质。在教学中我们不仅关注幼儿在活动中的行为表现，更注重挖掘幼儿行为背后的真实原因。学会理性分析是教师将所学理论与教学实际相联系的最好形式。从中找到幼儿存在的问题，并积极采取合理措施，促进幼儿问题的解决，最终调整幼儿的外部行为。当然，教师理性地分析自身的行为，借助专业理论知识的指导，采取有效的措施和方法，是自我成长的最佳途径。

透过幼儿看本质。苏联教育家阿莫纳什维利曾说过，儿童回答教师提问的精确性，主要取决于儿童经验的逻辑性，而不在于事物本身的逻辑。我们在思维游戏中充分尊重幼儿的经验，既包括那些正确的经验，也包括那些片面的、甚至错误的经验。教师要做的是从幼儿内心出发，了解他们现阶段的经验水平，站在幼儿的立场去分析问题，从而帮助他们去伪存真、去粗取精。

近三年来，教师们对幼儿思维游戏的研究与实践，得到了专家同行的充分肯定，教师撰写的多篇论文、案例在各级刊物发表或获奖。论文发表方面，国家级 2 人次，省级 1 人次，市级 2 人次，区级 3 人次。论文获奖方面，市级一等奖 3 人次，二等奖 2 人次，三等奖 3 人次，优秀奖 1 人次；区级一等奖 10 人次，二等奖 23 人次，三等奖 26 人次。

四、教师的角色作用悄然改变

随着教师教学观念积极转变，对教师自身角色的认知自然又有了新的理解，因此，教师不再以自己为权威，自觉蹲下身来，用心和幼儿交流，以参与者、合作者、引导者的角色陪伴幼儿快乐游戏，健康成长。

首先，教师成为幼儿思维游戏活动的参与者。教师以平等的方式参与到幼儿的思维游戏活动中，耐心倾听幼儿的不同观点和探究过程，使其充分体验成功的乐趣，激发幼儿更积极主动的探究。比如教师常问："发生了什么？""你是怎么做的？""能给我展示一下吗？"等。教师不是知识的给予者，而是游戏活动的参与者。"你看到了吗？""我可以放进去了吗？""是不是太快了？"类似这种的交流的方式在师幼间产生轻松的氛围，并且对幼儿之间的互动也提供了语言示范。这种参与者的身份让教师真正成为幼儿的同伴，没有被动，没有权威，只有自主和平等，在这种氛围中的思维游戏活动充分激发幼儿快乐学习、自主探究的学习品质。

其次，教师成为幼儿思维游戏活动的支持者。在幼儿一日活动中，教师紧紧追随幼儿，根据幼儿的兴趣需要，将生活中产生和发现的奇怪现象或是幼儿急于想知道和解决的问题，及时纳入幼儿思维游戏活动中，并且根据幼儿现有的生活经验和思维发展水平，设计富有趣味并具学习价值的思维游戏活动。教师积极支持幼儿的主动学习，和幼儿一起收集资料和信息，并且加入富有童趣的活动情境，在潜移默化中培养幼儿大胆自信、积极主动、乐于探究的学习品质。

第三，教师成为幼儿思维游戏活动的合作者。基于生活经验的幼儿思维游戏中，很多主题都是在师生共同探索过程中不断建构和发展的。帮助幼儿不断尝试、研究和探索，善于从他们的表现、矛盾争论中捕捉到有价值的信息进行整合和概括，并抓住其中的关键经验加以提升，将有一定意义的、带有共性的问题，通过教学活动的形式解决。

在思维游戏活动过程中，教师以合作者的身份让幼儿感受到教师是如此重视他们的探索，他们探索的欲望更加强烈，信心更加充足。在与幼儿的交往合作中，教师发现幼儿间的争论，及时获取了有价值的信息，为组织教学活动提供依据。当幼儿的矛盾在教师的参与帮助下得到解决，获得新的经验时，幼儿充满自信并且更乐于积极探究。

第四，教师成为幼儿思维游戏活动的引导者。幼儿在日常生活中随时都会产生许多问题，他们好奇好问，但由于幼儿阶段的思维发展特点和经验局限，他们往往不能真正理解成人给予的答案，更说不上满足和感兴趣了。而教师则会敏感地挖掘教育的契机，将与幼儿生活经验直接相关的、幼儿现阶段发展所需的知识经验有意识地转化为适应幼儿身心发展的系列目标、活动材料和活动情境，鼓励他们乐于发现、自主探究、快乐体验。如在排队前进时，幼儿发现地上有一群蚂蚁，纷纷围观，而且随着人数的增加，产生一定的拥挤现象。教师并不马上阻止突发的观察热潮，而是积极地回应幼儿的发现，并建议寻找恰当的方式减少拥挤。同时，引导幼儿思考蚂蚁在干什么，他们是怎么搬运食物的，他们要把食物运到哪里去等问题。最后，在幼儿对蚂蚁的浓厚兴趣下，利用生活中的常见材料，创设了"蚂蚁运粮"的游戏情境，引导幼儿相互配合，更平稳地运送粮食。幼儿的需要在教师及时、适宜的引导过程中得到了满足，尊重了幼儿的好奇之心，同时对其兴趣的挖掘和拓展又赋予更深的教育价值。

第三节　思维游戏的研究有效促进了幼儿园办园特色的形成

幼儿思维游戏活动的研究与实践，在促成幼儿园的环境创设、园所文化、活动价值追求上都展示其独到的特色。

一、环境创设处处启智

环境作为一种"隐性课程"，被人们誉为"无声的老师"，在开发幼儿思维能力、促进幼儿个性发展方面，越来越引起人们的重视。我园对环境创设的要求已不仅仅在于作品的视觉欣赏，而是要求教师充分关注环境与幼儿的互动价值，高效利用每一处场景、每一个角落的空间资源，积极挖掘所创环境的教育意义，在环境创设中，从幼儿的角度出发，以幼儿的眼光来创设，在潜移默化中处处启智。

（一）从幼儿的角度出发创设环境

让环境说话，说话的对象自然是"幼儿"，因而从幼儿的角度出发，其一，确定适宜幼儿视觉高度的创设位置，这与"蹲下来看孩子"有着如出一辙的教育理念——充分尊重幼儿，舒适、轻松的视觉高度有助于幼儿的自主观察并保持较长的时间；其二，确定适宜幼儿理解的内容深度，以小、中、大班不同年龄段幼儿的思维发展特点，选择符合幼儿现阶段水平，同时具有一定挑战性的环境创设内容，让幼儿能"跳一跳，摘桃子"。

（二）以幼儿的眼光来创设环境

要让环境能有效地与幼儿互动，充分发挥环境的教育价值，就需要成人以幼儿的眼光，陪伴幼儿共同创设环境，包括富有童趣的形象，贴近幼儿生活的经验，便于幼儿摆弄操作材料，具有自主性和挑战性的学习内容等。同时，需要鼓励幼儿大胆地参与环境创设，用幼儿独特的视角来体验、感知、表达、尝试。教师们细心观察幼儿在一日生活中的各种表现，敏感捕捉身边的各种教育元素，灵活掌握生活中的教育契机，创设属于幼儿的自主世界，激发幼儿积极参与、主动学习。

（三）在环境的潜移默化中处处启智

无处不在的环境融入了当下先进的教育理念，幼儿在这里成为环境的主人，轻松、自由地看看、摸摸、玩玩都是一种学习，加上同伴的交往、教师的引导，无声的环境潜移默化地启迪了幼儿的智慧，促成了幼儿的快乐体验。无处不在的环境与幼儿思维游戏相融合，对幼儿的学习产生事半功倍的效果。在基于生活经验的幼儿思维游戏活动的研究背景下，教师们围绕教育教学目标，发挥幼儿的主体作用，充分调动他们参与的积极性，共同创设幼儿所喜爱的，与之产生互动的环境。

二、园所文化彰显特色

园所文化是幼儿园的活力与灵魂，能够激发全体教师对办园理念、办园方向、办园目标等的认同感、使命感、归属感，形成强烈的向心力和凝聚意识，同时对幼儿和家长能起到潜移默化的教育作用。在思维游戏的迅速发展过程中，园本特色积极推动着幼儿园办园理念的逐步明确与巩固提升，不断促动着教育的本质与内涵，在进一步丰富和拓展园本特色的内涵中有效促进幼儿园的可持续发展。

（一）"启迪智慧，成就未来"成为幼儿园发展的目标和方向

陶行知先生说："好的先生不是教书，不是教学生，乃是教学生学。"幼儿思维游戏积极为幼儿创造条件，引导幼儿开展具有趣味性、探索性和挑战性的操作活动，让幼儿在动手操作、亲身体验中形成认知，掌握规律，学会方法，从而，引导幼儿合理选择游戏材料，积极创设游戏背景，充分发挥幼儿各自的优势和整体功能。幼儿在动手动脑中启迪了智慧，在良好习惯和意识的养成中成就了幼儿健康、快乐的未来。

（二）树立"在快乐中收获智慧，在智慧中快乐生活"的"乐"育办学理念

我园坚持以"文化立园"，在"快乐教育 幸福童年"办园愿景下，努力构建以"乐趣、乐学、乐教、乐育"的"四乐"教育为内核的园所文化，基于生活经验的幼儿思维游戏活动正是以"乐趣"营造特色环境，凸显园所友好氛围。以"乐学"推进联动机制，协作共享持续发展；以"乐育"浇灌美好未来，关爱

幼儿幸福成长；以"乐教"展现魅力团队，开启幼儿智慧心灵。

（三）园本特色的迅速发展迎来了荣誉和成绩

在对幼儿思维游戏的研究与实践过程中，园本课程的探究获得专家同行的充分肯定和科学引领，幼儿园的教科研方面迅速发展，师资力量不断增强，软件和硬件方面都得到显著提升，近三年来，我园陆续获得了以下荣誉：浙江省一级幼儿园，杭州市中小学幼儿园合格教科室，杭州师范大学初等教育学院教育实践基地，江干区特级幼儿园，江干区教师专业发展示范学校，江干区第五届中小学、幼儿园十佳教研组（大班组），江干区教师校本研训项目考评优秀。

三、园本课程卓见成效

在幼儿思维游戏活动的研究中，思维游戏的设计与实施形式发生了较深刻的变化，课题组尝试挖掘有针对性的思维游戏设计，如逆向思维、形象思维、发散性思维等。我们根据教学的实际需要建立并细化了思维游戏体系，生成了基于幼儿生活经验的思维游戏册。

（一）形成了幼儿思维游戏体系

通过"教学实录分析指导""思维游戏审议"等教科研活动，教师在思维游戏的研究过程中不断地反思、分析和评价，在调整的基础上建立了思维游戏库，有利于基于幼儿生活经验的思维游戏特色活动的开展。

但我们也发现游戏的设计方向仍然呈现出狭窄和单一性的弱势，游戏库里的游戏虽然具有一定的可行性，但是游戏的系统性和组织性却没有很好地体现出来，活动的效果也无法通过有层次性的游戏设计来体现。于是，我们首先尝试在班级中开展逆向思维的研究工作。但是在研究的过程中，我们也确确实实遇到了一些问题及瓶颈。比如，小班年龄段的幼儿思维发展本身就不成熟，发展幼儿的逆向思维更是难上加难。此外，中、大班教师在设计逆向思维游戏的时候也发现，游戏设计的雷同性很高，几乎都是一种方向、一种形式。

因此，我们认为非常有必要针对幼儿不同年龄阶段的思维发展特点，分年段针对一个思维游戏设计的类型或方向进行重点指导和设计。根据幼儿思维发展的阶段特点——小班幼儿处于直觉行动思维过渡到形象思维的阶段，中班幼儿处于形象思维阶段，大班幼儿处于形象思维过渡到抽象逻辑思维阶段——

我们尝试在小班和中班年段中开展有关形象思维的研究。在培养幼儿良好的创新思维、发散性思维、探究性思维、逆向思维等能力过程中，幼儿的"发散性思维"也是非常重要的，能够打破常规、弱化思维定式。因此，我们尝试在大班段开展发散性思维的研究。

（二）形成了一套幼儿思维游戏册

我们从"思维训练操""思维游戏教材""亲子思维游戏"三方面出发，分乐教篇、乐学篇、乐趣篇汇编成园本思维游戏册。

乐教篇本着尊重幼儿的天性、尊重幼儿年龄特点的需要，遵循教育规律，科学地促进幼儿发展的原则，我们设计组织了"思维训练操"。尊重幼儿的年龄差异，我们将整个"思维训练操"分为小班、中班和大班三个年龄段，做到有的放矢。尊重幼儿的天性特点，我们在整个"思维训练操"中融入了简单生动的肢体动作，做到动静结合。尊重幼儿的语言发展，我们在整个"思维训练操"中结合了儿歌和音乐，让他们在说说、唱唱的过程中，感受语言的抑扬顿挫、风趣幽默或含蓄优美，感受旋律的悦耳悠扬、美妙动听或慷慨激昂。

乐学篇根据幼儿思维发展的特点，从五大领域出发，侧重科学、艺术和语言领域，以单元的形式，设计建构了小班、中班、大班不同年龄段的思维游戏活动。在思维内容上，我们借助适合幼儿年龄特点的一些材料，帮助幼儿学会如何思考、如何学习；在思维操作过程中，我们交给幼儿正确的思维方法，发展幼儿的思维能力；从思维结果看，思维游戏最大限度地调动了幼儿的兴趣，使幼儿大脑保持在一个较高的兴奋水平上，幼儿在学习过程中不存在任何"知识灌输"的压力。内容如表 7-2 至表 7-4 所示。

乐趣篇是教师与家长的合作成果。在幼儿思维游戏的研究与实践中，除了一线教师不断地设计、实践与调整思维游戏以外，家长们更是积极地参与研究，真正实现了幼儿园与家庭实践的全面结合。由钱江苑幼儿园庆春园区的 200 多位家长和教师合作，共同开发了六七十种生活化的游戏材料，如绳子、扑克牌、筷子、纸杯、瓶子、纽扣等，设计了家庭亲子思维游戏。这些家庭亲子游戏的设计与开发，弥补了学校教育与家庭教育间相互脱节的教育缺陷，增进了家长与孩子间的亲子情感交流，更贴近了幼儿的日常生活和经验，也为我们教师在设计思维游戏活动时打开了更广阔的思路和视野。根据幼儿的年龄特点，我们在整理、调整后，形成了小班、中班、大班三个不同年龄段的亲子思维游戏。内容如表 7-5 所示。

表 7-2　乐学篇——小班思维游戏目录

上学期		下学期	
主题名称	活动内容	主题名称	活动内容
秋天真美丽	语言：树叶变变变	奇妙的动物世界	语言：一步一步走啊走
	语言：好饿的小蛇		语言：谁咬了我的大饼
	语言：水果谜语		语言：大灰狼娶新娘
	语言：太阳的宝宝		语言：小猪变形记
	美术：树叶粘贴画		美术：蛋宝宝变形记
图形大玩家	科学：图形娃娃找家	图形大玩家	科学：认识各种形状
	科学：圆贴贴		科学：花儿朵朵
	美术：安装汽车轮子		科学：圆点找朋友
	美术：神奇的汽车		美术：母鸡下蛋
声音真美妙	语言：猜猜我是谁	快乐的鼠小弟	语言：鼠小弟的小背心
	语言：亲一亲		语言：想吃苹果的鼠小弟
	语言：小猫过生日		语言：鼠小弟荡秋千
	美术：小小石头艺术家		语言：鼠小弟的生日
	科学：我的标记在哪里		美术：糖果爸爸
分类你我他	科学：送给叮当猫的礼物	分类你我他	科学：穿珠珠
	科学：喂娃娃		科学：长和短
	美术：美丽的孔雀		科学：玩具分类
小嘴真能干	语言：魔镜	儿歌对对碰	美术：小瓶盖创意屋
	语言：床底下		语言：颠倒歌
	语言：是谁的肚脐眼		语言：圆圆圆
	语言：黑猫警长		语言：太阳的新发型
	语言：台历宝宝本领大		语言：一盆花

表 7-3　乐学篇——中班思维游戏目录

上学期		下学期	
主题名称	活动内容	主题名称	活动内容
图形大玩家	圆形和正方形	排列方向盘	有趣的排队
	铺墙砖		动物的家
	拼图形		我的朋友在哪里
	泡泡变图画		神奇的手
分类你我他	图形的二次分类	比比谁厉害	小鸭侦探
	好玩的筷子		倒来倒去
	趣味统计和分类		蛋宝贝
	美丽的树叶画		云小子
爱的故事	我喜欢	可爱的小动物	小猴卖 "O"
	小蜗牛找家		谁藏起来了
	小胖熊的故事		小刺猬的项链
	妈妈和娃娃		你猜我猜
	小鸡过河		海底总动员
排列方向盘	会变的手	数字大变身	有趣的钟表
	好玩的夹子		日历
	串串排		骰子的秘密
	有趣的排序		小小喷画家
	奇幻的水果王国		数量守恒（一）
	各种各样的线		数量守恒（二）
欢乐齐配对	互补物配对	守恒大考验	图形守恒
	找朋友		长度守恒
	找影子朋友		中国戏剧脸谱
	美丽的蝴蝶		醒来了
	香甜的小溪		小蝌蚪找妈妈
环境靠大家	好朋友	春天来敲门	大红苹果真好吃
	印画游戏		会动的房子
	蜘蛛网		七彩雪花

表 7-4　乐学篇——大班思维游戏目录

上学期		下学期	
主题名称	活动内容	主题名称	活动内容
图形大玩家	拼拆几何图形	图形大玩家	正方体变长方体
	拼拼乐		球体与圆柱体
	图形的三次分类（一）		形体分类
	图形的三次分类（二）	排列方向盘	大小排序
排列方向盘	变了吗		双向排序
	谁的位置动了		循环排序
	眼力大考验		按规律排序
	数积木		马
妙语连珠	成语王国	奇思妙语	词语开花
	反义词		学说反义词
	词语接龙		仿编谜语
	奇妙的饮料		猜一猜
比比谁厉害	小动物回家	快乐找规律	十六格找规律
	比较多少		小兔找规律
	快递员送货忙		快乐找规律
句子大变身	句子练习	自然测量	夸张的我
	颠倒歌		自然测量（一）
	惊奇一线		自然测量（二）
分分与合合	种花	故事大王	龟兔赛跑
	放在哪里		小老鼠的漫长一夜
	二等分		动物绝对不应该穿衣服
	找朋友		汉字变变变
	森林里的树和鸟		量沙
故事大王	鳄鱼怕怕牙医怕怕	守恒大考验	比较轻重
	小猪变形记		数的守恒

表 7-5　乐趣篇——亲子思维游戏目录

小班	中班	大班
1. 排豆豆　数一数	1. 学说几何图形	1. 智慧金字塔
2. 百变筷子	2. 新版石头剪刀布	2. 扑克猜数
3. 玩木棍	3. 举手、蹲下	3. 凑 "8"
4. 找规律，画补图形	4. 反义词	4. 等待时机
5. 拼图游戏	5. 哭笑娃娃	5. 比大小
6. 超市整理员	6. 高个和矮个	6. 换牌
7. 音乐水杯	7. 谁大谁小	7. 速记牌
8. 不见了，又回来了	8. 买水果	8. 计算
9. 水果蹲	9. 学说量词	9. 我演你猜
10. 神奇的纸巾盒	10. 点点窝	10. 幸运密码
11. 小猪宝宝吃豆豆	11. 我说你猜	11. 快乐找不同
12. 倒来倒去	12. 照样子摆一摆	12. 集体力量大
13. 学习做侦探	13. 彩虹扇	13. 千奇百怪的水果
14. 哪些是玩具	14. 图形拼搭	14. "10" 的朋友在哪里
15. 智力拼图	15. 双手快速取物	15. 快乐亲子棋
16. 方位	16. 猜猜看	16. 小小蛋糕师
17. 好玩的麻将	17. 瓶水排队	17. 吸管运乒乓球
18. 循声找图	18. 学说量词	18. 寻找丢失的小猪
	19. 棋子排排队、找规律	19. 记忆力训练营
	20. 送朋友回家	20. 影子游戏
	21. 比大小	21. 一题多法
	22. 词语接龙	22. 一因多果
	23. 多米诺轨道	23. 一物多变
		24. 问答游戏
		25. 照相机
		26. 我是小法官
		27. 奇怪的时钟
		28. 有趣的滚动

四、源于生活回归生活

幼儿思维游戏活动是从幼儿的生活出发，以幼儿钟爱的游戏为载体，以幼儿熟悉的生活情境为背景，在体验、互动和创新的过程中，让幼儿学会关爱生活、感受生活、体验生活和学会生活，从而塑造幼儿完整的人格。因此，基于生活经验的幼儿思维游戏活动源于生活，又回归生活。

（一）思维游戏源于生活

幼儿思维游戏中使用的游戏材料源于生活。无论是对生活物品的直接取材，还是对其再加工，我们都充分运用这些物品的自身特点，但不受制于它在生活中的简单用途。对生活物品的多功效、多方式、多角色的运用，本身就是思维发展的最有力的证明。因此，选择幼儿熟悉的，身边常见的生活物品作为思维游戏材料，既尊重幼儿的经验水平，又尊重幼儿的生活；既为幼儿思维发展中的创新性作铺垫，又为幼儿从小树立珍惜资源、秉承节约的生活意识启蒙。

幼儿思维游戏的内容选择也来源于生活。"生活处处是教育"，基于生活经验的幼儿思维游戏活动以幼儿熟悉的生活素材为背景，对幼儿认知、记忆、评价（分析、综合、比较、分类、抽象和概括等思维能力）、聚敛思维、发散思维能力的发展有机地融入幼儿喜爱的生活游戏中。"找袜子——配对""整理收纳盒——物品分类""串项链——按规律排序""百变筷子——发散思维""辨认季节——聚敛思维"等，思维游戏的内容贴近幼儿生活，不仅便于幼儿理解和操作，更有利于幼儿自主、反复地游戏，从而将已有的思维能力不断巩固、提升。

（二）思维游戏回归生活

幼儿将思维游戏中学到的，在生活中快乐运用。幼儿思维游戏的内容与幼儿生活密切联系，在游戏中获得成功体验的幼儿很自然地会将自己的收获搬到日常的生活中，将生活也融入游戏之中，将游戏变成生活助手。如"找袜子——配对"游戏，幼儿在家中帮妈妈整理袜子，又对又快，游戏将生活中枯燥的家务化为快乐而富有趣味的事情。当然幼儿的思维能力在游戏活动中不断地巩固和提升，这也有利于幼儿更准确、更迅速地解决生活中的问题和困难。

思维游戏活动中形成的良好习惯，在幼儿生活中积极延续。幼儿思维游戏活动的正常开展帮助幼儿养成了良好的行为习惯。幼儿从理解和接受在学习中的各项规则，形成习惯，到在生活中也能保持良好习惯，充分体现幼儿家园行为的一致性，幼儿的自我控制能力得到更深的体现，自我管理能力不断加强。

思维游戏活动中萌发的环保意识，在幼儿生活中积极推广。幼儿思维游戏活动中的废旧材料利用、一物多玩、以物代物等形式让幼儿对生活中的废弃物有了新的认识和丰富的情感，不仅自己会收集废旧物品，更能以一颗稚嫩的心号召家人、伙伴和身边的成人一起行动起来：珍惜资源，节约能源，让每件物品发挥更多、更大的价值，让我们的生活更环保，让我们的社会可持续发展。相信这种环保意识会在幼儿今后成长的道路上产生积极地、持续的影响。

思维如同空气，看不见，摸不着。虽然无形，但自古学者们就纷纷提倡"学以思为贵"。古今中外，学者们都一致认同思维和思维教育的重要性。在我国，孔子有云"学而不思则罔，思而不学则殆"；在别国，爱因斯坦亦言"学校的目标应当是培养有独立行动和独立思考的个人"。通过生活化的游戏材料、幼儿的生活经验及教师的创新实践等途径的共同作用与努力之下，无形的幼儿思维能力在宽松自由的游戏氛围中得到具体的落实，培养出了富有创造个性、思维活跃的幼儿。作为教育工作者，我们更需要自觉努力学习、探索，让自身积淀扎实的理论基础，成为具有独立思考能力及创新思维能力的新一代教师。我们在快乐的思维游戏中，期待着幼儿都能成为自由思考的精灵，展开自由思维的飞翔之翼。

当然，今天研究的点滴成果，只是明天更深入探究的一块敲门砖。如何更好地细化思维游戏的游戏体系，如何科学地评价幼儿的思维发展水平等都是我们在今后的研究过程中不断思考和深入研究的方向。

参 考 文 献

［1］李全华.幼儿园环境创设［M］.浙江：浙江大学出版社，2012.

［2］蔡秀萍.幼儿园探究式环境创设［M］.北京：北京师范大学出版社，2013.

［3］董旭花.小区域大学问——幼儿园区域环境创设与活动指导［M］.北京：中国轻工业出版社，2013.

［4］陈慧军，张晓芹.幼儿园环境设计与指导［M］.上海：华东师范大学出版社，2013.

［5］王澍.浅谈幼儿园环境创设对幼儿成长的影响［J］.中国校外教育，2013（8）.

［6］何克抗.儿童思维发展新论和语文教育的深化改革——对皮亚杰"儿童认知发展阶段论"的质疑［J］.教育研究，2004（1）.

［7］刘长城，张向东.皮亚杰儿童认知发展理论及对当代教育的启示［J］.当代教育科学，2003（1）.

［8］刘晓东.美国哲学家加雷斯·皮·马修斯的儿童哲学研究［J］.外国教育研究，1995（5）.

［9］钱泳蓁.3—6岁儿童创新思维培养的研究［D］.长沙：湖南师范大学，2009.

［10］杨枫.幼儿智力游戏设计指南［J］.早期教育，2006（11）.

［11］杨先明.略谈幼儿观察力、注意力、记忆力、思维力、想象力的发展与培养［N］.福建师大学报，1983（3）.

［12］李红.幼儿心理学［M］.北京：人民教育出版社，2007.

［13］稚子文化.幼儿思维训练——快乐幼儿园［M］.昆明：云南教育出版社，2011.

［14］丁小梅.思维游戏课程在区角活动中的渗透与运用［J］.学前教育（幼儿版），2008（1）.

［15］国家教育部.幼儿园教育指导纲要（试行）[M].北京：北京师范大学出版社，2001.

［16］李淑兰.在活动中培养幼儿的创新思维[J].教育导刊（幼儿教育），2003.

［17］王燕雁.培养幼儿创新思维要实现四个"多"[J].贵州教育，2004.

［18］陈菊.如何培养幼儿创新思维能力[J].广西教育，2006.

［19］李玉蓉.培养幼儿的创新思维[J].教育导刊（幼儿教育），2007.

［20］骆欣.浅谈幼儿创新思维培养的途径与方法[J].网络科技时代，2007.

［21］李林梅.在活动中培养幼儿的创新思维[J].江西教育，2002.

［22］冯俊敏.方案教学的"互动关系"与幼儿创新思维的发展[J].教育导刊（幼儿教育），2002.

［23］谢嵘瑛.教学活动中幼儿创新思维的培养[J].吉林教育，2004.

［24］梁慧琳.幼儿园数学教育活动设计[M].北京：中国社会出版社，2009（7）.

［25］杨文泽，杨有辉.快乐思维[J].北京东方之星思维教育机构，2012（3）.

［26］吴晓艳.将思维游戏渗透到主题活动中的原则和策略[EB/OL].[2007-09-17].http://www.yejs.com.cn/Swyx/article/id/3451.htm.

图书在版编目(CIP)数据

3~6岁幼儿思维游戏的设计与实施/杨慧青主编. —上海:上海教育出版社,2014.12
ISBN 978-7-5444-5970-9

Ⅰ.①3… Ⅱ.①杨… Ⅲ.①智力游戏—学前教育—教学参考资料 Ⅳ.①G613.7

中国版本图书馆CIP数据核字(2015)第003267号

责任编辑 沈明玥
封面设计 王国樑

3~6岁幼儿思维游戏的设计与实施
杨慧青　主编

出　　版	上海世纪出版股份有限公司 上　海　教　育　出　版　社 易文网 www.ewen.co
发　　行	中国图书进出口上海公司
版　　次	2015 年 3 月第 1 版
印　　次	2015 年 3 月第 1 次印刷
书　　号	ISBN 978-7-5444-5970-9/G·4852

www.ingramcontent.com/pod-product-compliance
Lightning Source LLC
Chambersburg PA
CBHW080430230426
43662CB00015B/2233